JN233782

心理学研究法入門

調査・実験から実践まで

南風原朝和　市川伸一　下山晴彦——編

東京大学出版会

Introduction to Research Methods in Psychology
Surveys, Experiments and Practices

Tomokazu HAEBARA, Shin'ichi ICHIKAWA and
Haruhiko SHIMOYAMA, Editors

University of Tokyo Press, 2001
ISBN978-4-13-012035-7

はじめに

　人は成長するにつれ，自然にまわりの人間や自分自身の性格・能力・考え方などに関心をもつようになります．また，人を好きになったり嫌いになったりする心のはたらきや，子どもが言葉を話せるようになっていく発達のしくみなどにも多くの人が興味をもちます．こうしたことを研究対象とする心理学は，大学でも学生に非常に人気の高い専攻分野です．

　その一方で，人の性格や能力や対人関係などに関する心理学的な知見が，どのような方法で得られるのかという，心理学の研究方法については一般にはほとんど知られていません．心理学が対象とすることがらへの人々の興味・関心の高さと，心理学の研究方法に対する理解や関心の低さとのギャップは，心理学という学問の大きな特徴と言えるでしょう．大学における心理学教育の目標のひとつはそのギャップを埋めることであると言っても過言ではありません．

　多くの大学の心理学系の学科・コースでは，そうしたギャップを埋めるべく，「心理学研究法」の講義や「心理学実験演習」などの演習，そして「卒業研究」を必修科目としてカリキュラムに組み込んでいます．これに対し，心理学を学び始める学生たちからは，「私は心理学の研究者になりたいわけではないので，研究方法などより，人の心や行動に関してどういうことがわかっているのかという成果のほうを知りたい」という声がよく聞かれます．たしかに，全国の大学で心理学を専攻する学生のうち，研究者の道を選ぶ人はごく一部だけですから，もし「研究法」や「実験演習」がそのごく一部の人のためのものだとしたら，それらを必修科目とするのは納得できないでしょう．

　実は心理学の研究法を学ぶことは，心理学の研究成果を学ぶことと不可分の関係にあるのです．たとえば「人間の性格の個人差は，5つの主要な次元でほぼ記述できる」ということと，「血液型がA型の人は神経質である」ということは，どちらも心理学的な知識のように見えます．しかし，前者は日本を含む多くの国における実証的研究によってくりかえし確認されてきた知見であるの

に対し，後者は，少なくとも現時点では学問的といえるような根拠がほとんど示されていない俗説にすぎません．もちろん，前者についても批判的な見解をもつ研究者もいますし，後者については，将来なんらかの形で血液型が人の性格と関係をもつことが示される可能性がまったくないとは言えません．それでも，知識としての確からしさに大きな違いがあるのははっきりしています．心理学の成果を学びたいという人は，確かな成果と俗説とを見分ける目をもたなくてはならず，そのためには，それぞれの知見が，何を根拠に主張されているのか，その根拠は信頼に値するのか，といったことを批判的に検討する力を身につける必要があります．心理学の研究法を学ぶこと，そして実験演習や卒業研究で心理学の研究を実際に体験してみることは，まさにそういう力を身につけるために有効なことなのです．

　本書は，卒業研究などで初めて心理学の研究に取り組むことになる学部学生から，研究者として本格的に心理学の研究に携わっていこうという大学院生まで視野に入れて，心理学の研究法を解説したものです．ひとくちに心理学研究法といっても，その中には非常に多様なものが含まれます．本書では，その多様な研究法を，研究者が現実の世界とどのような形でかかわるかという観点から，「調査研究」，「実験研究」，「実践研究」という3本の柱を立てて整理し，そこに心理学研究法の新しい流れを積極的に取り入れる構成を考えました．

　調査研究では近年，綿密な観察や面接，あるいはフィールドワークといった質的な方法を用いて仮説を生成していく質的研究法が注目されています．第2章ではこうした質的調査・質的研究法について詳しく解説しています．実験研究については，実験室を使って条件を統制し，条件の異なる群で結果を比較するという従来型の実験に加え，現実の生活の場により近い状況で行われる準実験や，ひとりの被験者を対象とする単一事例実験について解説した章を設けました（第5章）．実践研究は特に教育や臨床の領域でその重要性が認識されるようになってきたもので，方法論的な基礎固めと具体的な研究法の確立・普及が急がれています．第6章では教育・発達，そして第7章では臨床における実践研究をとりあげ，それぞれ詳しく解説しています．

　本書では，こうした新しい展開を導入するとともに，仮説検証の論理や，心理学研究と統計的方法とのかかわりなど，研究の基礎となる考え方についても

できるだけわかりやすく解説することを心がけました（第3章，第4章など）．さらに，初めて研究に取り組む人のために，心理学の研究とはどういうものか，どういう研究が良い研究なのか，研究に向けてどういう学習をすればよいのかを第1章で述べ，最後の第8章では，研究計画の立て方から論文の書き方までを具体的に解説しました．そして，心理学関係の主要な学会の紹介と，心理学研究を遂行し結果を公表していく上で留意しなければならない倫理の問題についての説明を付録に掲載してあります．

　執筆者のお一人である秋田喜代美さんには，本書全体の構成についても貴重なご意見をいただきました．また，遠藤利彦さん，久保ゆかりさん，藤崎春代さん，無藤隆さん，吉田寿夫さんには，本書の一部に目を通していただき，有益なコメントをよせていただきました．原稿の段階で講義テキストとして本書の一部を使用した東京大学および学習院大学の学生さんからも，本書の改善につながる意見をもらいました．最後に，いつもながらのプロフェッショナルな編集で本書の完成に貢献してくださった東京大学出版会の伊藤一枝さんに感謝いたします．

2001年2月

南風原朝和
市川伸一
下山晴彦

目 次

はじめに

第1章 心理学の研究とは何か ……………………市川伸一 1

1.1 「こころ」についての知識 …………………………………… 1
日常的経験からの認識 1／勉強と研究の違い 3

1.2 良い研究とは何か …………………………………………… 4
研究の情報的価値 4／研究の実用的価値 5／社会的な営みとしての研究 7

1.3 心理学の研究の特徴とその過程 …………………………… 7
探索型研究と検証型研究 7／量的データと質的データ 9／調査・実験・実践 10／心理学研究の過程 11

1.4 研究に向けての学習 …………………………………………13
どのような学習が必要か 13／本書の構成 15
キーワード 16／参考図書 16／引用文献 16

第2章 質的調査──観察・面接・フィールドワーク
……………………………………澤田英三・南 博文 19

2.1 観察によるデータ収集 ………………………………………19
観察法の意義 19／観察法の種類 24／観察方法 25／記録方法 27／観察法における留意点 29

2.2 面接によるデータ収集 ………………………………………30
面接法の意義 30／面接法の種類 31／面接法の実際 34／面接法における留意点 36

2.3 フィールドワークによるデータ収集 ………………………38
フィールドワークとは 38／フィールドワークの方法 39／フィールドワークの過程 42

2.4 質的調査の特質とプロセス …………………………………46
質的研究の特徴 46／質的調査の研究計画 50／質的な分析の実際──記述から仮説生成へ 52

vi 目　次

　　　キーワード 58／参考図書 58／引用文献 59

第3章　量的調査——尺度の作成と相関分析 ……………南風原朝和　63

　3.1　仮説とその検証 …………………………………………………63
　　　相関仮説の導出 63／相関仮説の検証——概念の世界とデータ
　　　の世界のつき合せ 65／相関関係と共変関係 66

　3.2　質問紙尺度の作成 ………………………………………………68
　　　尺度とは 68／質問紙尺度の例 68／質問紙尺度の作成の流れ
　　　70／尺度の妥当性の検証 71／尺度の信頼性の検討 75／尺度の
　　　内的整合性 77

　3.3　相関関係の分析 …………………………………………………77
　　　相関関係の視覚的把握 77／相関係数 79／偏相関係数による因
　　　果関係への接近 80

　3.4　サンプリングと統計的推測 ……………………………………83
　　　サンプルと母集団 83／サンプリングに伴う結果の変動 84／統
　　　計的有意性の検定 85

　3.5　仮説の検証と追試 ………………………………………………87
　　　仮説の検証と証明 87／追試研究とメタ分析 88
　　　キーワード 89／参考図書 89／引用文献 90

第4章　実験の論理と方法 ……………………南風原朝和・市川伸一　93

　4.1　心理学における実験とは ………………………………………93
　　　行動を説明する構成概念としての「こころ」93／実験における
　　　変数の統制 96／状況設定と測度の工夫 99

　4.2　完全無作為1要因デザイン ……………………………………103
　　　被験者の無作為割り当て 103／実験結果の分析 104／群間の平
　　　均値差の検定——相関比による方法 105／分散分析 107

　4.3　対応のある1要因デザイン ……………………………………108
　　　被験者のマッチング 108／被験者内要因と被験者間要因 109／
　　　対応のある要因の効果の検定 111

　4.4　完全無作為2要因デザイン ……………………………………113
　　　要因間の交互作用 113／主効果と交互作用の検定 116／より複
　　　雑な実験について 118
　　　キーワード 119／参考図書 120／引用文献 120

目次

第5章 準実験と単一事例実験 ……………………南風原朝和 123

- 5.1 研究の内的妥当性 ……………………………………123
  研究の内的妥当性とそれを脅かす要因 123／内的妥当性の低い研究デザインの例 125
- 5.2 不等価2群事前事後テストデザイン ……………………128
  基本的な考え方 128／効果の大きさの定義 129／効果の大きさの有意性の検定 131／回帰直線の比較による方法——共分散分析／研究デザインとしての問題点 135
- 5.3 中断時系列デザイン ……………………………………139
  基本的な考え方 139／効果の大きさの定義 141／効果の大きさの有意性の検定 141／研究デザインとしての問題点 142
- 5.4 単一事例実験 ……………………………………………143
  基本的な考え方 143／ABAデザインとABABデザイン 144／多重ベースラインデザイン 146／単一事例実験データの分析法 149
  キーワード 150／参考図書 150／引用文献 151

第6章 教育・発達における実践研究
……………………………………秋田喜代美・市川伸一 153

- 6.1 実践にどう関わるか ……………………………………153
  「実践研究」における「実践」の二重性 153／実践の場としての「生活空間」155／実践の場における発達研究の枠組み 158／実践への関与スタイル 162／実践の記録と分析記述 164
- 6.2 教育実践研究としてのアクションリサーチ ……………166
  アクションリサーチの特徴 166／アクションリサーチの過程 167／アクションリサーチの実例と方法 170
- 6.3 発達・学習の個別的支援を通じての研究 ………………175
  発達に遅れや障害のある子への支援 175／実践研究としての認知カウンセリング 178
- 6.4 実践研究はどう評価されるか ……………………………180
  実践研究に求められる要件 180／実践研究に対する評価の個人差 184
  キーワード 186／参考図書 187／引用文献 187

第7章　臨床における実践研究 …………………下山晴彦　191

7.1　臨床における実践研究とは何か…………………………………191
臨床心理学と臨床実践研究 191／臨床における実践研究の心理学的位置づけ 192／臨床における実践研究の特徴 193／臨床における実践研究の多様性 196

7.2　臨床における実践研究に必要な基本技能とその実習……………197
臨床における実践研究の前提となる基本技能 197／臨床的データ収集技能と倫理 199／臨床的面接法 202／臨床的検査法 203／臨床的観察法 206

7.3　臨床実践の研究法 ……………………………………………208
データ処理と研究法 208／会話分析 209／事例研究 212／実践的フィールドワーク 214

キーワード 216／参考図書 217／引用文献 217

第8章　研究の展開——研究計画から発表・論文執筆まで
………………………………市川伸一　219

8.1　テーマの設定と研究計画 ……………………………………219
テーマとの出会い 219／先行研究の検索 220／研究計画の作成と事前準備 223

8.2　発表と論文執筆…………………………………………………226
研究発表における内容の構成 226／効果的なプレゼンテーション 228／論文執筆 232

8.3　RLA のすすめ ………………………………………………234
RLA——研究者の縮図的活動を通じて学ぶ 234／査読者になるゼミ 235／講演者になるゼミ 236／パネリストになるゼミ 238

キーワード 240／参考図書 240／引用文献 240

付録1　心理学関係の国内主要学会……………………………………241
付録2　心理学研究における倫理の問題 ……………秋田喜代美　244
付　表……………………………………………………………………250
索　引……………………………………………………………………253

〈コラム〉

1-1 「日本人＝集団主義，アメリカ人＝個人主義」は本当か　2
1-2 ソシオメトリーの利用と問題点　6
1-3 「命題」とは何か　8
1-4 ボトムアップとトップダウン　9
2-1 「積む」ではなく「載せる」という概念　22
2-2 自我同一性ステイタス面接　32
2-3 フィールドワークにおけるマルチメソッド　40
2-4 Piaget の『知能の誕生』における観察例　47
2-5 エピソード記述　54
3-1 横断的研究と縦断的研究　67
3-2 因子分析と共分散構造分析　74
3-3 偏差値　81
4-1 認知心理学と状況論　95
4-2 生態学的妥当性　98
4-3 心理学研究でのさまざまな測度　102
4-4 適性処遇交互作用　116
5-1 ホーソン効果（または"研究指定校効果"）　127
5-2 回帰効果　137
5-3 個の発達曲線とその平均　148
6-1 ダイナミック・システムズアプローチ　157
6-2 学校でのコンサルテーション　164
7-1 フォーカシングのステップ　200
7-2 ロールプレイ　204
7-3 絵物語法　207
7-4 カウンセリングのプロトコル　211
8-1 追試からはじめることも大切　221
8-2 学会でのポスター発表　231

第1章

心理学の研究とは何か

　本章では，心理学を念頭に置きながら，研究とは何かということを一般的に考えてみたい．私たちは日常的な経験から人間の「こころ」について，いろいろな知識をもっているが，それらは不十分であったり，偏っていたりすることもある．心理学の研究とは，心理現象についての日常的な認識を越えようとする営みである．いわゆる「良い研究」とは，人間の心理について多くの情報を与えるものであり，さらに，生活における実用的な価値をもったものといえる．こうした心理学の研究をする過程と，それを遂行するために必要な学習についても考えてみよう．

1.1 「こころ」についての知識

1.1.1 日常的経験からの認識

　私たちは，日常生活の中での自分の経験から，人間の「こころ（mind）」の性質についてさまざまな知識をもっている．その多くは，自分自身の意識の内省や，他者の行動の観察から得られるものである．しかし，そのことはまた，こころについての私たちの認識が狭く，偏ったものとなっている可能性を示しているともいえる．

　たとえば，言葉を使うということは，こころのすぐれたはたらきのひとつである．ところが，「人間はどのようにして言葉を習得するのか」，「幼児期に言葉を習わないとどうなるのか」，「言葉を使うということは，どのようなしくみで行われているのか」，「言葉を使う能力は，他の能力とどのような関係があるのか」，「他の動物でも言葉を使えるようになるのか」というような質問には，

いわゆる常識からだけではとても答えられない．自らが言葉を習ってきて，しかも現在使いこなしているにもかかわらず，その過程，機能，しくみなどについては，私たちはなかなかわからないのである．同様のことは，知覚，記憶，感情，欲求，性格，……といった心理的な現象すべてについてあてはまる．

　私たちは，こころについて，わかっているつもりでもあまりわかっていないのではないだろうか．この「わかっていない」ということを，いくつかのレベルに分けてみよう．まず，まったく知らないという「無知」のレベルがある．たとえば，異常心理，犯罪心理，能力・性格の個人差や相互関係などについては，知識や経験を十分持ち合わせていないので，なかなかわからない．

　次に，自分では意識せずに行っている無意識や前意識のレベルがある．「無意識（unconciousness）」とは，指摘されてもそのしくみが意識化できないもので，知覚や言語の処理などはこれにあたる．一方，より高次な学習，思考，判断などは，通常はあまり意識されていなくても，指摘されて内省すればどのようにやっているかが自覚化できるものもある．このときは「前意識（preconciousness）」の状態にあったと言われる．

　さらに次のレベルとしては，「知っている」，「わかっている」と思っていて

コラム 1-1　「日本人＝集団主義，アメリカ人＝個人主義」は本当か

　私たちは一般に，日本人が意見や行動を他者に同調させることが多く，アメリカ人は独立性を重んじ個人的に行動すると信じている．また，そのようなとらえ方にもとづいた文化論が多くの書物となって公刊されている．ところが，高野・纓坂（1997）は，これまでの実証的な研究はそのような事実があることを示しておらず，これは一種の俗説，もしくは一時的な状況的要因から生まれた現象の過度の一般化であると主張した．それに対して，文化心理学の中では，自己を他者から独立した存在としてとらえる欧米的な文化と，他者との関わりにおいてとらえる東洋的な文化があるとする Markus & Kitayama（1991）の理論が影響力をもっており，両者は激しく衝突することとなった．この論争は，高野・北山両氏の「集団主義論争」として，日本認知科学会発行の『認知科学 Vol. 5, No. 1』（1999）で展開されている．

も，誤解やバイアスがあって，「本当はわかっていない」というものがある．「アメリカ人は，○○な性格の人が多い」というような心理的「法則」を私たちはつい少数の経験からつくりあげてしまう．これは，それ自体が偏見やステレオタイプの研究として，そのメカニズムが研究されているほどであり，人間の誤認識の典型的な例といえる．

1.1.2 勉強と研究の違い

「何かを知りたい，わかりたい」と思うのは，知識体系をより豊かにしたいという自己実現的な行為である．同時に，自分がより適応的な生活を営むために役立つものでもある．前述したように，私たちの日常的な認識は，経験や能力の制約から不十分であったり，偏っていたりする．こころのしくみやはたらきについて，より多くのことを知りたいと思ったときに，どうすればよいだろうか．それは，結局のところ「調べてみないとわからない」ということになる．

「調べてみる」ということに関連して，勉強と研究の違いについて触れておこう．**勉強**とは，すでに蓄積されている情報を検索し自らの知識とすることで，いわば「知識の吸収」である．一方，**研究**というのは，自ら追究して何らかの結論を得ることであり，「知識の生産」と言えるだろう．これらは，図 1.1 のように相補い合うものである．むしろ，望ましいのは，それらのバランスがとれて，相乗的な効果をもたらしているような知識の拡大のあり方といえる．

研究的な要素を含まない「勉強」の典型は，いわゆる「知識つめ込み型」の勉強とよばれるものである．新しいことを知るという知的な充足感はあるかもしれないが，自分で新たに考えた内容がない．しばしば学生のレポートで見かけるものに，「文献丸写し型」のレポートがある．誰がどのような理論を立てたとか，どのような事実がわかっているとかいう説明が，他者の本や論文から抜粋されてつなげられている．もしそれらを自らの枠組みで関連させて論じたり，批判的に検討して自分なりの主張や見解を打ち出すならば，「文献研究」にまで高めることができるのである．すぐれた「評論（レビュー論文）」とは，こうして他者の研究を基にしながらも，新たな知識を生産しているものである．

一方，既存の知識の吸収を含まない「研究」は，ひとりよがりなものになってしまう．たとえ，努力してデータを集めて分析したり，自分なりの理論を構

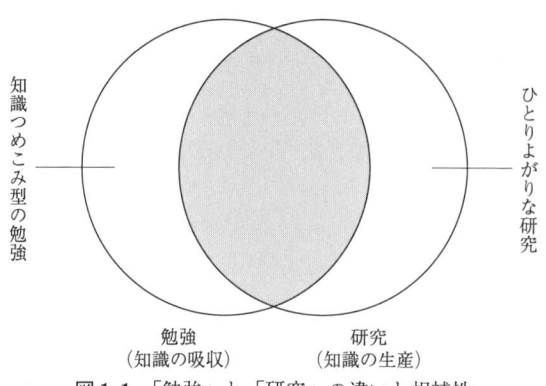

図1.1 「勉強」と「研究」の違いと相補性

（左円：知識つめこみ型の勉強／勉強（知識の吸収）、右円：ひとりよがりな研究／研究（知識の生産））

築したりしても，それはすでに知られていることであったり，方法論的におかしなものであったりすれば，研究としての意味はほとんどなくなってしまう．学生のレポートや論文にも，ときおり「このような調査をして，このような結果になった」ということがただ記述してあるだけのものがある．たしかに，努力や考察のあとは認められても，これまでの研究の成果を踏まえてそれとの関連について言及しなくては，すぐれた研究とは言えないのである．

1.2 良い研究とは何か

1.2.1 研究の情報的価値

　ここで，あらためて，「良い研究」とはどういうものかを考えてみよう．ただし，はじめに断っておかなくてはならないことは，どういう研究が良い研究かについての評価は，評価者によってきわめてまちまちであり，けっして客観的な基準などないということである．それでも，良い研究とはどのようなものかを論じることに意味があるのは，「研究する」ということをあらためて多角的にとらえ直し，自らの研究の方向を定めるときの指針になるからである．

　研究の最大の目的は，対象について何か新しいことが「わかる」ということにある．ここには，新たな事実（あるいは個々の事実から見出される「法則」）を発見することと，いくつかの事実を統合的に説明する理論をつくることとが含まれる．一般に，知らなかったことがわかることを，「情報」を得たという．

1940年代にShannon (1948) によって創始された「情報理論」では，情報とは「不確定度」が減少することととらえている．たとえば，投げたコインが表か裏かということを教えられれば，2つの同様に不確かな選択肢が1つに確定したことになる．振ったサイコロの目であれば，1の目になっている確率がはじめ1/6だったものが，「奇数が出ている」と教えられれば1/3に変化し，これも情報を得たことになる．

　ここで，情報理論の基本的な考え方を参考にすると，意外性と確実性が情報の大きさを規定していることになる．「意外性」というのは，「(a) Aさんが宝クジで1万円あたった」という情報と，「(b) Aさんが宝クジで5000万円あたった」という情報の違いに相当する．つまり，もともと生じる確率が小さい事象が起こったという (b) のほうが，より大きな情報を得たことになる．「確実性」というのは，「(c)『5000万円あたった』とAさん本人から聞いた」という場合と「(d)『Aさんが5000万円あたった』と友人の友人の友人から聞いた」という場合の違いにあたる．(d) のように人づてになってしまうと，それだけ信憑性が低くなり，不確定度が残るために，情報としては価値の低いものになる．

　研究の**情報的価値**も，これに準じて考えることができる．意外な事実や法則の発見，意外な説明のしかたなどを提示するほうが研究としての価値は高い．しかも，それをより確かなものとして提示するほうが価値が高いことになる．意外性のほうは，研究で示そうとしていることがどれくらいオリジナリティがあるかに関わり，確実性のほうは，しっかりとした論理や実証にのっとっているかどうかに関わる問題といえるだろう．くりかえすことになるが，情報的に見て価値のある良い研究とは，一見意外と思われることを，確実な方法で明らかにしている研究のことといえる．実際には，両者を同時に満たすことは難しく，うすうすわかっていることを実証的に追認することや，確実とはいえないがユニークな理論を仮説的に提案することも意義がある．しかし，研究の方向性としては，意外性と確実性の両方を高めることが期待されているのである．

1.2.2　研究の実用的価値

　研究というのは，新しいことを知りたい，わかりたいという欲求に支えられ

ている．しかし，どんなことでも新しいことがわかればそれだけで価値がある研究といえるかというと，必ずしもそうではない．それがわかることによって何の役に立つかが問われることも多い．研究で得られた知見や理論を応用することによって，私たちの生活に益をもたらすならば，その研究はそれだけ意義がある．これは研究の**実用的価値**と見なせる．

実用性が高い研究というのは，いわゆる「応用研究」とは限らない．非常に基礎的な研究であっても，その原理がさまざまな場面で使われることによって，広い実用的価値が生まれる場合もある．数学や物理学などでは，そうした事例が数多くある．心理学においてはけっして多いとは言えないが，とくに教育，臨床，道具や環境の設計などの領域では，実用に結びつく基礎的な研究が求められている．

一方，実用性とは逆に，研究が社会に対して何か悪影響を及ぼすことがあるという点にも注意しておかなくてはならない．心理学の研究は，得られた結果が社会的差別を助長することになったり，研究の遂行過程で倫理的な問題を引き起こしたりすることがときおりある（コラム 1-2，付録 2 参照）．研究とは個人的な知的関心にもとづいて自由に行うものであるにしても，社会の中で行

コラム 1-2　ソシオメトリーの利用と問題点

集団内の人間関係を把握するのに，Moreno（1953）の考案した「ソシオメトリー」という手法がしばしば用いられる（田中，1981）．たとえば，学級集団内で，隣の席に座りたい人（座りたくない人）とか，同じ班になりたい人（なりたくない人）などをあげさせることによって，そのデータからさまざまな指数を算出したり，構造をグラフ化してとらえることができる．しかし，こうした質問をすることによって，好悪の感情が顕在化され，のちの関係に悪影響を及ぼすのではないかという懸念もある．そこで，研究目的のためと称してソシオメトリーを実施することについては，最近かなり慎重になっており，学会の倫理委員会等でも議論されている．少なくともそうした手法を用いた研究の場合には，実施の必要性や実施時の配慮について，論文中に記載することが望ましい．

われるものである以上，どのような影響を他に与えるのかについて，私たちは無関心でいるわけにはいかない．その実施方法や，結果の公表のしかたについては，細心の注意が必要である．

1.2.3 社会的な営みとしての研究

以上述べてきたような研究の価値というのは，個人レベルだけで考えられるものではないことをあらためて強調しておきたい．もちろん，「自分にとって情報的価値や実用的価値のある研究」であることは研究を行う場合の必要条件であり，これがなければそもそも研究をやっていこうとは思わないだろう．しかし，それだけでは自己満足として終わってしまう．

研究を社会的な営みとして考えるとき，情報的価値とは，より多くの人々がそこに意外性や確実性を見出せることにほかならない．つまり，他の人たちに「そんなことはわかっている」と言われないものが望ましいということである．一方，実用的価値とは，「そんなことを調べて何になるのか」という問いに答えうるということである．

とくに，卒業論文や修士論文を越えて，研究者として行っていく研究は社会的な「知識の生産」であり，いわば人類全体が歴史を通して行っている活動への参加とも言えるのである．つまり，その学問で蓄積されてきた知識に新たな知見，理論，方法論を付け加えるわけである．これは通常は，学会発表，論文，著書などを通じて社会的な評価を受け，吟味されることによって行われる．とりわけ学術雑誌論文については，新しい研究内容といえるかどうか，結論の出し方に方法論的な問題はないかということが厳しく審査されるのが普通である．論文の審査については，第8章であらためて触れることにする．

1.3 心理学の研究の特徴とその過程

1.3.1 探索型研究と検証型研究

研究とは知識の生産であるということを，これまでくりかえし述べてきた．ところで，知識とは，「…は○○である」という命題の集合として表現される（コラム1-3参照）．「言葉の習得は幼児期がもっとも効率的である」，「人間

> **コラム 1-3　「命題」とは何か**
>
> 　命題（proposition）というのは，真偽を定めることのできるような事実内容を，一定の形式であらわしたものであり，必ずしも文の形式をとらなくてもかまわない．論理式や数式，あるいはグラフや図式などであらわされていてもさしつかえないのである．心理学で「モデル」とよばれるものも，現象を説明する理論の一種であり，命題を集積したものである．ちなみに，認知心理学では 1970 年代に「イメージ論争」とよばれる論争が起こり，「イメージは命題である」と主張する命題派と，イメージ表象の独自性を主張するイメージ派とが議論を戦わせた（市川, 2001）．命題派の主張は当初理解されにくかったが，人間のイメージは写真やビデオ画像のような像のまるごとの保存ではなく，構造や意味をもったものであり，それは命題によって記述されるものであるということだった．これは，言葉の記憶がテープレコーダーのような「記録」とは異なり，意味内容を抽出して保存しているのに対応している．

は時がたつとものを忘れる」，「内気な人は積極的な人を友人に選ぶ傾向がある」などというように，真偽はともかくとして，日常的経験から私たちは人間の心理についてさまざまな特性を抽出したり，それらの説明を生み出したりしており，それが命題となって個々人の知識体系をなしている．この素朴な知識体系をより裏づけがあり，精緻で論理的整合性のあるものにしていくことが，心理学の研究の過程ということになる．

　ここで，心理学的命題を提出する**探索型研究**と，仮説的な命題の真偽を確かめる**検証型研究**とに研究のタイプを大きく 2 つに分けることができる．探索型研究は，興味のある対象について，行動観察をしたり，面接をしたりして，多くの情報を収集することからはじめ，そこから何らかの一般的な結論や，理論的説明をつくっていくことになる．こうした研究タイプは，いわば「ボトムアップ的」である．それに対して，検証型研究では，あらかじめたてた仮説が正しいとするとどのような結果が生じるか，逆に正しくなければどのような結果になるかを演繹的に予測して，実験や調査によるデータから決着をつけようとする．これは「トップダウン型」ということができよう（コラム 1-4 参照）．

> **コラム 1-4　ボトムアップとトップダウン**
>
> 　どちらも認知心理学でよく使われる用語である．もともとは手書き文字の認識のようなパターン認識の領域で，それぞれのパターンの特徴を分析してあてはめていくのが**ボトムアップ**で，知識や文脈情報を利用して仮説を立て，可能性を限定していくのが**トップダウン**である．文章や会話において相手の意図を理解する場合でも同様に，構文の解析や単語の意味から積み重ねて解釈をつくっていくのがボトムアップであり，仮説や期待をもって理解をすすめていこうとするのがトップダウンである．研究もデータと対話しながら理解を形成していく過程であると考えれば，この2つの区別があることがわかるだろう．

　どちらの研究タイプにおいても，近代以降の心理学は，日常生活における経験を越えて何らかのデータを収集して考察をすすめるという方法をとっていることに注意してほしい．その点こそが，文学や哲学とは一線を画する心理学の大きな特徴になっているのである．ただし，用いる研究方法は探索型と検証型とではかなり異なっている．心理学の歴史の中では，検証型研究のほうが自然科学的な方法をとりいれて先に方法論的に整備されてきたといういきさつがある．探索的研究は，研究者の洞察や直観に頼る部分が比較的多く，科学的方法論として定式化したり訓練したりしにくい面がある．しかし，最近は現実場面での観察の記述や臨床的実践から仮説を練り上げていく方法が重要視されつつある．本書では，そうした新しい方法論についても解説していく．

1.3.2　量的データと質的データ

　研究のタイプに関連して，「量的」なデータと「質的」なデータの違いについても，ここで触れておきたい．**量的データ**とは，数値で表現されているデータのことで，心理テストの得点がその典型である．このようなデータは，平均，標準偏差，相関係数などをはじめとして，さまざまな統計的な指標をとってそれを分析することができる．一般の統計学での方法に加えて，心理学の中でも独自の測定法や分析手法が開発されてきている．それに対して，行動観察記録，

会話記録，内省的な言語報告などのような記述的なデータを**質的データ**とよんでいる．質的データは，カテゴリーに分類するなどして，量的データにして分析することもあるが，むしろ量には還元しにくい内容的な側面に着目して考察がなされることにその特色がある．

探索型研究では質的データがとられることが多く，検証型研究では量的データが使われることが多いという大まかな対応はあるが，絶対的なものではない．まだ仮説が煮詰まらない探索的段階でひとまずさまざまな量的データをとってみることもあれば，はっきりした仮説を検証するのに詳細な質的データを用いる場合もある．質的データから仮説を検証していく方法は，人文科学では資料を用いた考証として一般的に行われてきたが，心理学においてはむしろ疎んじられていたきらいがあった．最近は，フィールドワークや臨床研究の発展に伴って，心理学における独自の質的データの利用がなされつつある．

1.3.3　調査・実験・実践

心理学では，どのような場でデータをとるかに関しても，3つの大きなタイプがある．ここでいう「場」とは，研究者が研究のために設定する状況のことと思ってよい．心理学が扱うのは基本的には人間（あるいは，他の動物のこともある）の心理的行動であるから，彼らとどのような関係のもとにどのようなデータをとるのかということが，つねに問題となる．

第1は，研究者から対象者にあまり影響を与えることなく，通常の意識や行動についての情報を得ようとすることで，総称すると**調査**ということになる．ここでは，観察，インタビュー，質問紙調査などの方法が主に採用される．第2は**実験**であり，日常的な場面にはないような状況を研究目的のために設定するものである．これは，厳密な測定を行ったり，条件間の比較をしたりする場合に行われる．第3は**実践**であり，教育場面や治療場面のように，研究者が対象者にはたらきかける（心理学ではしばしば「介入する」といわれる）という関係を持ちながら，対象者に対する援助と研究を同時に行っていくものである．

これら3つの場の相互の関係は次のようにまとめることができる．まず，対象への関与という観点から見ると，調査ではその影響を最小限にしてできるだけありのままにしておきたいというのに対して，実験では状況づくりや実験的

な操作を行い，実践では対象者の状態の改善をめざすという形で，積極的な関与をはかる．状況の人工性という観点から見ると，実験はあえて日常にはないような状況を作りだそうとする点で人工的であり，調査と実践は，対象者の現実的な日常生活の中で行われる．また，研究者と対象者の関係性のあり方という視点から見ると，調査と実験では対象者を第3人称的に対象化してとらえるのに対して，実践の場合には「わたしとあなた」という第1・2人称な関わり方をもつ．つまり，実践では研究者の個性や関係のもち方が重要な要因となっている．

このように，3つの研究の場は，相互に類似点と相違点をもちながら，心理学の研究の中で相補い合って存在している．とりわけ発達・教育・臨床などの領域では，この3つの場が密接な関わりをもっているといえるだろう．第2章以降でも，それぞれに応じた固有の研究方法を解説していくことになる．

1.3.4 心理学研究の過程

心理学の研究はけっして単線的なものではない．つまり，あるひとつのテーマをめぐって，データの収集と考察とが行きつ戻りつしながらしだいに認識が深められていくプロセスである．これは，一人の研究者の中でもそうであるし，研究者の共同体である学界の中でもそうである．しかし，あえて話をわかりやすくするために，ここでは時間的に短い単位をとりだして，心理学の研究がどのようにすすめられるかを大まかに見ておこう．

① **問題の設定**——研究は，自分が何に関心をもち，何を知りたいと思うかをはっきりさせることから始まる．その関心は，日常的な経験から生じることもあれば，それまでに行った調査，実験，実践から生じることもある．また，学術的な文献を読んでいて起こってくることもあるかもしれない．ともかく，「自分はこの研究において何を明らかにしたいのか」という**リサーチ・クエスチョン**をはっきりさせる必要がある．これは，研究の目的を明確にするということにほかならない．ここで大切になるのは，1.2節で述べたように，その研究がどういう意義があるかということである．今調べようとしていることが仮にわかったとして，どのような情報的価値があるのか，実用的価値があるのかということをよく考えておきたい．

② **データの収集**——探索型の研究も，検証型の研究も，データにもとづいてすすめられることが心理学の特徴であることを述べた．データとは，研究対象についての情報を記述したものである．ここでは，具体的にどのような方法でデータをとるのかということが大きな問題になる．心理学では，観察や面接の記録，自由記述の質問紙，段階評定式の質問紙，能力を測定するテスト，実験場面での正答率や反応時間など，さまざまのデータのとり方がある．「○○について調べたい」とか，「○○であるということを確かめたい」という漠然とした関心や仮説は，データ収集の段階では「どのようなデータによってそれを示すのか」という具体的な方法に結び付けられていなくてはならない．そこで，重要になってくるのは**予備調査**や**予備実験**などの事前準備である．これは日常的な経験を一歩越えた，最初の意図的なデータ収集である．さまざまな方法を試してみて，大まかな分析で手ごたえをつかみ，研究の目的と方法をはっきりさせることが大切である．

③ **分析と解釈**——得られたデータを分析し，解釈することもまた，データ収集の方法と並んで，研究プロセスの中核的な部分である．探索型研究の場合には，データを整理する枠組みを考えたり，何らかの法則性を発見したり，現象をうまく説明できそうな理論的考察を行ったりすることになる．検証型研究の場合には，仮説的命題の中にあらわれる内容がどのデータに対応するのかをはっきりさせ，仮説を支持する結果になっているのか否かを検討していく．どちらの場合でも，量的なデータに対しては，第3〜5章で述べるようなさまざまの統計的手法がよく使われる．グラフによって視覚化したり，「多変量解析」と言われる手法で大量のデータの諸関係を把握したりする方法は，最近のコンピュータの普及によって容易に行えるようになり，探索型研究でも検証型研究でも有効に使われている．また，仮説の検証のひとつの方法として，心理学研究では「統計的検定」が伝統的によく使われ，これも計算自体はコンピュータによって簡単に行えるようになっている．しかし，分析や解釈は，データをコンピュータにかければ自動的に出てくるというものではけっしてない．統計的手法を適用した結果の意味するところを理解し，どのような心理学的な命題として結実させるかは，あくまでも研究者ひとりひとりにかかっているのである．

④　**研究の発表**——研究の成果は，報告書（レポート）や論文のような文章としてまとめられることもあれば，研究会や学会での口頭発表の形で公表されることもある．研究を発表するということは，研究者自身にとってはあらためて自分の考えを整理し，検討し直すという意義がある．データを取ったり分析をしているときにもまして，論文を書いたり口頭発表の準備をしたりしているときに，新しい問題点を発見したり，自分の主張が明確になってくることがある．また，研究を発表するということは，他者への情報提供であり，他者からの意見を受けるという社会的なコミュニケーションの機会でもある．研究でわかったことを共有することによって，対象に対する認識はお互いに高まり，さらにその上に立って次の研究をすすめることができるのである．ここでは，相互に批判検討しあうことが，よりよい研究にしていくための重要なステップになる．したがって，研究の途中段階でも中間報告や中間発表会などを行うことが大切である．研究発表は研究の終わりではなく，つねに次の研究をすすめるための過程であると考えてほしい．

1.4　研究に向けての学習

1.4.1　どのような学習が必要か

この章では，研究するとはどういうことなのか，どのようにすすめられるのかというごく大雑把な枠組みを示してきた．そこで，章のまとめを兼ねて，これからの本格的な研究に向けてどのような学習をする必要があるのかを述べよう．

①　**読んで学ぶ**——興味をもった対象や研究領域について，これまで何がわかっているのか，いま何が問題にされているのかを知ることは，研究の情報的価値に関わることであるので，まず調べておくことが必要である．内外の書籍に加えて，学術雑誌や学会発表論文集にあたることによって，最新の動向を知ることができる．また，実践に関わる領域では，実践者（保育者，教師，カウンセラーなど）向けの雑誌や書籍に目を通しておけば，現場ではどのようなことが問題になっているのかがわかる．これは，研究

の実用的価値がどれくらいあるのかを知る手がかりになる．社会のニーズから問題意識を喚起されてテーマが生まれてくることもあるだろう．

② 使って学ぶ——心理学における基本的な方法を一通り身につけておくことが望ましい．たとえば，行動観察，授業観察，質問紙調査，面接法，心理テスト，実験計画，統計的データ解析などが主なものとなる．大学の心理学系のコースでは必ずといってよいほど，カリキュラムの中にこれらの技能の習得を目指す実習が含まれている．解説書を読んだだけではなかなかこうした方法は理解できないので，使いながら学び，レポートとしてまとめていくという学習が不可欠である．もちろん，できあいの方法だけで必ずしも事足りるわけではなく，自分のテーマに応じて新たな方法を工夫する必要も出てくるが，あらかじめレパートリーとしていくつかの方法を知っていることにより，発想にも幅が出てくる．また，現実問題としては，テーマを決めてからごく初歩的な研究方法を学び直すというのではとても間に合わないものである．

③ 関わって学ぶ——教育や臨床などの領域は，とくに実践現場と関わりが深いことを考えると，自ら現場に出て人々と積極的に関わる経験をもつことが大切である．わが国ではややもすると心理学研究が社会的な実践から乖離しがちであった．その批判が心理学の内外から高まっている今日，現場をよく知る心理学全体にとって非常に重要な課題でもある．「文献の中からできそうな問題を探し，既存の方法を適用して結果をまとめる」というだけでは，実践に役立つ研究はなかなかできない．何を問題にするべきかということは，現場の中に身をおいてみることから生じる．そのきっかけを作ることははじめは難しく感じられるかもしれないが，ボランティア活動や研究会などを通じて現場の人たちと接する機会をもつことや，一方的に観察や調査をさせてもらうのではなく現場で協力できることをしていくことが大切である．

さらに，私たちの関心が人間の心理にある以上，心理学だけに留まらず，ほかの学問や日常的経験から人間についての認識を広め深めていく努力が望まれる．学習者・研究者によってどの方面に関心を延ばすかは当然異なってくるで

あろうが，異分野の知識が研究に独特の色合いを添えることはしばしばあるし，新しい研究はそこから生まれることが多いものである．また，研究の中に占める発表や討論の比重が高いことを考えると，わかりやすい文章を書いたり，相手の言うことを理解して意見を述べるなどのコミュニケーションスキルが非常に重要である．ここに述べたことはかなり日常的で一般的なことであるが，心理学の研究もこうした基礎の上に成り立っていることに十分注意したいものである．

1.4.2　本書の構成

　本書はこれから心理学の研究を進めていこうとする学生に対して，心理学の方法論を中心に解説したものである．前述したような「研究に向けての学習」のための教科書として，基礎的な事項を中心に，最近の動向も考慮しつつ広いテーマをとりあげた．

　第2章から第4章までは，質的調査（観察，面接，フィールドワークなど），量的調査（質問紙作成，尺度構成，相関分析，統計的仮説検定など），実験法（実験計画，実験データの処理など）を解説する．これらは，心理学の基礎研究の核となるものなので，典型的な研究事例を参照しながら，研究がどのような論理にもとづいているのかを詳しく述べた．読者には，それぞれの方法の基本的な考え方をじっくりとつかみとってほしい．

　第5章から第7章では，実践に関わる領域に特有の問題をテーマに，さらに詳しい解説がなされている．現実の教育や臨床の場面ではなかなか条件の整った実験を実施できないときがある．第5章の「準実験」は，そのような場合にもできるだけ妥当な結論を引き出すための方法である．第5章では単一の事例を対象にした実験法についても解説している．第6章では，「アクションリサーチ」をキーワードに，教育や発達における実践研究がどのように行われるか，それを研究するのに必要な要件は何かを述べる．第7章は，カウンセリングや心理療法などの心理臨床場面での研究がいかになされるかを解説している．この分野では，面接，心理テスト，治療などの基本的な技能の習得とともに，個別的に対象者と関わる過程を内省的にとらえて研究として高めていくことが必要とされる．

このように本書は，従来の心理学研究で主流であった実験的方法や統計的分析だけでなく，質的研究や実践研究の方法論についても多くの解説を加えている点が特徴といえる．現在の心理学は，さまざまな研究方法が開発されてパラダイムが急速に広がりつつある時期にあたる．読者は，そうした動向の中で，自分なりの方法を見出し，考え出していくという方向性や心構えをもちつつ，本書から基礎的な考え方を汲み取っていってほしい．

❖キーワード

日常的経験，勉強と研究，研究の情報的価値と実用的価値，命題，探索型研究と検証型研究，ボトムアップとトップダウン，量的データと質的データ，調査，実験，実践，研究の過程，リサーチ・クエスチョン，予備調査，予備実験，研究に向けての学習

❖参考図書

　心理学研究法の古典ともいえるシリーズは，続有恒・八木冕監修の「心理学研究法」(全17巻，東京大学出版会) である．刊行が1970年代なので，やや古くなってしまった感は否めないが，基礎からじっくりと学びたい人にとっては，今でも貴重な教科書である．

　逆に，新しい方法論を幅広く具体的に紹介したものとして，現在刊行中の「シリーズ・心理学の技法」(福村出版) がある．すでに，認知，性格，発達，社会心理学，臨床心理学，教育心理学の6巻が「○○研究の技法」という書名で出版されている．通読する教科書というよりは，事典のように関心と必要に応じて項目を拾い読みするのに便利である．

　心理学研究法全般に関する入門書はあまり多くないが，末永 (1987) は，社会心理学という領域上，比較的広い話題を基礎から扱っている．測定法に焦点をあてて，心理学の研究法を解説した市川 (1991) は，大学初年から卒業研究くらいまで使える入門書である．

❖引用文献

市川伸一 (編)　1991　心理測定法への招待——測定から見た心理学入門　サイエンス社

市川伸一　2001　イメージと理解——「イメージを理解すること」と「イメージで理解すること」　菱谷晋介 (編)　イメージの世界　ナカニシヤ出版 (印刷中)

Markus, H. R., & Kitayama, S.　1991　Culture and the self: Implications for cognition, emotion, and motivation. *Psychological Review*, **98**, 224-253.

Moreno, J. L. 1953 *Who shall survive?* Beacon House.

Shannon, C. E. 1948 The mathematical theory of communication. *Bell System Technical Journal*, July and October. 長谷川淳・井上光洋（訳） 1969 コミュニケーションの数学的理論 明治図書（翻訳は Shannon, C. E., & Weaver, W. 1967 *The mathematical theory of communication.* The University of Illinois Press. 所収論文より）

シリーズ・心理学の技法 1999-（既刊6巻，続刊中） 福村出版

末永俊郎（編） 1987 社会心理学研究入門 東京大学出版会

高野陽太郎・櫻坂英子 1997 "日本人の集団主義"と"アメリカ人の個人主義"——通説の再検討 心理学研究，**68**, 312-327.

田中熊次郎 1981 ソシオメトリー入門 明治図書

続 有垣・八木 冕（監） 1972-75 心理学研究法 全17巻 東京大学出版会

第2章

質的調査
観察・面接・フィールドワーク

　質的調査について考えるとき，知能検査のことが頭に浮かぶ．以前，発達検診の場で子どもたちに知能検査を実施したことがあるが，そのときに頭を悩ませていたのが，検査結果を母親に日常語として理解してもらい，今後の子どもとの関わりに生かしていけるように伝えることだった．この問題は，量的調査（知能検査）によって測定された量的データ（知能指数 IQ など）と，検査中の質的調査（観察と面接）によってとらえられた質的データ（子どもの知的特徴）を総合して，いかに検査者が子どもの知的能力や知的活動について理解するかの問題を反映している．本来ならば，まず質的調査について説明した上で各種の研究方法を紹介するのが定石であるが，本章ではまず具体的な研究方法の概略を紹介した上で，質的調査がめざす人間理解・理論構成について論じていくことにする．

2.1 　観察によるデータ収集

2.1.1 　観察法の意義

　ふだんわれわれは，何気ないしぐさや行動を見ることによって，「この人はこう考えているのかもしれない」，「イライラしているのだろう」と人の心の内を察している．このような日常的な観察による人間理解では，非常に的を射た理解をすることがあれば，大きな勘違いを伴って理解する場合も起こってくる．観察とは，読んで字のごとく「観て察する」行為である．このような日常的行為を，心理学的な人間理解の方法としての観察法へと高めていくためには，「観る」，「察する」という行為を行う上での厳密さや工夫が要求される．

表2.1 観察の事態と形態（中澤，1997を一部改変）

観察事態	自然的観察法		実験的観察法		
	偶然的観察	組織的観察			
観察形態	参加観察法			非参加観察法	
	交流的観察	面接観察	非交流的観察	直接観察	間接観察

観察法（observation method）とは，人間の行動を注意深く見ることによって対象者を理解しようとする研究方法である．観察法は，大別すると**自然的観察法**（natural observation）と**実験的観察法**（experimental observation）に分けられる．本章で扱う観察法は，実験法と対置される狭義の観察法としての自然的観察法についてであり，実験法については第4章で詳しく紹介されるのでここでは詳細を省くが，実験法と比較しながら観察法の特徴について紹介していく．なお，2.3節で後述するフィールドワークの主要な研究法である参加観察法の位置づけが難しいところで，たとえば中澤（1997）は，表2-1のように観察事態と観察形態の観点から異なる位置づけをしている．参加観察法の詳細はフィールドワークの節で説明するが，自然的観察法と実験的観察法との関係から考えると，参加観察法は参加しながら自然的観察を行うことをめざしている側面と，そこで実験的な観察も行いうる側面をもつ観察法であるといえる．

自然的観察法は，人間の行動を自然の状況下でありのままに観察する方法であり，通常「観察」といわれたときに思い浮かべる方法である．この方法は，いつどこででも用いることができるという最大の利点がある．また，研究目的に応じて，異なる場面や状況を観察したり，時間や月日をおいてある行動の変化を追うことができる．さらに，日常生活におけるさまざまな要因が複雑に絡み合った事象を把握することができる．

それに対して，実験的観察法は，実験法（experimental method）ともよばれ，科学的心理学の研究方法として欠くことができない方法である．実験者は，一定の状況下で，ある行動に影響すると思われる条件を系列的に変化させること（独立変数の操作）によって，それに伴う行動や内的状態の変化を観察し（従属変数の測定），条件と行動との因果関係を調べるのが実験的観察法である．

これら2つの観察法の大きな違いは，観察を行う状況を研究者が意図的に拘束・操作するか否かにある．前者が，研究者によって統制を施していない状況

下，すなわち自然の状況下で人間の行動を観察する方法（observation in uncontrolled setting）であるのに対して，後者は，研究目的によって何らかの条件統制が施されている状況下，すなわち研究者が意図的に条件を配置した状況下で人間の行動を観察する方法（observation in controlled setting）であるという違いである．この点から考えると，自然的観察法は，人間が生活する生の状況を重視し，そこで生活する人がどのような行動をするかに主眼があるのに対して，実験的観察法は，人為的に状況を準備することによって，人間行動のメカニズムを明らかにすることを重視しているといえる．

ところで苧坂・永田（1974）は，科学的研究における観察法の重要な側面は，「法則との関係づけ」にあると指摘している．つまり，観察には，将来，法則をつくるためにそれをめざして対象に接近する**帰納的観察**と，すでにつくられた法則の妥当性を検証したり，法則に則ってある現象が起こっていることを確認するなどの**演繹的観察**とがある．そして，帰納的観察と演繹的観察はひとつの法則からみれば往復関係にあり，この両者の往復によって法則は構造化され，さらに法則に合わない現象が観察されれば，それを契機にしてより進歩した法則へと発展することにつながるのである．

これまでの心理学研究の中での自然的観察の位置づけは，実験によって仮説検証を行うのに先立って，その仮説を立てるための予備的なものであった．極端な場合は，先行研究の実験結果のみを参照して，次の仮説を立てるという観察抜きの研究もある．しかし，心理学における帰納的観察と演繹的観察の往復関係を考えると，自然的観察の重要性が浮かび上がってくる．ここでは，帰納的観察が自然的観察に，演繹的観察が実験に対応すると短絡化して考えているわけではない．心理学における法則や概念は，人間の生活する状況から生まれて，そこに還元されるべきものなのである．心理学において，自然的観察が帰納的観察の出発点であり，問題発見・仮説生成の原点であると同時に，その法則が豊富な具体例を包含するような演繹的観察としても行われるようになることが，心理学的法則を人間の生活につなぎ留める大切な作業になるのである．この点については，実験法においても生態学的妥当性（コラム4-2参照）の点から考えられており，人間の生活と結びついた状況設定が重視されるようになってきている．

コラム 2-1 「積む」ではなく「載せる」という概念

　自然的観察法では，観察者が観察状況を選択することによって状況（条件）比較を行うことができる．ここでは，筆者（澤田）が生活の中で観察した息子 M の行動から，彼が「載せる」という行為的概念をもっていると考えられる観察について紹介する．ただし，ここで紹介する観察状況は，観察者が意図的に選択した状況ではなく，興味をもって息子の行動を観ている中で偶然出合った状況であった．

　1歳の誕生日を2日後に控えた晩，妻が「Mは，積み木を積むことができるんよ」と教えてくれた．そこで翌朝，Mの前に積み木を出してみた．すると，Mは立方体の積み木をつまみ，不器用ながらももうひとつの立方体の上に積んだ．筆者と妻は「すごい」と大声を上げて喜び手をたたいた．すると，Mはびっくりした様子で両親を見たが，「すごいね」とうなずきながら手をたたき続けると，Mも手をたたき始めた．筆者はもう一度その行為が見たくて，Mの前に2つの積み木を置くと，Mはそれを積み，両親の拍手と同時に自分も手をたたいた．しばらくそれを続けているうちに，両親が手をたたかなくても M ひとりで慎重に積み木を積んでは親の顔を見ながら拍手することをくりかえしていた．積み木を積むことに手をたたくことが条件づけられたのである．

　それからしばらくの期間，Mがひとりで遊んでいるときにも積み木を積んでは手をたたく行為がくりかえされていた．また，積み木だけでなく，紅茶缶や茶筒のような直方体や円柱を積んでは手をたたく姿が見られた．Mが手をたたいていれば，必ずその前には何かが積まれていたのである．

　最初の観察から数日後，Mが廊下の椅子の上に置いてあったはがきで遊んでいた．離れた位置からその様子を眺めていると，1枚のはがきを床の上に置き，さらにもう1枚のはがきをその上に重ねて手をたたいていたのだ．はがきを「重ねる」とは表現しても，2枚程度では「積む」とは表現しない．これを「積み木を積む」から「はがきを重ねる」への般化ととらえることもできる．しかしそれは，あくまで「積む」，「重ねる」の概念をもっている大人の視点からの理解である．親が積み木を積むことに拍手をしたからといって，Mが「積む」という概念をもっているとは限らない．「重ねる」についても同様である．般化の前提は，既有の異なる概念に対して適用された場合

である．そうなると，Mが手をたたく状況を丹念に観ていくことで，Mのもっている概念を明らかにしていく必要がある．そう思いながら，つまり問題意識をもちながらMを観察すると，他の場面でも手をたたいていることに気づく．

食卓につかまり立ちをして，その上に積み木や紅茶缶をひとつ載せてはうれしそうに手をたたく姿が観察された．これは新たな観察である．同じような物を2つ積んだ（重ねた）場合ではなく，ひとつであっても手をたたくのである．何かの上に何かを「載せる」場合がそうなのか．仮説が生まれる．よく観察する．ソファーの上に物を載せても得意気に手をたたく．チェストなどの家具の上も同様である．仮説が支持される．しかし，床に置いたときには手をたたかない．床に置いた物の上にさらに別物であっても何かを載せれば拍手する．

現時点では，Mは「何かの上に何かを載せる」行為に対して拍手をしていたと理解している．つまり，大人のもっている近い概念としては，「載せる」という行為的概念をもっていたと考えている（当然，Mは載せるということばを使わない）．それでは床の場合はどうか．この点については次のように考えている．われわれは床や地面を物として意識することは少ない．その上にいる自分が床や地面の上に載っているという意識は，あえて考えないと出てこない．Mも自分が立っている基盤については意識がなかったのであろう．

観察とは面白い（怖い）もので，ある結論が観察者の中に出て問題意識が薄れていくと，手をたたく場面が見えてこなくなる（見逃す）ことになる．その後，筆者は，3つ以上の物を載せたときにMが手をたたくという観察しかできていない．

　自然的観察法が対象者を拘束しないという特徴については述べたが，だからといって実験的観察法のように条件統制的な発想がない観察法かというとそうではない．実験的観察法では実験者が意図的に観察状況を操作する（manipulate）のに対して，自然的観察法では観察者が意図的に観察状況を選択する（select）ことができるのである．観察対象者の日常生活の中でいくつかの適切な観察状況を選択してそれらを比較することによって，人間行動のメカニズムを理解することが可能となる（コラム2-1参照）．

2.1.2 観察法の種類

本章は，質的調査の研究法を紹介することが目的であるが，観察法には，得られた結果を量的に分析する手法や，あらかじめ量的な分析を前提とした観察方法をとる場合がある．むしろ心理学の歴史では，観察法は質的な分析から始まり，量的に分析する方法が主流になってきた．本節では，質的調査を前提にしながらも，量的分析を行う観察についても紹介する．

先にも述べたように，観察の前提は観察対象者が生活する世界での観察である．しかし，われわれの生活している世界は，さまざまな状況から成り立っている．また，ひとつの状況を取り上げても，さまざまな要因が複雑に絡みあっている．さらに，われわれの行動も顔の表情からしぐさ，姿勢，言葉と多様な動きをする．観察対象者の生活する世界をすべて逐一観察することは，容易でないどころか不可能に近い．

そこで，ターゲットとする行動をサンプリング（抽出）するための観察単位を決める必要がある．観察法では，2つの意味でのサンプリングが存在する．ひとつは，研究目的や観察可能性にもとづいて選択される観察対象のサンプリングである．だれをいつどのような場面で観察するかは，研究の根幹に関わる大切な問題であり，これが適切でないと研究目的と観察結果に乖離が生じることになる．ふたつめは，行動を記録するために抽出する観察単位のサンプリングである．つまり，観察対象のサンプリングによって観察される出来事の中から，何を単位として行動を抽出し観察記録とするのかの問題である．ここで注意すべきことは，ビデオを用いた観察であれば，収録した場所を離れてビデオを再生しながら何を単位として行動をサンプリングして記録するかである．筆者も撮影したビデオテープが貯まる一方だが，ビデオに録画することは，映像を収めただけであって観察単位をサンプリングしたことにはならないのである．そして，研究目的に沿ってあらかじめこれら2つのサンプリングの方法を明確にした上で行う観察を**組織的観察**（systematic observation），日常生活の中で偶発的に遭遇した出来事を記録する観察を**日常的観察**，あるいは**偶然的観察**（incidental observation）とよぶ．

次にあげる代表的な観察方法は，これまで述べてきたサンプリングの対象と

表 2.2 観察方法に対応した記録・分析方法

観察方法	サンプリング	記録方法	分析方法
時間見本法	時間	行動目録法	→ 統計的分析
場面見本法	場面	評定尺度法	→ 統計的分析
事象見本法	事象	行動描写法	→ 記述的分析
日　誌　法	特徴的な行動	行動描写法	記述的分析

単位が異なる観察方法である．時間見本法は観察する時間を観察単位としてサンプリングする方法であり，場面見本法は観察する場面を，事象見本法は観察する事象や行動をサンプリングする方法であり，組織的観察に属する．一方，日誌法は日常生活の中で観察された特徴的な出来事や行動をサンプリングする方法で，日常的観察に属する．そして各々の観察方法には，それに対応した記録方法，分析方法が開発されている．観察方法ごとに，観察で用いられる記録方法と分析方法を整理したのが表2-2である．

なお，ほかにも，観察者がその状況において観察する**直接的観察**（direct observation）とビデオなどの観察装置を通して観察する**間接的観察**（indirect observation）が観察方法としてあげられ，両観察のもつ長所と短所が指摘されている（たとえば，津守，1968）．安易にビデオだけに頼るのではなく，両者の特徴をふまえて観察に臨む必要がある．

2.1.3　観察方法

前項で述べたように，観察対象や観察単位のサンプリングのしかたによって，観察方法が異なってくる．ここでは，それぞれの観察方法について概略を説明する．紙面の都合で，具体的な手続きについては踏み込めないので，章末にあげる参考図書を参照していただきたい．

（1）　時間見本法

時間見本法（time sampling method）とは，ある一定の時間内，あるいはある時点での観察すべき行動を抽出する方法であり，適当な時間間隔をおいて観察することによって，その行動の流れを引きだすことができる．研究目的や行動の特徴に応じて設定された時間間隔ごとに行動をサンプリングすることから，この名がつけられている．

時間見本法では，直接的観察でもサンプリングが可能な比較的長い時間間隔をとって観察する場合と，直接的観察では困難でビデオなどの観察装置を用いないと区切ることができない短い時間間隔で観察する場合がある．前者の観察には，Parten（1932）が行った幼児の遊びの研究があげられる．幼児の遊びのカテゴリーとして，「何もしない」，「ひとり遊び」，「傍観的行動」，「平行遊び」，「連合遊び」，「協同遊び」を設定し，1分ごとの時間見本法で幼児がしている遊びが観察された．また，後者の観察には，ビデオ映像をコマ送りしながら分析する微視的分析も含まれる．たとえば，幼児が物に手を伸ばす際に行われる調節行動の発達的変化を検討したKawai（1991）の研究は，1/30秒（ビデオのコマ送りの単位）ごとに基準となる手の位置をサンプリングして行われた研究である．

(2) 場面見本法

場面見本法（situation sampling method）とは，日常生活の中でターゲットとしている行動がくりかえし生起しそうな代表的な場面や，日常生活の中で意味のある場面を選択して，その場面で生ずる行動を観察する方法である．さまざまな状況の中で複数の代表的な場面をサンプリングして場面間の比較を行うことによって，実験のような意図的な状況操作を加えなくても場面による行動の変化をみることができる．

たとえば，街角でよく見かける交通量調査や通行人調査は，観察する場所が道路計画や出店計画に適しているかどうかを調査しているもので，場面見本法の典型である．また，同一場面で異なる時間帯や曜日に観察することから，定点観察ともよばれる．場面見本法を用いた心理学の研究としては，外山（1998）の保育園における食事場面での幼児の席取り行動の観察があげられる．この研究では，食事場面という場面のサンプリングだけでなく，午前中の活動が終了して食卓が準備されるときから食事が始まるまでの時間がサンプリングされている．

(3) 事象見本法

事象見本法（event sampling method）とは，ある特定の事象や行動に焦点を当て，それがどのように生起し，どのような経過をたどり，どのような結果に至るかを観察する方法である．

たとえば，倉持（1992）の研究では，幼稚園の自由遊び時間に生じる「いざこざ」という事象に焦点を当てている．観察者は子どもの遊び集団の側にいて，「いざこざ」が生じたらその始まりから終わりまでをテープレコーダーに記録する方法がとられている．

(4) 日誌法

日誌法（diary recording method）とは，ある特定の個人を，日常的な行動の流れの中で観察・記録する方法である．日常の場面において近い関係にある親が自子（自分の子ども）を，あるいは保育者が子どもたちを観察し，それを育児日誌や保育日誌に記録する方法である．長期にわたって記録される日誌法は，個人の全体的な理解を目的とする**個性記述的研究**に適している．また，フィールドワークにおいて用いられる観察とフィールドノーツへの記録も，日誌法に含まれる．

日誌法の研究には，やまだ（1987）や麻生（1992）の研究があげられる．ともに自子が観察の対象となり，とくに何かの事象や場面，時間を限定することなく，新鮮で驚きを伴った状況での行動（日誌法の場合は，これがサンプリングになる）が観察・記録された．そのため，観察記録は膨大な量となり，麻生の場合は生後1年間でB5サイズのノート1726ページにのぼったという．

さて，これまで紹介してきたように，ターゲットとする行動を抽出する方法について個別的にみてきたが，これらのサンプリングの方法は，単一の方法で行われるというより，複数の方法を組み合わせて実施する場合が多い．適切な時間，場面，事象を組み合わせることによって特定の状況を観察する**焦点観察**は，その観察の厳密さを高めることになる．しかし，このような観察は研究の後期に行われるもので，研究初期の問題発見的な観察では，日誌法のような**非焦点観察**が適している．

2.1.4 記録方法

記録とは，観察した行動を記録する事後的な作業であるが，あらかじめ観察する行動や記録のしかたを決定し，それにもとづいて記録するという事前作業を含んでいる．次に紹介する記録方法の中で，行動目録法と評定尺度法がカテゴリー作成や尺度構成などの事前作業に時間が費やされるべき方法であるのに

対して，行動描写法は事後作業により多くの時間が費やされる方法である．

(1) 行動目録法

行動目録法（behavior inventories）とは，観察したい行動やその場面で起こりそうな行動のカテゴリーを観察前にあらかじめ作成しておき，観察場面で該当する行動が生起したらその都度チェックする記録方法で，**チェックリスト法**（check list method）ともよばれている．行動の生起頻度などを調べるのに適している方法である．行動目録法は，時間見本法の場合によくとられる記録方法で，先に紹介したPartenの研究では，単位時間内にどのカテゴリーの行動が観察されたかを記録する方法がとられている．

(2) 評定尺度法

評定尺度法（rating scale method）とは，観察すべき行動や個人の態度・傾向，集団のやりとり，雰囲気などを把握するために，あらかじめ設定した評定尺度によってそれらの強さを記録する方法である．行動目録法が行動の内容をチェックする記録方法であるのに対して，評定尺度法は行動の様態や人や物との関係のありようを記録するのに適している．しかし，行動目録法に比べて，観察者の印象に頼る観察なので，最近の心理学研究では主要な結果としてはほとんど採用されていない．

(3) 行動描写法

行動描写法（specimen records method）は，**逸話記録法**（anecdotal record method），あるいは**エピソード記録法**（episode records method）ともよばれ，その状況で生じているすべての行動を時間的な流れに沿って自由記述する記録方法である．他の2つの記録方法があらかじめ設定したカテゴリーや評定尺度に，現下の行動を割り当てていくのに対して，この方法は観察後に観察した行動を適切な言葉を用いて表現しなければならないという難点がある．しかし，そこで起こっている事柄をあらかじめ考えた行動のカテゴリーに落とし込まないで具体的な言葉によって行動を理解するという質的調査には適した記録方法である．

行動描写法では，観察される行動が主な描写の対象になるが，それだけでなく，観察された状況，つまりその時間や場所，前後の文脈も描写する必要がある．また，単に対象者の側の事柄だけでなく，観察者の側に感じられた印象も

同時に記述しておくと分析の際に役に立つ．

2.1.5 観察法における留意点

自然的観察法には，特別な装置や状況を用いなくても，いつでも気軽に人間の観察ができるという利点がある．しかし，ビデオ装置を用いて観察するにしろ，最終的にその結果を記録に残すのは人間である．また，観察される対象も主に人間であることから，観察の歪みや限界が避けられない問題として生じてくる．ここでは，自然的観察法におけるいくつかの留意点について述べる．

(1) 目的の明確化と適切なサンプリング——妥当性の問題

これまで指摘してきたように，観察研究では，どんな対象者の何を知りたいのか，どんな側面をとくに知りたいのかという問題点を吟味し，研究目的を明確に設定することが重要である．それと同時に，その目的を達成するためにはどのような状況や行動に焦点を当て，どのような観察方法や記録方法をとればよいのかを検討する必要がある．目的によって定められた観察すべき行動が正しく観察されているかどうかは，観察における妥当性の問題でもある．とくに，行動目録法の場合は，行動のカテゴリーが十分に定義されているかどうか，カテゴリー同士が排他的な関係にあるかどうかが鍵になる．また，評定尺度法の場合は，評定すべき対象は何かといった評定対象の特定化と尺度構成が重要になってくる．行動描写法では，どのような類の言葉を使って行動を描写するかをあらかじめ考えておくと同時に，観察初期には記述された文章が観察した行動を的確にあらわしているかどうかをビデオなどを用いて再確認する必要もある．

(2) 観察者のバイアス——信頼性の問題

観察者が人間である以上，観察者によって行動のとらえ方や感じ方が異なってくる．ある観察者による観察が，他の者が観察しても同じような結果としてあらわれてくるのか，それとも観察者のバイアス（偏り）による公共性のない観察結果なのかは，観察における信頼性の問題である．信頼性をチェックするために，複数の観察者による観察者間一致率を提示し，観察の信頼性を保障するといった方法がとられる．しかし，これは事後的な作業であり，複数で観察できない場合は信頼性について論じることができなくなる．そこで，信頼性の

高い観察を行うために，事前の観察者訓練が重要になってくる．複数の観察者で練習用のビデオを観ながら，それぞれの観察者がもっているバイアスを指摘しあって気づいていったり，お互いの視点を提供しあうことで観察する視点や視野を広げる練習をくりかえすことが，信頼性の高い観察へとつながっていくのである．

(3) 観察者の存在が与える影響

参加観察法が対象者の日常生活に自覚的に参加する観察法であるのに対して，自然的観察法は対象者の世界の中で観察しているにもかかわらず，観察者自身は参加している意識が薄い場合がある．観察者は対象者に何も影響を与えていないと思っていても，対象者が観察者の存在を意識していつもとは異なる行動をしている場合がある．この問題を克服するには，あくまで観察者が対象者に気づかれないところから観察できるように工夫するか，逆に対象者の中に入り込み，対象者が観察者によって観察されていることを意識しなくなってから本格的な観察を始めるしか方法はない．「観察者は壁になれ」とか「透明人間になれ」とよく言われるが，これは後者の場合をさしており，観察者がいることが対象者にとって日常となることを意味しているのである．

2.2 面接によるデータ収集

2.2.1 面接法の意義

ふだんわれわれは人と話をすることによってコミュニケーションをとり，話を通して相手を理解している．たとえば，話の内容からある種の情報を得たり，話し方や語調，あるいは話すときの表情やしぐさからその人の気持ちを察したりしている．日常的な会話では，相手を理解しようという明確な意図があることは少ないが，生活に困らない程度の相互理解をしている．一方，面接法は，面接相手を理解しようという明確な意図のもとに行われる相互交渉である．先に述べた観察法と同様に，面接法にはふだんわれわれが行っている会話を用いながらも，心理学的な人間理解の方法としての意図や工夫が必要となる．

たとえば，相手が何を考え，どんな気持ちでいるのか，自分の過去をどのようにとらえ，これから先，どう生きていこうとしているのか，といった人間の

心理学的な面接およびそれらのコミュニケーションを区別するためには，あらかじめ意識せずに行っている「対話しながら話を聴く」行為を，あらためて意識しなければならない。自分のことを誰かに話したり聞くことへの抵抗感を感じたりする反面，他人に自分自身を語ることの難しさも経験している。

内的緊張感が高い，気持ちを引きたたせる。あれもこれは周りの他人に「その人に話を聴いてもらいたい」と願う。一方で，このような点を考慮しくてはいけないに関わらず，自分のことや他者に話したり聴くことへの抵抗感を感じたりする反面，他人に自分自身を語ることの難しさも経験している。

心理学的な面接およびそれらのコミュニケーションを区別するためには，あらかじめ意識せずに行っている「対話しながら話を聴く」行為を，あらためて意識する必要がある。面接法 (interview method) は，比較的目的や制限のはっきりしている。その意味で，① 対象者の話る言葉の内容と回数と，② じっくりきかな姿勢などにあらかわれる非言語的情報を通得ることかでできる。また，面接者とそれらの情報を整理・検討して対象者の理解を深めていくことができる。また，面接の流れの中で，③ 相互に話されてくる疑問や印象や意見を直接伝えあうことができるなどコミュニケーション場面であり，人間の内的世界をより深く具体的に知ることが可能な機会である (滝田，1995b)．

2.2 面接法の種類

面接法は，大きく**調査的面接** (research interview) と**臨床的面接** (clinical interview) に大別されるが，本章では調査的面接のみを検討する。

調査的面接には，あらかじめ質問するべき項目が準備されていて，それを通して構造を出していく**構造化面接** (structured interview) と，あらかじめ質問項目は準備してあるが，対象の流れに応じて柔軟に質問を変えたり加えたりする**半構造化面接** (semi-structured interview)，そして質問する内容を順番を回答をあらかじめ準備しておくものの，質問項目のように明確な形態はとらずに，最初のきっかけとなる項目に対する面接者が期待する内容が語られるような面接をこころる**非構造化面接** (unstructured interview) にわけられる。

構造化面接では，あらかじめ質問項目と回答形式を選択しておくが，その回答者の信頼性を高めるためにそれを対象に質問しているという方法をとることがある。また，質問紙のように一連の様式で質問して回答を求めることもある。質問紙では得られない相手の答え方や声のトーン，表情などを手がかりとして，その答えについての詳しい情景を伺うことなどから情報を確認することもできるのが特長である．

コラム2-2 目我同一性アイデンティティ面接

Marcia (1966) は、Erikson (1950) が提唱した青年期の重要な主題である自我同一性の達成度を測定するために、半構造化面接による自我同一性アイデンティティ面接 (ego identity status interview) を考案した。Marcia は、青年の自我同一性その達成度が反映されると明確に指摘するための心理・社会的意義を含む一性が、①役割の選択と責任遂行を前提に、②人生の重要な領域に対する、①積極的関与、②2つの基準を取り上げた。そして、その基準から同一性の状態を、「同一性達成度」「モラトリアム」「早期完了」「同一性阻害」、「同一性拡散」の4つの同一性アイデンティティに分類した（表2-C1）。

表 2-C1 自我同一性アイデンティティ (Marcia, 1966)

自我同一性アイデンティティ	危機	積極的関与
同一性達成	すでに経験した	している
モラトリアム	その最中である、あるいは積極的に解消しようとしている	曖昧ではあるが、積極的にしている
早期完了	経験していない	している
同一性拡散	危機前拡散 経験していない	していない
	危機後拡散 すでに経験した	していない

同一性アイデンティティ面接は、職業、宗教、政治の3個の領域にわたって大きく19の質問項目からなる半構造化面接である。たとえば、職業についてこれを取り上げる。①「今の専攻を何にしようとしていますか」、②「いつ専攻を決定しましたか」、以前に別のものを考えましたか、その専攻のどんなところに魅力を感じていますか」、③「両親はあなたのこの専攻に対して期待がありますか、能力を感じますか」、④「あなたはどうしてこの専攻について勉強していますか」、⑤「何かより条件が出てきたら変更することがありますか」、という質問である。そして、これらの質問に対する被面接者の回答を、青年完了者という4種の継続と継続に対する種類領域の程度を基準として判断者を判定するいずれかに判定するのである。

半構造化面接の代表的な研究としては、Marcia (1966) の自我同一性アイデンティクスに関する研究があげられる（コラム2-2参照）。また、患者の訴えなどの認知過程や対象者の言語化によって引き出された記録・分析するプロトコル分析

(protocol analysis）の研究も，多くは半構造化面接の形態をとっている。面接者の準備した認知課題や質問に対して，面接者がどのような機器を用いてどのような推論を行っているかを内観報告によって言語化してもらい，面接者はその発話をテクスト化してその認知過程を分析する方法である。プロトコル分析の詳しい解説は，海保・原田（1993）を参照のこと。
　非構造化面接の代表的な研究として，佐伯ほか（1995）は，目見合わせの仲間から水上への移動に関するアイデアトーナメントの中で面接した対象者との語りからアイデアストーリー一連発話を挙げられる。右井（1995）は，自身が行った沖縄から水上への移動に関するアイデアトーナメントの中で面接した対象者との語りからアイデアストーリー一連発話を挙げられる。ここでは，当初の目的から離れた周辺的な話題を展開聴くことによって対象者との関係が深まり，対象者自身の人生の語り（narrative）がそうとうしている面接のような立体的に描かれている。対象者の人を考えることによって面接者との関係を深め，非常に長い時間と煩雑な様態を必要とするが，限定された質問一応答形式の面接では引き出せない人生の流れが出会うことができる。

　これまで続介してきた調査的面接法は，1対1で対面して行う個人面接である。誰しも下（2000）を参照されたい。面接者が複数で行われる要因面接法もある。誰しも下（2000）を参照されたい。面接者としての要因面接の利点としては，①知り合い同士であれば面接前面の緊張感が緩和される。②個人では出にくい出来事や他の人の話をきっかけに思い出すことができる。③非言語情報の確認ができる。④対象者同士のやりとりが観察となる。などが挙げられる。そして，個人面接と併用することによって，より深く信憑性の高い語りを引き出すことが可能な場となる（たとえば，Sawada ＆ Minami, 1998）。

　ところで，近年マスコミが騒んに行っている電話インタビューによる意識調査がある。電話帳などから無作為抽出された人に対して，電話を通して様子を伺う。電話は便利な通信者である。しかし，電話インタビューを受け付けるという前提では便利な通話者である。しかし，電話インタビューには相手を選択して電話を聞く，という重要な面接者の特徴が含まれていないから面接者と対象者との関係が十分に成立しないままインタビューが進められが，電話を通して聞きかける相手が目身のの内心を提供するない。もし，電話を通して聞きかける相手が目身のの内心を提供する

34　第 2 章　質的調査：観察・面接・フィールドワーク

したがうか質問をもつ対象者を選定するのであれば、調査結果は信頼できるものとは言い難い。その点を克服するにはまず、傍流する面接者と対象者の間のラポールが形成されることが重要である。

2.2.3　面接法の実際

ここからは、半構造化面接あるいは非構造化面接に従って、面接法の実際を述べていくことにする。

(1) 面接目的と面接方方の明示

構造化の程度が低い面接の場合、調査のデータそのものが流動的になる。構造化されていない面接だからといって、面接の目的や聴きたい事柄が曖昧であってもよいわけではない。面接方方と聴者・応答の関連で決定される。目的と関連して、対象者の目を通じて何からの目的的な事柄に焦点化している のか、どんな語りを大切に聴きとっているのか、情緒的な家世界をどのように受け止めていくのかなど、面接方方と聴者の基本的態度は、あらかじめ明確にしておく必要がある。そして、ロールプレイなどの形式で面接の練習をしたり、質問・応答のしかたを振り返っておくとよい。

(2) 対象者の選定

対象者の選定、すなわちサンプリングは、調査目的と深く関わっている。ある程度の母数をもつ質的な体験内容（たとえば、被虐体験（アビュース）をもつ）を調査者でも行われる事体件のサンプリングに対象を限定しようとすれば、昼間講義者でも行う時間の予定や経済的負担を対象者にしていただくのが現実的である。しかし、面接はある程度の時間から数ケースにとどまり対象者に負担が多いのが通常的である。このような対象者の選定の制約は、母集団から対象者がほほランダムに選ばれることによる集団の代表性とは異なる。つまり、質問紙調査者よりも偏りがあるケースとなる。美術的に母集団が特定できないばかりか、母集団が定数に対すると対象者の選定の一手でもある。このような対象者の選定は、母集団から対象者を選定した選択者の特性を明確にする必要がある。

また、ある領域における保護を明らかにしようとすれば、その領域に関することしている人の中から無作為に選ばれたであろう人を対象者として選定しなければならない（たとえば、ある人）。このため、その対象者が選定された理由からその人の特性を明確にする必要がある。

いずれにせよ，質問紙による調査に比べて，面接は少ない人数に対して深く調査する事例的研究の形をとることが多い．その場合は，対象者の選定が研究目的と合致しているかどうかを，その典型性あるいは代表性の側面から吟味する必要がある．

(3) 面接場所

面接場所は，落ち着いて話ができる場所，対象者が面接以外のことで緊張することのない場所ならどこでもよい．とくに，相手の生活する場へ赴いて面接する場合は，その人の生活環境やそこに配置された外的記憶物（写真や事物など）が面接の手がかりになることもある．面接の過程そのものを制御するには面接者の技量が問われるが，面接の器となる環境は，あらかじめ想像することによってある程度準備することが可能である．面接中にはたらかせる面接者の負荷を軽減するためにも，適切な場所を選ぶことが必要である．

(4) 面接への導入とラポール形成

依頼のときに面接の同意を得ていても，導入で面接の主旨と記録のとり方，面接結果の利用のしかたなどの説明を再度行うほうがよい．これは，これからいっしょに面接の場をつくっていくあいさつでもある．また，面接結果を録音し，場合によっては結果を公表することがある場合は，そのことを対象者に了解してもらう必要がある．しかし，面接の最初の段階で断られたらその対象者に対する面接ができなくなるかというとそうでもなく，面接の中で対象者との親和的で信頼のおける関係，すなわち**ラポール**が形成されてきたならば，あらためて了解を得ることもありうるのである．

その意味で，面接早期にラポール形成に努めることは重要なことである．日常的な会話から始め，面接者が対象者の発話に誠実に関心を示し，受容的・共感的に対応することによって，対象者自身が受け入れられているという意識がもてることがラポール形成につながる（中澤，2000）．

また，Erikson（1950）が述べているように，面接者が得意とする分野の話題から入ることも，面接の場の緊張をやわらげるために利用できる．

(5) 面接の過程

たとえば，面接場面で浮かぬ顔をして自分の青年時代を「楽しかった」と対象者が話し始めたとしよう．この対象者をどのように理解したらよいだろうか．

面接の場合，どちらのメッセージが正しいかを判断する二分法的な発想で対象者を理解するのではない．それでは面接法がめざす対象者理解とは何か．それは，面接状況において対象者が面接者に向けてこう語ったという事実を，対象者理解の出発点にすることである．つまり，言語的に「楽しかった」と表現しながらもその表情や語調が曇ってしまう対象者の体験の複雑さや表現の困難さがあることを面接者はすかさずとらえ，面接を通して，豊かな意味内容を含んだ体験として言語化されるように，語りを引き出していく作業が面接なのである．これが面接の過程であり面接の醍醐味でもある．

先述したように，面接は面接者と対象者が関与する中で語りが生まれてくる共同生成の場である．何度もくりかえされる話題があったり，別の話題の後に前の話題に戻って新たな意味が付加されたりするなど，面接は相互作用の中で有機的な発生をくりかえす．また，面接者が抱いた疑問をもとに問いを発することによって，新たな問題領域へと展開することもあれば，面接者の共感的理解を支えにして，より深い水準へと話が進むこともある．

(6) 面接結果の吟味

対象者に対する面接者の応答や発問は，その後の話の流れをつくってしまうもので，良くも悪くも重要な意味をもつ．これはいくら周到な準備をしておいても計画通りには進まない性質のものである．しかし，面接を終えて逐語録を作成し，結果を見直すことによって，面接者のよりよい発問や応答を考え直すことができる．さらに，研究目的に照らしたとき，この面接がそれをどの程度達成し，どこが不十分かを明確にする重要な機会となり，それがフォローアップ面接のねらいにもなる．そのためにも，いったん面接の場を離れて，冷静な心で面接状況を振り返り，冷静な目で逐語録を読み返すことが大切になる．

2.2.4 面接法における留意点

面接過程における留意点については前項でも触れてきたが，ここでは，いきいきとした対象者の語りを引き出すために心得ておくべき点について述べる．

(1) 面接者の自然な対人関係

面接は相手の話に耳を傾ける姿勢が前面に出た対人関係の場面ではあるが，対人的状況であることにかわりはない．そうであるならば，面接の場において

面接者が自然に振る舞えることが大切になる．お互いが初対面であったり，対象者にとって初めての面接場所であったりすると，面接者も対象者も緊張したり構えたりする．過度に緊張が高まると，面接者もふだんだったら感知できる微妙なニュアンスを見過ごしてしまったり，ふだん以上に焦って聞き出そうという姿勢が強くなったりする．これが面接にとって大敵なのである．

面接法について特別な訓練を受けていなくても，初対面の人と抵抗なく会話ができたり，相手の心情に素直に共感できることは，すぐれた力である．田畑(1973)が，面接の訓練として個性化と技術化の過程をあげているが，自分の対人的な持ち味を伸ばしていく個性化の過程の中で面接の技術化は進んでいく．自分の自然な対人関係を省み，「私は話を聞くことは上手だ」，「初対面でも物おじしない」など，自分の対人関係の長所を生かしながら面接の技術を学んでいくことが大切である．

(2) 異文化への理解

同じ地域で同じ時代を生きてきた人ですら，その人生における体験を理解するのは容易ではない．それが，自分とはまったく異なる世界で生活してきた人であったらなおさらである．対象者が自分とは異なる世界を生きてきたということは，自分のこれまでの価値観や態度，経験様式などが通用しないことを意味する．この異文化と出合っているという認識は，「わからない，不思議だ，ここには何かがあるにちがいない」(土居，1977)という知的好奇心をかき立てるものである．面接者のワクワクしている感覚が，容易に対象者にも伝播し，対象者の語りを促すこともしばしばある．

対象者のほうも，面接者は自分とは違った世界の人間だということは十分に心得ており，面接者がわかったつもりになっていると，逆に対象者の信頼を失うことになる．また逆に，対象者が面接者に配慮して，わかりやすい言葉で要点だけを選りすぐって面接者に伝え，いきいきした語りが得られないこともある(福島，1993)．これらを避けるためにも，対象者が生きてきた時代や地域などを知る資料をあらかじめ調べておいて，対象者の語り方の変化に敏感に反応できるようにしておくことが必要である．

(3) 資料の公共性と共感性

面接の中で収集される資料は，対象者の人生におけるさまざまな具体的出来

事の資料と，それぞれの体験を深く聴取した資料とがある．言い換えれば，前者が状況的・客観的資料であるのに対して，後者は個人的・主観的資料の意味合いの資料である．面接による心理学的研究の資料が公共性をもち，広く共感が得られるためには，両者が過不足なく収集されてストーリーが構成されていることである．鑢（1973）は，①対象者の主観的体験や微妙な心の動きを聞きわけて言語化していく，②その主観的な体験がどのような対人関係や状況のもとで体験されたことかを明確にする，という面接の流れを考えているが，対象者の体験や心の動きを大切にしつつ，その状況的証拠を収集することによって公共性が高められていく．そして，事実関係が明確におさえられた体験は，単なる個人的な体験にとどまらず，広く共感が得られる体験となりうるのである．

2.3 フィールドワークによるデータ収集

2.3.1 フィールドワークとは

近年，心理学の分野に限らず，さまざまな学問領域で「フィールドワーク」という言葉をよく耳にする．文化人類学において主要な研究法であったフィールドワークによる研究が，今あらためて求められている．

フィールドワークとは，「参与観察（参加観察）とよばれる手法を使った調査を代表とするような，調べようとする出来事が起きているその「現場」（＝フィールド）に身をおいて調査を行うときの作業（＝ワーク）一般をさす」（佐藤，1992）．しかし，フィールドに出向いて行う調査であれば，どのような研究でもフィールドワークの範疇に入るわけではない．たとえば，先行研究のみにもとづいて研究計画を立て，質問項目と想定される回答を選択肢として準備して，現場に行ってデータだけを取って帰る，そのような研究はフィールドワークとはいわない．たしかに結論を現場から得ている点では，完全に机上で問題から結論を導き出す研究とは異なるが，このような研究法であれば，これまで心理学の分野でも多くなされてきた．近年，その必要性が求められているフィールドワークは，それとは異なるものを求めているといえよう．

フィールドワークは，「フィールドに身をおき，目で見，耳で聞き，手で触れ，肌で感じ，舌で味わった生(なま)の体験にもとづく調査」（佐藤，1992）をさし

ている．その意味で，フィールドワークの醍醐味はその臨場感にあるといえる．野球やサッカーが好きな者は，テレビでの観戦だけでは飽きたらず，球場へと足を運ぶ．何十メートルも離れた場所からしか観ることができない球場よりも，カメラを何台も配置してさまざまな角度からその現場を観ることができるテレビの方が，出来事の詳細は理解しやすい．しかし，なぜあえて球場が選ばれるのか．それは，まさにそれが行われている場に自らの身体を置き，まるごとそれを体験できる魅力があるからであろう．

　ただし，フィールドに身を置くだけで，そこで起こっていることがわかるかというとそうではない．心理学におけるフィールドワークの歴史は浅いが，フィールドに赴いて調査する研究では，考慮されるべきパラダイムや方法，態度がある．この節では，紙面の都合上，フィールドワークについて詳しく述べることはできないが，フィールドワークという研究方法の特徴やフィールドワークの過程について説明する．詳細は，参考図書を参照していただきたい．

2.3.2　フィールドワークの方法

　フィールドワークは，まさに現場に参加することから始まる．その意味では，古くから文化人類学や社会学のフィールドワークで用いられてきた参加観察法が主要な方法となる．

　(1)　参加観察法

　参加観察法（participant observation method）とは，「調査者（観察者）自身が，調査（観察）対象となっている集団の生活に参加し，その一員としての役割を演じながら，そこに生起する事象を多角的に，長期にわたり観察する方法」（三隅・阿部，1974）と定義されている．つまり，現象が起きている現場に観察者が身を置いて，集団内部から対象を観察したり，観察者も内部の一員として体験した意識内容を記録して，生態学的妥当性の高い現象把握をめざす研究方法である．人間にはそれぞれ生きている文化があり，その文化の外側から人間を観察しているだけでは理解できない行動が多々あるため，自然的観察だけでは把握できない欲求や思考，さらにその集団に内在する規範や価値観に接近するために，参加しながらの観察が必要とされる．

　観察法における参加観察法の位置づけは，参加観察法が自然観察法に対置さ

れる方法ではなく，集団に参加するか（参加観察），参加しないか（非参加観察）という観察形態の違いとしてとらえられている（中澤，1997；表2.1参照）．つまり，集団に参加していても，観察者が対象者と何らかのやりとりをしながら観察する場合（交流的観察）もあれば，場合によっては対象者やその現象から一歩距離を置いて自然的観察をする場合（非交流的観察）がある．また，交流的観察においては，実験的観察法のように周到な条件統制ができなくても実験的な観察が可能である．たとえば，保育所において新しい遊具を提供するなど，子どもの生活の中にあえて状況を設定して遊びがどう展開するかを観察するアクションリサーチの方法（第6章参照）をとることができる．このようにして，集団に参加しながらも，明らかにしたい事柄によって対象者と観察者の位置を調整しながら観察できるのが参加観察法の特徴である．

(2) マルチメソッド

フィールドワークでは，対象世界に参入して調査する参加観察法が主要な研究方法であるが，そこで用いられる具体的な方法は，調査する内容によって適切な方法が用いられる．前項まで紹介してきたさまざまな観察法や面接法も，参加しながらその時々で用いられる方法のひとつである．

フィールドワークの方法の特徴として，**マルチメソッド**（multimethod）があげられる（佐藤，1992）．人間理解の方法には本書で紹介されるようにさまざまな方法があるが，どれも唯一絶対の方法ではなく，研究目的や実現可能性の側面から適した方法がとられる．心理学研究の場合，明らかにしたい心理現

コラム2-3　フィールドワークにおけるマルチメソッド

フィールドワークでは，問題発見から仮説生成，仮説検討といった研究の流れの中で，それぞれに適した研究方法がとられる．ここでは，漁業者が行う網代の定位活動の研究（澤田，1995a）を紹介しながら，フィールドワークにおける多様な研究方法の実際について説明する．

網代の定位とは，漁業者が広い海の底にある魚の棲処（網代）を，付近の山や島の位置を利用しながら特定することであり，陸上で生活しているわれわれの空間定位とはその方法が異なっている．このように研究者になじみのない事柄を明らかにするために，さまざまな方法が用いられた．

(1) 初期の船上観察

漁撈に同行させてもらって，船の上で漁業者がどのように周囲の山を見ているかを観察した．ビデオを撮らせてもらったり，チャンスがあれば漁業者が見ている山を聴くことはあったが，「周囲の3点の山を見ている」という理解をしていた．ビデオも漁撈活動の様子は撮影できたものの，微視的分析に耐えうるものではなかった．

(2) 聴き取り調査

何度か船上で観察していても，定位における有意味な行為を抽出できないので，陸上で漁業者から聴き取り調査をすることにした．聴き取り調査はかしこまった場所ではなく，漁業者がいる場所へ出向いて行うという方法をとった．海岸での聴き取りは，そこから見える山を利用して身ぶり手振りを交えて説明が聴けたことや，周囲にいる他の漁業者が加わって異なる視点が提供されたことなどの利点があった．聴き取り調査によって，周囲の2点を見ることによって場所が決まること，海中の複雑な流れを読みながら網代を定位していることなど，漁業者が行っている網代定位の概略がわかってきた．しかし，これはあくまで説明としての網代定位である．実際に行われている活動とどのような対応があるのかを調べる（俗にいう裏をとる）必要があった．

(3) 船上での微視的観察

網代定位が実際に船上でどのように行われており，操舵や漁具の操作とどのような関連があるのかを明らかにするために，漁業者が向ける視線と舵や漁具の操作に焦点化し，それらが同時に撮影できる船上の定点からビデオ観察を行った．この観察では，漁業者の視線やわずかな動きを1/30秒単位の時間見本法で分析することを念頭においていた．分析の結果から，漁業者の定位活動にはこれまでの聴き取り調査の結果から理解できる行為と意味が読みとれない行為があった．わからない点については後にフォローアップの聴き取りを行った．

網代定位とは異なるが，同じフィールドで漁業者を対象にした質問紙を作成して構造化面接を行ったこともある．この調査は，漁業者がこれまでどのような海域で漁をしてきたのか，漁法はどのような方法が使われていたのかを調べるものであった．この場合は，多くの漁業者から同じ内容について質問することが必要だと考えたからである．このように，フィールドワークでは，明らかにした事柄や研究の進度に応じてそれに適した研究方法がとられる．その意味から，さまざまな心理学研究法を理解して使えるようにしておくと，フィールドワークの幅も広がる．

象が先にあって，それに適した対象者のサンプリングが行われることが多いが，フィールドワークの場合は逆で，明らかにしたい対象者や集団が先にあって，その中で明らかにしたい現象に適した研究方法がその都度選択されることが多い．対象となる人や集団を丸ごと理解しようとするフィールドワークでは，単にひとつの研究方法をとるだけでなく，それぞれがもっている長所を活して，それらを組み合わせることによって，多角的な対象理解を試みるのである．

2.3.3　フィールドワークの過程
(1)　事前準備

フィールドワークは現場で行う研究だが，事前の資料収集や文献調査が必要ないわけではない．むしろ，佐藤（1992）は事前調査の重要性を指摘している．

事前調査には，大きく分けて2種類のものがあり，ひとつは調査対象に関連した資料収集であり，もうひとつは調査によって得られた資料を理解し整理する枠組みを作るための文献研究である（佐藤，1992）．前者の調査対象に関連した資料収集は両刃の剣の側面をもつ．資料を集めてフィールドに関する情報を知れば知るほど，研究者がフィールドで得る資料に新鮮さがなくなる．また，事前情報によるバイアスが働き，フィールドでの資料収集が偏る危険性もある．しかし一方で，受け入れる側はフィールドに関して何も知らずに参入してくる研究者をいぶかしく思い，敬遠することがある．肝心なのは，事前情報は心に留めておきながらも，フィールドに出たら自分でそれらを確かめるという姿勢である．後者の事前調査は，フィールドワークにおける計画性と関連する．通常の研究の場合は，研究者が立案した計画にもとづいて研究を遂行していくことができるのに対して，フィールドワークの場合は，対象者の生活を極力乱さないようにしながら研究を進めていくために，あらかじめ想定した研究計画通りには調査が進まない．対象者の状況に合わせながら研究計画を遂行していくためには，現在得られつつあるデータをその場で理解し，即座に次の観察の視点や発問につなげていくことが鍵となる．そのためには，得られた資料をどのように理解するか，その資料の中でなにが大切なのか，といった理解の枠組みや問題発見の方法を，あらかじめ文献から学んでおく必要がある．

(2) フィールド・エントリー

フィールドへの参入は緊張や不安をもたらす事態ではあるが，新しいフィールドにおいてさまざまな出合いのある心躍る事態でもある．この独特の緊張感が，現場に臨むフィールドワークの醍醐味である．どのような形でフィールドに入るにせよ，最初はまったくのよそ者であったのが，対象者に受け入れられ，一定の役割やポジションを得て落ち着くまでの過程が広い意味でのフィールド・エントリーである．

参加観察法の定義でも紹介した「（集団の）一員として役割を演じながら」観察するということはどのような役割をいうのであろうか．たとえば，調査者自身が親であって自子を観察する場合や，教師が調査者となって生徒を観察するのであれば，現在担っている明確な役割のままで観察が可能である．しかし，第三のフィールドで調査をしようとするとどういう役割があるのか．この点について箕浦（1999）は，フィールドでの観察者の役割や参与の深さを次の4つに分類している．

① 完全な参与者（complete participation）——すでに自分が通常の参加者であるような場所でのフィールドワークをする場合
② 積極的な参与者（active participation）——その集団や組織の中で役割をもちながら観察する場合
③ 消極的な参加者（passive participation）——フィールドには入っているが，対象者との交わりは向こうから話しかけられたときくらいにとどめ，壁の花になったつもりで観察する場合
④ 観察者役割のみ（observer role only）——観察室のワンサイド・ミラーを通して観察する場合

通常，フィールドワーカーは積極的な参与者である．それでは，その集団や組織の中で役割をもちながら観察するとはどういうことなのか，調査者がとりうる役割とはどういうものなのか．たしかに，フィールド内に存在する役割のどれかを観察者がとることも可能であろう．たとえば，教師や職業見習いなどの役割を担いながら実践を通して対象を理解することが可能である．しかし，それにはよほどの覚悟と時間が必要である．また，フィールドにおいてさまざまな角度からアプローチをしようと考えている者にとっては，担った役割が足

かせになって，重要なはずの調査者としての役割を十分にとれなくなることも起こる．それではどうしたらよいか．その方法のひとつとして，フィールド内の既有の役割を担うのではなく，あらたな自分の役割をつくることである．筆者（澤田）の場合，フィールドエントリーのときから意図的に筆記用具とカメラを外から見えるように携えるようにしている．調査者としての立場を明確に示すのである．最初は違和感をもって受け取られるが，調査者という立場を外見から明確にしながらさまざまな活動に立ち合わせてもらったり協力できることはさせてもらいながら，自分の役割が落ち着いてくるのを待つのである．こうすることで，特定の役割や人間関係に縛られずに調査ができる道が開けるし，フィールド内で役割をもって生活している者ではとりえない対人関係をつくることができるのである．

(3) 全体観察

エントリーと並行して，フィールドの全体像をつかむことがフィールドワークの初期では重要であり，そのためには観察したものを何でもゴサーッと記録することである（箕浦, 1999）．面接を主な方法として考えている場合でも，全体観察は必要な作業である．最初に現場で目にする光景は，何もかもが新鮮に映る．その環境になじんでしまう前に，あえて全体を観察する姿勢をもつことによって，これから始まる調査の素材を拾い集めるのである．研究者の目に留まった光景や対象者の行動はいわばカルチャーショックとして認知され，研究者自身がなじんだ環境との異同が浮き立ってくる．それらを羅列的でもよいから記録する作業が全体観察である．

(4) ラポール形成とインフォーマントからの説明

次に，全体観察を通して疑問に思ったこと，たとえば人々の行動や生活の中で共有されている場の意味などの説明を対象者から聴いて，フィールドに対する理解を深めていく．フィールドワークでは，フィールド全般やある特定の領域に詳しい人から聞き取りを行うのが一般的であり，有効な方法である．このような対象者を**インフォーマント**（informant：情報提供者）とよぶが，フィールドワークでは得られた情報の質や信憑性が重要となる．初期の段階ではその情報の確からしさをつかめないため，ひとつの事象に対して同じ質問を多くの人に投げかけて複数の説明を求めたり，適任者を紹介してもらうことが必要

になってくる．

　対象者が日常の中で思ったり考えたりしていることが話されるようになるためには，対象者とのラポールを築く必要がある．フィールドに一定期間通ったり住み込んだりしながら，場合によっては本来の研究目的をいったん脇において，対象者と同じ世界を共有しながら関係を深めていく．とくに，対象者の日常の中で使われている方言や言い回しなどが調査者に向かって自然に話されるようになることがラポール形成のひとつの重要なステップだと思われる．つまり，調査者が聞き取れなかったり理解できない言葉が出てくることこそが関係の転換であり，調査者を対象者の日常の一部として受け入れてくれたことの証となるのである．

(5)　記録——フィールドノーツ

　フィールドワークにおける記録は，**フィールドノーツ**（fieldnotes）に収められる．フィールドノーツとは，「調査地で見聞きしたことについてのメモや記録」であり（佐藤, 1992），その情報が時間の経過とともに変容しないうちに書き留めるのである．フィールドノーツには，書き散らしたメモやそれを整理した記録，さらに調査者自身の体験も含めた日誌が含まれる．いずれの記録も基本的には記述資料となるが，いつ，だれが，どこで，観察したり聴きとった記録なのかがあとで特定できるように記録しておく．記録に際しては，できる限り対象者の用いた言葉や表現を忠実に文字化することに努める．また，観察や面接の状況についても簡単な記録を残しておくことが望ましい．

　その他に，ビデオカメラやテープレコーダーに録画・録音する方法があるが，対象者との関係が深くない初期にはこれらの道具を使えなかったり使わない方がよい場合が多い．しかし，近年では一般の家庭にもビデオカメラが普及したおかげで，以前よりは撮影されることへの抵抗が少なくなっている．また，撮影した映像を対象者といっしょに視聴することによって，対象者から説明が加えられて行動の意味が明らかになることもあるので，これらの記録媒体は利用の仕方によって豊富な資料採取につながる．

　全体観察やインフォーマントからの聴き取りの結果を整理することは，研究対象に対する理解を深め，仮説を立て，その後に行う調査を焦点化する重要な機会となる．

(6) 焦点化した観察・面接

前述したように，フィールドワークでは対象を多角的に理解するためにさまざまな方法を用いる．つまり，本来の研究目的に照らしながら，明らかにしたい事柄や現象にターゲットを絞り，焦点観察や焦点化した面接などを行っていく．これらの調査では，目的の焦点化とそれに適した方法を採用して個別的な現象を明らかにするが，それと並行して，その事柄や現象が生じる状況や文脈を理解し，全体的な状況や流れの中でその結果を位置づけることが必要となってくる．また，焦点化した調査で明らかになった結果をインフォーマントに話すことによって，相手に「この人は私たちの世界を深く理解しようとしている」という印象を与えることもある．そして，あらたな説明が加えられたり，新しい調査の視点が提供されたりする．調査者はそれをもとにさらなる調査を行う．このように，対象者との相互交流によって研究が進行するのがフィールドワークの特徴である．

2.4 質的調査の特質とプロセス

2.4.1 質的研究の特徴

(1) 質的データとは？

前項までに観察，面接，フィールドワークの方法について説明してきた．これらの方法で得られた記録は，観察記録，フィールドノーツ，面接記録，図面のように文字や図であらわされていたり，写真，ビデオ映像，音声録音などの資料といった形で保存されている．実際には，現場で実感されたさまざまな体験内容が調査者の側にはあり，それらは必ずしも記録の形をとっていないかもしれない．後述する質的分析の過程においては，これら外在化されない記憶や身体化された知識も参照されることが十分に考えられるが，研究行為としては，他者が参照でき，批判的に吟味を加えることができるデータ（立論の根拠・証拠をなす一連の事実）を提示することが求められる．

数字，数量で表現された量的データに対して，言葉の形式によって表現されたものを**質的データ**とよぶ（Miles & Huberman, 1984）．ここで，言葉に限定せず，図や映像，音声など，事物や出来事の様態を写したり，記したもの全般

を質的データの範疇に含めて考えることができる．

(2) 「質」の問いと「量」の問い

質的データの例として，コラム 2-4 に，『知能の誕生』において Piaget が行った自子の観察記録の一部を示した．ここには，数字（15 分，30 分）も記述の一環として登場するが，主要部分は 3 人の乳児の誕生直後の「空吸い」に関する行動の記述であり，言語によって表現されている．

質とは，「対象を他の対象と区別する特色となっているもの．……『どのよ

コラム 2-4　Piaget の「知能の誕生」における観察例

今日隆盛をみている認知心理学，認知科学の始まりにおいて，スイスの心理学者 J. Piaget［1896-1980］が果たした役割は画期的なものであった．現在ではさまざまな批判もなされているが，知能，すなわち外界を知り，それに適応的に対応していく生物のはたらきの発生について，生物学から哲学の認識論までを含めたスケールの大きな理論を構築した彼の創造的な功績については異論の余地はないであろう．その Piaget の代表的な著作である『知能の誕生』は，ジャクリーヌ，ルシアンヌ，ローランという彼自身の 3 人の子どもの 0 歳から 2 歳にいたる克明な観察データにもとづいて構成されている．科学の理論が観察から始まるという原理のお手本のような著作であり，また本章で扱っている質的データとその分析という点から見ても格好のモデルとなる研究である．

次に示すのは，183 の観察例から「感覚運動的知能」の発生メカニズムを理論化していった Piaget の『知能の誕生』における第一番目の観察の記述である．

観察 1：ジャクリーヌ，ルシアンヌ，ローラン　誕生後すぐからすでに空吸いが観察される．唇が衝動的に動いて，前に突き出たり，舌が移動したりする．同時に，腕が無秩序ではあるが多少リズミックに動き，頭は横にゆれる．自分の手が唇にふれると即座に吸啜反射が起こる．たとえば，一瞬の間指を吸ったりする．しかし，もちろん，指を口の中にじっと入れておくことも，それを唇で追うこともできない．ルシアンヌは生後 15 分，ローランは生後 30 分ですでに自分の手を吸った（Piaget, 1936, 訳書 p. 24）．

うな』という問いに対する事物のあり方」（広辞苑，第5版）を指しており，Piagetの観察例で言えば，誕生直後の乳児が示す唇に触れた物に対する反応のありようの記述が，質的なデータの構成要素となっている．ここで，「誕生後どれだけの時間が経った時点で自分の手を吸う行動が観察されるか」という問いを立てて，多くの乳児の行動観察を実施することもできる．この場合，観察データは，最初から数値の形をとって記録される．数値データの表現をとることによって，さまざまな数学的変換や統計処理を行うことが可能となり，仮説検証の手段としては効力の高いデータとなる．それに対して，質的データは，対象となっている現象それ自体の理解を指向する問い（「何が起こっているのか？」，「それはどのように起こるのか？」）に対応するものであり，出来事を言語的・概念的に把握する「記述」によって構成されるデータである．

(3) 質的に分析するとはどういうことか？

たとえば，青と赤という色の違いを波長の数量であらわすこともできるが，それは2つの色を光学的に説明したものであって，「青」，「赤」という名称に対応した人間の知覚体験の違いをあらわしたものではない．この例に即して考えれば，心理学における質的な分析とは，「青く見える」体験を，記述し，そこに含まれる成分，構成要素を明らかにし，他の類似の体験との関係において，この体験の特質・特徴を際立たせることである．

量的な分析が，測定された変数の間の相互関係を明らかにするための諸手続きからなるのに対し，質的な分析は，前述した質的なデータ，資料をもとにして，その内容の解釈（意味を読み取ること），分類（似たものを集めること），類型化（タイプ・様式に分けること），概念化（共通の性質を取りだして名づけること）などの作業から構成される．さらに，このようにしてデータから取り出された概念を関連づけたひとまとまりのアイデア——仮説——を作りだすことまでを含めて質的分析とよぶことができる．

(4) 質的なアプローチの特徴

質的研究法を学ぶに際しては，個々の技法を習得することも重要であるが，それ以前に対象に対するアプローチのしかた，研究者自身の態度・姿勢といった点でかなめとなる方向性がある．Taylor & Bogdan (1984) は，「経験的な世界へのアプローチのしかたのひとつ」としての質的方法の特徴を次のように説

明している.
① 帰納的である.
　研究者は，既存のモデル，仮説，理論を検証するためにデータを集めるというよりは，データのなかに読み取れるパターンから，新しい概念や洞察や理解を得，それを発展させていく．研究の出発点では曖昧に設定された研究設問をもとにして柔軟な研究デザインがとられることが多い．
② 対象となる事態と人々を全体的に見ていく.
　対象者や集団，事態を変数に還元するのではなく，全体性が保たれるように，時間的な文脈や出来事の背景，対象者自身が置かれている状況を含めて調べる．
③ 研究者自身が対象者に与える影響に敏感である.
　観察や聴き取り調査を行うに際して，できる限り自然で相手の世界を損なわない形でのインフォーマント（調査協力者）とのやりとりを重視する．面接は尋問的でなく，日常会話に近い形をとるであろうし，参加観察においても出来事に溶け込むようにして，調査を進めていく．自らの存在がデータに与える影響を排除することはできないが，データの解釈において，研究者が関与したと想定される影響，作用について自覚的である．
④ 対象者の視点から相手を理解しようと努める.
　「客観的」と称される研究アプローチが，往々にして研究者の側の概念枠を一方的に対象に適用する姿勢をもちがちなのに対して，質的なアプローチでは，対象者の側に体験される出来事のリアリティに近づこうとする．
⑤ 研究者の信念，視点，事前の前提をいったん保留する.
　現象に対して開かれた態度，すなわち先入観をできるかぎり保留して「見えてくるもの・こと」を初めて見るような態度で捉える．どのようなことでも当たり前と見なさずに，あらゆることを不思議に思い，探求する．
(5) なぜ質的な研究をするのか？
　今まで見てきたように，質的研究には，それ独自の研究哲学がある．質的研究に対してしばしばなされる評価として，問題の所在がまだよくわかっていない研究の初期段階で有効性を発揮する探索的な研究方法であるという見方があるが，これは一面的な見方である．質的研究は，初期段階の研究，すなわち未

熟な研究ではなく，量的研究法による実証化の道とは異なる認識論にもとづく方法論であり，それ独自の洗練の方向性をもっている．

ここでは，既成の理論や概念の枠組みを越えるような，フィールドに根づいたローカルな理論を自前で作りだすことが研究行為の重要な側面と考えられ，ケース（事例）の濃密な記述，あるいは多重な文脈の読み込みを含んだ「厚い記述」(Geertz, 1973) がめざされる（金井，1991）．「いまここで何が起こっているのか？」を初めて世界を見るような発見的な眼で凝視し，リアリティを捉える新しい視点や概念を獲得することが質的研究の目標である．そして，人間の関わる「現場」=「複雑な要因が連関する全体的・統合的場」（山田，1986）を，その全体性を壊さないように解明することが本質的であるような主題・テーマに対して，効果的に用いられるアプローチである．

2.4.2 質的調査の研究計画

(1) 質的調査におけるデータ収集と分析

観察，面接，フィールドワークにおけるデータ収集のポイントについてはすでにそれぞれの方法の節で述べた．基本的には，「ともかく何でもゴサーッと記録してみる」（箕浦，1999）ことから質的調査は始まる．後述するように質的研究法においては，データの収集と分析は切り離すことが難しい．観察する時点ですでに観察者は事象を選択的に見ており，焦点の当て方には事象に対する一定の理解や見方，見当づけが反映している．現場で記されるメモには仮説の萌芽が見られるであろうし，フィールドノーツを書く行為そのものが，すでに出来事や行為の意味についての気づきを含んでいる（箕浦，1999）．

このように質的研究においてデータ収集と分析とは循環的に進行するが，いずれの場合でも出来事を書き記すことによって一次データが産出される．記述に際しては，出来事の客観的な概要としての第一段階の記録と，観察者によって印象深く，重要と思われた事柄（間主観的に把握されたこと）とを区別して記録することが推奨される（鯨岡，1998）．

記録から分析への移行において，記述された内容を意味のあるひとまとまりの単位（分析の単位）に分ける作業が行われることが多い．観察記録については，「エピソード」という単位（鯨岡，1998）が，発話記録についてはプロト

2.4 質的調査の特質とプロセス

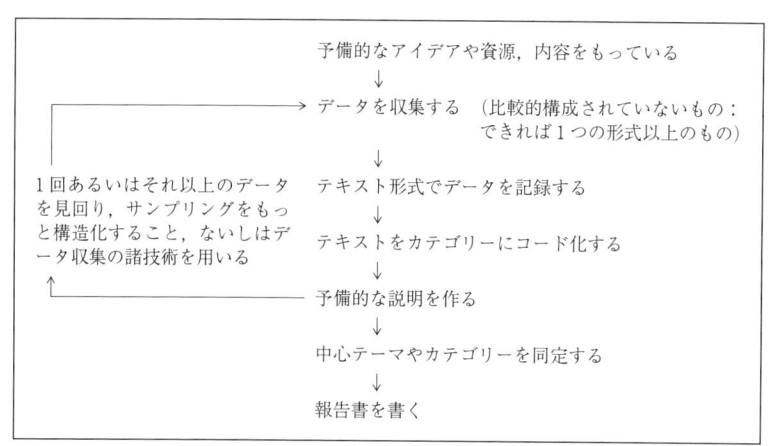

```
┌─────────────────────────────────────────────────────────────┐
│                    予備的なアイデアや資源，内容をもっている      │
│                              ↓                              │
│    ┌─────────────────→ データを収集する（比較的構成されていないもの： │
│    │                              できれば1つの形式以上のもの）  │
│    │                         ↓                              │
│  1回あるいはそれ以上のデータ   テキスト形式でデータを記録する      │
│  を見回り，サンプリングをもっ        ↓                        │
│  と構造化すること，ないしはデ  テキストをカテゴリーにコード化する   │
│  ータ収集の諸技術を用いる             ↓                      │
│    ↑                   予備的な説明を作る                    │
│    └──────────────            ↓                            │
│                     中心テーマやカテゴリーを同定する            │
│                              ↓                              │
│                         報告書を書く                         │
└─────────────────────────────────────────────────────────────┘
```

図 2.1　質的調査のプロセス（Orford, 1993）

コル（海保・原田, 1993）あるいは会話（好井・山田・西阪, 1999）の単位が用いられているが，何を分析の単位とするかは個々の研究によって異なる．

(2) 質的調査のプロセス

Orford（1993）は，質的調査のプロセスを図 2-1 のように簡略に整理している．研究の初期段階では，テーマ，問題設定，対象の選定を方向づける予備的なアイデアがあり，これにもとづいてデータの第一段階の収集が行われる（第一波のデータ収集）．データの読み取り過程において，内容を簡潔にあらわすキーワードやテーマ，疑問点などを短い言葉にしてテキストに付加していくコーディングの作業が行われる．また同時に，データの分析を通して研究設問（リサーチ・クエスチョン）を明確なものにしていく．このようにして，第一波の分析で明らかになってきた問題に対してより焦点づけられた第二波のデータ収集が行われる．さらにデータに対するより焦点化され体系づけられたコーディングがなされ，いくつかのアイデアを集約する概念の整理，カテゴリー化が進められる．分析の最終段階では，多くのデータ・セットを明確な理論的な文章や概念的な枠組みによって統合することのできる，少数の中核的なテーマやカテゴリーが生みだされる．

このように質的研究法では，問題の設定と資料を集約するカテゴリーづくりの循環過程において，当初の開かれた（open）問題理解から，より焦点化

(focused) され，統合された概念的理解への移行が達成される．

(3) 質的調査におけるサンプリング

データ収集において量的研究法では，統計学的なサンプリング（標本抽出）が行われるのが普通である．一定の方針でデータを選定することによって，サンプルが代表する母集団の特性について，効率的に推定作業を行うことが可能となる．調査されるデータの1ケース（事例）は，標本として情報を提供する限りにおいて有用であるが，ケースとして固有の価値をもつわけではない．それに対して，質的調査の場合，ケースそのものが調査テーマと内容的に密接に関わっていたり，臨床研究やフィールドワークのように長期にわたる関係形成を通して初めてデータ収集が可能になるといったように，1ケースの重みが大きい場合が多い．

また，対象の選択は，あらかじめ立てられた方針によって決まるというよりも，現場における人の結びつきを介して拡張していく「雪だるま式」（佐藤，1992）になされることも多い．このような点で計画になじみにくい側面があるが，質的調査の目的に照らしてより有効な対象選定を暫時進めていく方略として，Glaser & Strauss (1967) の**理論的サンプリング**の考え方がある．ここでは，理論的な洞察を得る上でどのような付加的な情報が与えられるかという点（理論的な関連性）が，ケース選択の基準となる．ケース間の相互比較などの質的な分析によって浮上しつつある特定の概念的カテゴリーをより明確にし，豊かに発展させるために，特性の一部異なるケースが調べられる．理論的なカテゴリーを機軸にしたデータ収集によって，新たな知見が得られなくなった段階（理論的飽和）で，そのカテゴリーに関するさらなるデータ収集は打ち切られる．

以上のように質的調査においては，対象選択の基準そのものが質的であり，統計的なサンプリングのように一般化のために必要なサンプル数を算出することはできない．しかしながら，どのような基準で対象が選ばれており，それらを調べることが調査目的に照らしてどのように合目的的と言えるかについて，計画段階においても，また調査報告の段階においても研究者自身明確な方針を定め，理由づけがなされることは，よい質的調査を遂行する上で重要な要件である．

2.4.3 質的な分析の実際——記述から仮説生成へ

(1) 記述すること

質的な分析の基礎をなすものは，まず事象についての信頼性の高い事実の記述である．記述とは，「生の出来事（少なくとも当該研究者にそう思われているもの）からそれをデータに縮約・表現するまでの手続き」であり，「まさに眼前に展開される事象を掬い取り，それを固定し，第1次資料とする手続き」である（鯨岡，1999）．観察のビデオ映像や面接のテープ録音も，研究者によって書き起こされることで初めてデータとして固定される．ここで書き記す行為とは，「ページ上に場面を再現する」ことであり（Emerson, Fretz & Shaw, 1995），全体状況の中での出来事や人々の社会的行為をテキスト化する作業である．

質的調査法において，記述はすでに分析を含んでいる．現場の複雑な連関の中から（山田，1986），何をどのように切り出すかは研究者の選択に委ねられている．参加観察やフィールドワークにおける記述は，だれがいつ行っても同じような結果が出るという意味で「客観的」な性質のものではない．研究主体と事象との「出合い」によって産み出されるものであり，両者の主観的な世界の交差に生じる「相互主観的」な性質をもつ（コラム2-5参照）．質的な記述において，厳密さを追求することは，主観性を排除することによってではなく，相互主観の有り様そのものを記述することによって達成される（南，1991）．そのためには，次のような工夫が求められる．

① 対象・現場との関わりを通して見えてくるリアリティを「いきいきとした形で記述」し，データの「事象への密着性・忠実性」を高める（鯨岡，1998），言い換えると記述に "Hi-Fidelity" をもたせること（Mazumdar, 2000）．

② 観察された現象をありのままに記述するだけでなく，その事象が対象者の住む生活世界にとってもつ意味を理解するために，行為・出来事の置かれた文脈や全体状況を含めた**厚い記述**を行うこと（Geertz, 1973）．

③ 研究者自身にも十分には自覚されていない問題関心などの「暗黙の理論」のはたらきを内省し，記述する「メタ観察」を行うこと（鯨岡，

> **コラム 2-5　エピソード記述**
>
> 　「小話，挿話，逸話」という意味で通常は用いられる「エピソード」という語は，質的研究法においては，観察などの記述データの最小単位を指している．鯨岡（1998）は，観察者が出合う膨大な出来事の中から「エピソード」となりうる事柄が取り出されてくるのは，そこに観察者にとって何かを「感じさせる」もの・ことがあるからであり，向こうから真に迫ってくるものがあるとき，はじめてエピソードが析出されると考える．養育者と子どもとの原初的コミュニケーションの様態について，たとえば次のような観察例をエピソードとして紹介している．
>
> 　**エピソード：あーあ，バッチイ（Y子：1歳11ヵ月）**　　前日の雨で，アパートの入り口の近くの空き地に水たまりができている．Y子は近所の子どもとさっきからその水たまりに入って，泥んこになって遊んでいる．手や顔が泥んこなのはもちろん，服も水浸しで泥だらけになっている．そのうち服が濡れて気持ち悪くなったのか，Y子は，少しはなれたところで他の母親達と談笑している母親のそばに近づいていくと，変な顔つきで「ママ」と呼びかける．振り返って我が子の泥だらけの様子を見た母親は，驚いたように「あーあ，バッチイ，バッチイねえ」と半分顔をしかめ，半分笑顔になっていう．母親の顔を見ていたY子もちょっと顔をしかめて「バッチイ」という（鯨岡，1998，p. 35）．

1998）．
　いずれにしても，記述はすでに理論化への契機を含んでいる．
(2)　概念・仮説を産み出すこと
　質的分析の核心にあるのは，多様な事象の中から意味のある違いと類似のパターンを見出し，その本質的な特徴を同定することである．これは広い意味での概念化の作業であり，具体的には新しく見出された事象の集合に対して名づけを行うこと，すなわちカテゴリーを作り出すことを含んでいる．さらに，いくつかのカテゴリーを束ねる概念を構成し，概念間の関係を理論的に説明づける仮説の構成に至る場合もある．

先にあげた Piaget の観察（コラム 2-4）を例にとって考えてみよう．ここに記述されたような行動は，「吸啜反射」としてそれまでにも知られていた事柄であったが，Piaget は「空吸い」が「指吸い」へと変容していく過程を観察することを通して，これらの行為を「第一次循環反応」と名づけた．そして「これらの観察から，純粋な反射の系がその機能の組織化を通して，心理学的な行動へと構成されていくありさまを理解することができる」とし，この過程を「調節」という理論的な概念を用いて統合的に説明する．ここには，具体的な観察エピソードから概念が導きだされ，次にはそれらの概念を用いた事象の再解釈と理論的な説明づけが行われるという質的分析の骨組みを読み取ることができる．

質的なデータに対してなされる整理の作業，たとえば観察事象の「分類」や，面接経過・発達過程などの「段階」設定，あるいは行動や対象者の「タイプ分け」などの作業は，すべて概念化の過程を含んでいる．また，結果を集約するときに用いられる図やダイアグラムなども，個々の要素となる概念とそれらの間の関係を表現したものであり，概念化，仮説生成を含んだ質的分析によるものである．

これらの作業は研究者の洞察や直感によってなされることが多いが，より体系的な概念構成の方法として，いくつかの技法が考案されている．以下に代表的な分析技法を紹介するが，紙面の関係で詳細は原典および参考書に譲ることにする．

(a) データ対話型理論

Glaser & Strauss（1967）は，社会科学の研究において，理論検証が強調され過ぎた結果，「調査したい領域にとってどんな概念や仮説が適切であるのかについての発見がなおざりにされている」ことを批判し，研究者が個別の領域において体系的に収集したデータから浮上してくる，オリジナルな理論を発見するための方法を提案している．そしてデータとの絶えざる相互作用（対話）や関連する資料，比較データとの対照によって生み出された概念カテゴリーとそれを含む説明図式を，**データ対話型理論**（grounded theory）とよんだ．彼らの方法の特徴は，多様な質的データから概念カテゴリーを抽出するための方法として体系的なコーディングが行われる点と，浮上しつつある概念カテゴリ

ーや仮説をさらに洗練するために「絶えざる比較法」とよばれる循環的な分析プロセスをとる点にある．具体的な手法についてはさまざまな議論があるが（木下，1999），おおまかには次のような段階を経ながらデータに則した概念と仮説を生み出していく．

① 各々のカテゴリーに適用可能な出来事を比較する段階──データの中の各々の出来事をできるだけ多くの分析上のカテゴリーにコード化し，さらに各出来事を，同じカテゴリーのもとにコード化されている複数の他の出来事と比較することによって，カテゴリーの理論的特性（類型性，次元，他のカテゴリーとの関係など）を明らかにする．

② 複数のカテゴリーとそれらの諸特性を統合する段階──「絶えざる比較」を出来事に対して適用する段階から，そこから抽出されたカテゴリーの特性と出来事，あるいはカテゴリー間の特性に対して適用する段階へと徐々に移行する．しかし，この場合でもデータ自体の中にある統合パターンを最大限引きだすことに留意する．

③ 理論の及ぶ範囲を限定づける段階──より少数の概念カテゴリーによって現象が定式化されるように理論を圧縮し，同時にこの理論が基礎を置くデータの領域を限定していく．

④ 理論を書く段階──自己の分析枠組みが，限定された領域についてのひとつの体系的な理論（領域密着理論）の形をなしていると確信がもて，その理論が研究した事象をかなり正確に述べており，同じ研究分野の他の研究者が利用できる形式で述べてあると確信した段階で，中核となるカテゴリーや仮説とそれを具体的に例示するデータと共に理論的成果として公表する．

(b) KJ法

人類学，地理学などの野外科学で得られた定性的データをまとめる方法として川喜田（1967，1986）が提唱したものであり，考案者のイニシャルをとって名づけられた．ごく単純化すると，データの最小単位を設定してそれらをラベルに記し，グループ化し，グループに表題をつけ（表札づくり），さらにグループ間の関係が明らかになるような空間配置，図解化，図解を元にした叙述化といった一連の作業工程をくりかえすことからKJ法は構成される．この作

業は個人でも行えるし，集団で行うこともできる．川喜田自身は，むしろ共同的な発想を促すための方法論としてKJ法を推進している．KJ法は直感的にわかりやすく，だれにでも利用できるというメリットがあり，質的データを記述的に整理する上で効力を発揮するが，Glaser & Strauss (1967) のデータ対話型理論のアプローチのように，分析を通じてより少数の概念へと収斂し，中核的なカテゴリーを発見していく面では難点があるように思われる．理論的というよりは，より記述的な性格をもつ分析法と言えるかもしれない．

(c) 分析的帰納法

上記の2技法がデータから概念や説明図式を導きだす仮説生成的なアプローチであるとするならば，質的分析の枠組みにおいて仮説の検証を行う方法としてKatz (1983) の**分析的帰納法**（analytic induction）をあげることができる．Taylor & Bogdan (1984) はこれを7つの手順としてまとめている．

① 説明されるべき現象について大まかな定義づけをする．
② データやほかの研究や自分の洞察，直感から，その現象を説明する仮説をつくってみる．
③ ひとつの事例をくわしく調べて，仮説と事例が適合するかどうか調べてみる．
④ 仮説が事例をうまく説明しない場合には，仮説を立て直すか，現象を捉え直す．
⑤ 仮説を支持しない反証事例を積極的に探し出す．
⑥ 反証事例に出合ったときには，仮説を修正するか，現象を再定義する．
⑦ 広範な事例への適用を調べることによって仮説の適切さが確認されるまで，上記の過程をくりかえす．

このような循環過程は，命題の形をとったいわゆる仮説だけでなく，前述した分類や段階設定，タイプ分け，ダイアグラム，KJ法などによる関係図式の作成といった広義の仮説生成に対しても適用されよう．とくにここで分析の実際面から参考になるのは，「ひとつの事例をくわしく調べて」，その後の検証作業のたたき台をつくるという方法論である．すでに述べたGlaser & Strauss (1967) の理論的サンプリングの考えも同様のストラテジーを示唆している．コラム2-4で紹介したPiaget (1936) の研究においても，3人の子どもの感覚

運動的な知能の発達過程を微細に調べることによって,主要な理論的概念と仮説が生み出されており,それは第1子の観察から第3子の観察に至る過程で漸次洗練され,検証のふるいにかけられている.このように質的研究の枠組みにおいて,仮説を生成し,さらにその後の事例の追加によるシステマティックな検証によって仮説をより信頼性,妥当性の高いものに先鋭化していくことが可能である.

(3) コラボレーション

　以上,代表的な質的分析法のいくつかを見てきたが,いずれの方法も曖昧さを残すものであり,また際限のない過程である.第3章から第5章までで解説される量的研究の分析法と比べたとき,分析の結果出される結論の正誤を判別する基準がはっきりとしないという不満や不安が質的調査にはつきまとう.自然科学の実験における測定をモデルとする限りはこの問題は消えないであろう.

　質的調査が置かれているのは,研究対象も研究者もともに互いの行為を解釈し合う人間どうしであるというコミュニケーションの事態である.コミュニケーション事態における事実の認定と解釈の妥当性という点について,むしろモデルとなるのは裁判の行われる法廷ではないだろうか.法廷での裁定に際して,事実関係の確定とその根拠となる証拠の提出が求められるように,質的研究においても事実を裏づけるデータの提示が不可欠である.しかし,質的調査が対象とする現場における状況の把握・理解にあたっては,調査者による解釈を避けることができない.それが主観的な偏りによって歪められないためには,当該の事態に関与する複数の人々や専門的な訓練を積んだエキスパートによる吟味や討議を何度も経ていくという手続きによるしかないであろう.

　このような事情は,実験などによる量的研究法においても基本的には変わらないと考えられるが,解釈のはたらく余地の大きい質的調査においては,共通の問題に関心をもつ人々の間での相互の吟味がもつ役割が大きい.とくに,分析作業において,自分が気づいたことについてだれかと話をしたり,カンファレンスのような場でいくつかの解釈について議論をし,できればより経験を積んだ人からのコメントをもらったりする機会をもつことが重要である.

　また,研究の遂行やデータの整理,分析,まとめなどで,量的方法のように手順がはっきりとしていないぶん,個人的に悩んでしまったり,進行が留まっ

てしまう可能性が大きい．この点からも，ほかの人からの心理的支援や指導者や上級者からの助言，スーパーバイズなどのさまざまな形での共同作業（コラボレーション）が必要と思われる．

❖キーワード

観察法，自然的観察法，実験的観察法，組織的観察，日常的観察，時間見本法，場面見本法，事象見本法，日誌法，行動目録法，評定尺度法，行動描写法，面接法，調査的面接，構造化面接，半構造化面接，非構造化面接，集団面接，ラポール，フィールドワーク，参加観察法，マルチメソッド，インフォーマント，フィールドノーツ，質的データ，エピソード記述，理論的サンプリング，厚い記述，データ対話型理論，KJ法，分析的帰納法

❖参考図書

　観察法を紹介した図書としては，「心理学研究法」シリーズの続・苧阪（1974）の観察が詳しい．また，中澤（1997）は，各観察法の解説と実習課題があげられている点で初心者にはわかりやすい図書である．面接法の図書としては，「心理学研究法」シリーズの続・村上（1975），中澤（2000）があげられる．また面接者訓練として，倉石（1973）が調査的面接においても参考になる．フィールドワークについては，佐藤（1992）がもっともコンパクトに要点をまとめている．また，大学院での教育課程を臨場感豊かに伝えるテキストとして箕浦（1999）が推薦できる．フィールドノーツの役割や取り方，まとめ方については，Emerson, Fretz & Shaw（1995）の訳本が詳しい．

　質的な研究法，分析の方法論に関わる専門書としては，Sage Publicationのシリーズ"Qualitative Research Methods"全16冊が，個別のテーマを取り上げている点で詳しい内容となっている．また，同じSage Publicationから出版されたDenzin & Lincoln（2000）のハンドブックも，質的研究に関する現在の水準を理解する参考書となるであろう．日本語で読めるものとしては，前掲の佐藤（1992），箕浦（1999）のほかに，社会学の分野における質的調査法に関する入門書として，北澤・古賀（1997）がある．

❖引用文献

麻生　武　1992　身ぶりからことばへ——赤ちゃんにみる私たちの起源　新曜社
Denzin, N., & Lincoln, Y. S.　2000　*The handbook of qualitative research.* Sage Publica-

tions.

土居健郎　1977　方法としての面接――臨床家のために　医学書院

Emerson, R.M., Fretz, R.I., & Shaw, L.　1995　Writing ethnographic fieldnotes. The University of Chicago Press. 佐藤郁哉・好井裕明・山田富秋（訳）1998　方法としてのフィールドノート　新曜社

Erikson, E.H.　1950　Childhood and society. Norton. 仁科弥生（訳）1977　幼児期と社会（1・2）みすず書房

福島真人　1993　野生の知識工学――「暗黙知」の民族誌の為の序論　国立歴史民俗博物館研究報告, **51**, 11-44.

Geertz, C.　1973　The interpretation of cultures. Basic Books. 吉田禎悟ほか（訳）1987　文化の解釈学　岩波書店

Glaser, B.G., & Strauss, A.L.　1967　The discovery of grounded theory: Strategies for qualitative research. Aldine Publishing. 後藤　隆・大出春江・水野節夫（訳）1996　データ対話型理論の発見　新曜社

井下　理　2000　調査的面接法の実習――グループ・インタビュー　保坂　亨・中澤　潤・大野木裕明（編）心理学マニュアル　面接法　北大路書房　Pp. 136-145.

石井宏典　1995　文脈のなかで人と人とが語りあう方法を求めて　南　博文・やまだようこ（編）講座生涯発達心理学5　老いることの意味――中年・老年期　金子書房　Pp. 213-234.

海保博之・原田悦子　1993　プロトコル分析入門――発話データから何を読むか　新曜社

金井壽宏　1991　エスノグラフィーにもとづく比較ケース分析――定性的研究方法への一視角　組織科学, **24** (**1**), 46-59.

Katz, J.　1983　A theory of qualitative methodology: The social science system of analytic fieldwork. In R.M. Emerson (Ed.), Contemporary field research. Little, Brown, Pp. 127-148.

Kawai, M.　1991　Developmental change of adjustment behavior in reaching. Japanese Psychology Research, **33**, 153-159.

川喜田二郎　1967　発想法（中公新書）　中央公論社

川喜田二郎　1986　KJ法――渾沌をして語らしめる　中央公論社

木下康仁　1999　グラウンデッド・セオリー・アプローチ――質的実証研究の再生　弘文堂

北澤　毅・古賀正義（編）1997　社会を読み解く技法――質的調査法への招待　福村出版

鯨岡　峻　1998　両義性の発達心理学　ミネルヴァ書房
鯨岡　峻　1999　関係発達論の構築——間主観的アプローチによる　ミネルヴァ書房
倉石精一（編）　1973　臨床心理学実習　誠信書房
倉持清美　1992　幼稚園の中のものをめぐる子ども同士のいざこざ——いざこざで使用される方略と子ども同士の関係　発達心理学研究, **3**, 1-8.
Marcia, J. E.　1966　Development and validation of ego-identity status. *Journal of Personality and Social Psychology*, **3**, 551-558.
Mazumdar, S.　2000　Qualitative methods in environment-behavior research. The First Asian Pacific Seminar on Environment-Behavior Research. July 29-August 1, 2000, Fukuoka, Kyushu University.
Miles, M. B., & Huberman, A. M.　1984　*Qualitative data analysis: A source book of new methods.* Sage Publication.
南　博文　1991　事例研究における厳密性と妥当性——鯨岡論文（1991）を受けて　発達心理学研究, **2**, 46-47.
箕浦康子　1999　フィールドワークの技法と実際　ミネルヴァ書房
三隅二不二・阿部年晴　1974　参加観察法　続　有恒・芳阪良二（編）　心理学研究法　第10巻　観察　東京大学出版会　Pp. 139-181.
中澤　潤　1997　人間行動の理解と観察法　中澤　潤・大野木裕明・南　博文（編）　心理学マニュアル　観察法　北大路書房　Pp. 1-12.
中澤　潤　2000　調査的面接法の概観　保坂　亨・中澤　潤・大野木裕明（編）　心理学マニュアル　面接法　北大路書房　Pp. 92-104.
Orford, J.　1993　*Community psychology: Theory and practice.* John Wiley & Sons. 山本和郎（監訳）　1997　コミュニティ心理学　ミネルヴァ書房
芳阪良二・永田忠夫　1974　科学における観察の意義　続　有恒・芳阪良二（編）　心理学研究法　第10巻　観察　東京大学出版会　Pp. 1-51.
Parten, M. B.　1932　Social participation among pre-school children. *Journal of Abnormal and Social Psychology*, **27**, 243-269.
Piaget, J.　1936　*La Naissance de l'inteligence chez l'enfant.* 谷村　覚・浜田寿美男（訳）　1978　知能の誕生　ミネルヴァ書房
佐藤郁哉　1992　フィールドワーク——書を持って街に出よう　新曜社
澤田英三　1995a　広島県豊島の漁業者が行う網代の定位活動の記述的分析　心理学研究, **66**, 288-295.
澤田英三　1995b　生涯発達における面接法　無藤　隆・やまだようこ（編）　講座生涯発達心理学1　生涯発達心理学とは何か——理論と方法　金子書房　Pp.

214-225.

Sawada, E., & Minami, H. 1998 Peer group play and co-childrearing in Japan : A historical ethnography of a fishing community. *Journal of Applied Developmental Psychology,* **18**, 513-526.

田畑　治　1973　カウンセリングの学習方法　倉石精一（編）　臨床心理学実習　誠信書房　Pp. 187-192.

鑪幹八郎　1973　カウンセリング実習　倉石精一（編）　臨床心理学実習　誠信書房　Pp. 204-246.

Taylor, S. J., & Bogdan, R. 1984 *Introduction to qualitative research methods : The search for meanings.* John Wiley & Sons.

外山紀子　1998　保育園の食事場面における幼児の席とり行動——ヨコに座ると何かいいことあるの？　発達心理学研究, **9**, 201-208.

津守　真　1968　発達経験の観察——VTRによる質的観察と数量化　教育心理学年報, **8**, 76-79.

続　有恒・村上英治（編）　1975　心理学研究法　第11巻　面接　東京大学出版会

続　有恒・苧阪良二（編）　1974　心理学研究法　第10巻　観察　東京大学出版会

山田洋子　1986　モデル構成をめざす現場フィールド心理学の方法論　愛知淑徳短期大学研究紀要, **25**, 31-50.

やまだようこ　1987　ことばの前のことば——ことばが生まれるすじみち1　新曜社

好井裕明・山田富秋・西阪　仰　1999　会話分析への招待　世界思想社

第3章

量的調査
尺度の作成と相関分析

　本章では主として仮説検証型の研究を念頭において，量的な調査研究の方法について解説する．はじめに，量的な調査研究において検証される仮説とはどのようなものか，そして仮説の検証はどのようにして行われるのかを述べる．次に，調査研究において量的データを得るための代表的な方法である質問紙法に焦点をあて，質問紙尺度の作成の手順を説明し，尺度の妥当性，信頼性，内的整合性といった基本的な概念について説明する．そして，変数間の相関関係を分析するための統計的な方法について概観し，調査データにもとづく因果推論の問題やサンプルから母集団への一般化の問題などについて論じる．最後に，仮説の検証とは何かということについて再考し，追試研究の重要性に言及する．

3.1 仮説とその検証

3.1.1 相関仮説の導出

　仮説の検証は，検証すべき仮説を明確に述べることが出発点となる．たとえば，子どもの価値観の発達について，「ある子どもは親と似た価値観をもつようになり，ある子どもは親の価値観に反する価値観をもつようになるが，それはなぜだろうか」ということに興味をもち，そのテーマで研究を行うことにしたとしよう．このような疑問に対し，第2章で述べたような質的な方法を用いた検討や，自分自身および身近な人の経験についての分析から，ひとつの暫定的な説明として，「子どもが親の価値観に反する価値観をもつようになるのは，その原因として親との情緒的なつながりの希薄さがある．情緒的なつながりが強ければ，そのつながりを通して親の価値観が受容され，その結果，親と似た

価値観をもちやすくなる」と考えたとしよう．研究の問いに対する，このような暫定的な説明が**仮説**である．

いま述べた仮説の例は，「親との情緒的なつながり」の結果として「親の価値観の受容」が生じ，そして「親と同じ価値観をもつ」に至る，という発達過程ないしは心理的メカニズムについてのひとつのモデルを与えるものである．心理学の研究は，こうした心理的メカニズムを明らかにすることが究極的な目標であり，その目標に向けて，この例のような仮説やモデルを生成し検証するのである．

しかし，上記のような仮説やモデルを直接的に検証するのは容易ではない．心理学に限らず，多くの分野の研究で常套手段として用いられるアプローチは，複雑なメカニズムについての仮説を直接検証するのではなく，「その仮説が成り立つとしたら，こういう結果が得られるだろう」という予測をたて，その予測の正否をデータによって確かめるというものである．たとえば上記の仮説の場合，その仮説が正しいとしたら，「親との情緒的なつながりが強い子どもほど，親と同じ価値観をもつ傾向がある」という予測が成り立つ．この予測自体，データによって検証すべき仮説である．しかし，この仮説は上記の仮説とは異なり，「親との情緒的なつながりの強さ」という変数と「親との価値観の共有の程度」という変数との相関関係を述べた比較的単純な**相関仮説**（correlational hypothesis）である．このような相関仮説であれば，より直接的に検証の対象とすることができる．

相関仮説は「ある変数の値が大きいほど，別のある変数の値も大きい（または小さい）傾向がある」という形で記述される．このような相関仮説のほかに，直接的に検証の対象とすることのできる仮説としては，「ある変数をこう変化させると，それによって別のある変数の値が大きく（または小さく）なる」という形をとるものがある．つまり，何らかの操作，処理，処遇，ないしは介入によって，一定の結果が引き起こされるということを述べた，**処理-効果仮説**（treatment-effect hypothesis）とでもよぶべき仮説である．この種の仮説は，実験（第4章），準実験（第5章），および実践研究（第6章，第7章）において検証の対象とされる．これに対し，本章で解説する量的な調査研究は，直接的には相関仮説を検証することが目的となる．

3.1.2 相関仮説の検証——概念の世界とデータの世界のつき合わせ

前項で例示した仮説に含まれる「親との情緒的なつながりの強さ」という変数，および「親との価値観の共有の程度」という変数は，このままでは具体的にどういう値をとるものか不明であり，その点で，年齢や身長や特定のテストの得点のような変数とは異なる．こうした抽象的な変数と，テスト得点のような具体的な変数との区別が必要な文脈では，前者を**構成概念**（construct），後者を**観測変数**（observed variable）あるいは**測度**（measure）とよぶ．

構成概念について述べられた仮説に対して実証的な検討を加えるには，それぞれの構成概念を何らかの方法でデータ化する必要がある．たとえば，「親との情緒的なつながりの強さ」については，その構成概念の定義をふまえて，たとえば「いつもお母さんと一緒にいたいですか」とか「悲しいことがあると，お母さんがなぐさめてくれますか」といった項目からなる質問紙を用意し，それらの項目に対する子どもの回答を一定の方法で得点化することが考えられる．また，「親と同じ価値観を共有する程度」については，さまざまな事柄について，それをどの程度価値あるものと判断するかを親子に尋ね，その回答の類似度を数値化する方法などが考えられる．

このように，抽象的な構成概念について，何らかの方法でそれを数値やカテゴリとしてデータ化する手続きを**測定**とよぶ．図3.1に示したように，測定は概念の世界とデータの世界の橋渡しをするものである．測定のために必要な尺度がすでに開発されているならば，それを利用して研究を進めることができるが，そうでない場合は，研究者自身が尺度を作成しなければならない．

相関仮説の検証における測定の次の段階は，仮説で述べられている構成概念間の関係が，データの世界で，つまり観測変数間の関係として確認できるかどうかという「つき合わせ」をすることである．たとえば，「親との情緒的なつながりが強い子どもほど，親と同じ価値観をもつ傾向がある」という仮説であれば，「親との情緒的なつながりの強さ」をあらわす観測変数と「親と同じ価値観を共有する程度」をあらわす観測変数について，両者の間の相関関係を調べる．もし仮説通りの関係がみられればその仮説は支持され，そうでなければその仮説は否定されることになる．

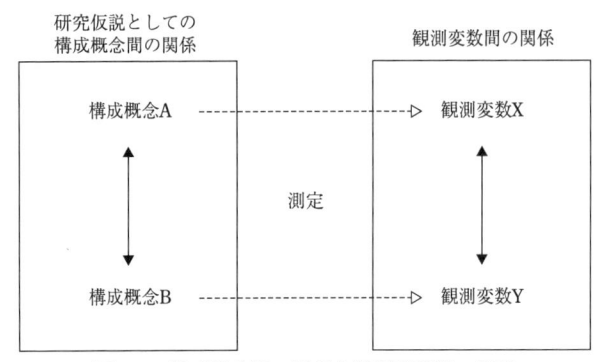

```
                研究仮説としての
                構成概念間の関係              観測変数間の関係
            ┌─────────────────┐         ┌─────────────────┐
            │   構成概念A  ----│--------→│   観測変数X      │
            │      ↕          │  測定   │      ↕          │
            │   構成概念B  ----│--------→│   観測変数Y      │
            └─────────────────┘         └─────────────────┘
```

図 3.1　構成概念間の関係と観測変数間の関係

3.1.3　相関関係と共変関係

　ここで，相関関係との関連で，とくに発達研究などで重要な意味をもつ個人内の共変関係ということについて説明しておこう．

　ここまで仮説の一例として取り上げてきた「親との情緒的なつながりが強い子どもほど，親と同じ価値観をもつ傾向がある」という関係は，「親との情緒的なつながりの強さ」についての個人差と，「親との価値観の共有の程度」についての個人差がどう対応しているかを述べたものである．個人差は何らかの集団を前提として成り立つものであるから，このような個人差の対応関係は**集団における相関関係**とよぶことができる．

　これに対し，たとえば「学年が高くなるにつれて他者への同調行動が増加し，ある時点を過ぎると同調行動は再び減少する」という仮説や，「所属集団からの疎外感が高まると他者への同調行動が増える」といった仮説の場合は，学年や同調行動や疎外感という変数における（個人差ではなく）個人内変化に注目しており，それらの変数における個人内変化がどのように対応しているかが問題とされている．このような個人内変化の間の関係も相関関係とよぶことができるが，集団における相関関係との区別を明確にするために，**個人内の共変関係**とよぶこともある（南風原・小松，1999）．

　個人内の共変関係は，ひとりひとりの個人について考えることのできる関係であるが，集団における相関関係は複数の個人からなる集団を前提としてはじ

めて成り立つ関係である．また，個人内の共変関係が時間の流れに沿った動的な関係であるのに対し，集団における相関関係は静的な関係であるということもできる．

実際の調査研究では集団における相関関係を調べることが多いが，その場合でも，本当に関心があるのは個人内の共変関係であるということも少なくない．個人内の共変関係を調べるには同一の個人または集団について，長期にわたって追跡し，くりかえし調査を実施する必要がある．それに比べるとある一時点における集団の相関関係を調べることは比較的容易であり，まさにその容易さのために，その方法を採用することがある．そうした事情をふまえつつ，本章

コラム 3-1　横断的研究と縦断的研究

たとえば「他者との協調性は，年齢とともに向上していく」という仮説を検証するために，6歳，12歳，18歳の各年齢集団から多くの対象者を抽出し，彼らの協調性の測定値を3群間で比較したとしよう．そして，その結果，6歳よりも12歳，そして12歳よりも18歳の群で協調性の測定値が全体として高かったとする．この結果から，「他者との協調性は，年齢とともに向上していく」という仮説が支持されたと考えてよいだろうか．

こうした年齢群間の比較は，全集団の中で，「年齢」という変数と「協調性」という変数の間の相関関係を調べたものであり，協調性の個人内変化を直接調べたものではない．このようなタイプの研究は**横断的研究**（cross-sectional study）とよばれる．横断的研究の結果から直接言えるのは，「年齢の高い集団ほど，協調性が高い傾向がある」ということであり，たとえば，この研究の対象となった6歳の子ども達が，6年後，12年後と年齢が上がるにつれて，全体として協調性が高くなることを保証するものではない．現在18歳である対象者が生きてきた社会や学校の状況は，現在6歳である対象者が生きていくこれからの社会や学校の状況とは同じものではないから，横断的な研究の結果から個人内変化を予測することには限界があるのである．

横断的研究によらずに個人内変化を直接調べるには，同一の対象者集団を追跡的に調べていくことが必要になる．このようなタイプの研究は**縦断的研究**（longitudinal study）とよばれる．

でも集団における相関関係の分析に焦点を当てて解説するが，これら2種類の関係は同じものではないことを認識し，一方から他方を推測する際には，それが正当化できるかどうか十分検討することが必要である（コラム3-1参照）．

3.2 質問紙尺度の作成

3.2.1 尺度とは

物体の長さを測定するときは，その物体に物差しを当てて，物差しの目盛ゼロの点を物体の一方の端に合わせ，他方の端が物差しのどの目盛に当たっているかを読み取る．このときの物差しは，抽象的に言えば，対象に対してその測定値となる数値を対応づける「規則」としての役割を果たしている．このように，対象に数値を割り当てる規則のことを，一般に**尺度**（scale）という．測定は，何らかの規則にしたがって，すなわち，何らかの尺度によって，対象に数値を割り当てる行為である．

量的な調査研究における測定は，多くの場合，**質問紙**（questionnaire）によって行われる．質問紙による測定では，質問紙に含まれる多くの項目への回答が一定の方法によって得点化される．したがって，「質問紙の項目内容」と「回答の得点化の方法」のセットが，数値割り当ての規則，すなわち尺度ということになる．このような質問紙に基づく尺度は，簡単に質問紙尺度とよばれる．また，量的調査の文脈では，質問紙という言葉と尺度という言葉が，ほとんど同義語のように用いられている．

3.2.2 質問紙尺度の例

表3.1は実際の質問紙尺度の一例で，酒井・久野（1997）が作成した6つの価値志向性尺度のひとつ，「社会的価値志向性」の尺度である[*]．この尺度は，E. Sprangerのいう6種の普遍的価値（理論，経済，美，宗教，社会，権力）のひとつである社会的価値への志向の個人差を測定することを目的にしたもの

---

[*] 酒井らは，「価値志向的精神作用尺度」という名称を用いているが，ここでは短縮して「価値志向性尺度」とよんでおく．なお，この尺度はその後改訂されており，最新の版では，6つの尺度のいずれも12項目ずつで構成されている（酒井・山口・久野，1998）．

3.2 質問紙尺度の作成

表 3.1 質問紙尺度の例（酒井・久野, 1997）

社会的価値志向性
1. 相手の話をよく聞いて，気もちを受けとめようとする方だ．
2. 誰かが困っているのを見たら，すすんで手助けする．
3. 家族や友人に対する愛情が深い方だ．
4. 人の生き方を見て，「えらいなあ」「すてきだなあ」と感心することが多い．
5. 仲間と力を合わせて，1つの目標に向かってがんばるのが好きだ．
6. 親しい相手が喜んでくれるなら，何でもしてあげたいと思う．
7. 人づきあいは，あまり楽しいとは思わない．
8. 他人のことを，深く理解したいとは思わない．

である．

この尺度では，回答者はそれぞれの項目が自分自身にどの程度あてはまるかを考え，

A. あてはまる
B. ややあてはまる
C. どちらとも言えない
D. ややあてはまらない
E. あてはまらない

の5件法で答えることになっている．このような形で回答を求める方法は**評定法**とよばれている．心理学における量的調査では，5件法または7件法，あるいは中央の「どちらとも言えない」をおかずに必ず賛否どちらかの方向に回答させる4件法または6件法が用いられることが多い．評定法以外の項目形式については，たとえば続・村上 (1975) や末永 (1987) を参照するとよい．

酒井らの尺度では，項目1から6までは，「あてはまる」を選んだ場合に5点を与え，順番に，4, 3, 2, 1という項目得点を与えている．項目7と8は，これがあてはまる人ほど「社会的価値志向性」が低いことを意味するので，最初の6項目とは逆に，「あてはまる」に1点を与え，順番に2, 3, 4, 5という項目得点を与えている．この最後の2項目のように，「あてはまらない」と答えるほど逆に得点が高くなるような内容の項目を**逆転項目**とよぶ．

項目得点をすべての項目について合計したものを尺度得点とするのが一般的であるが，酒井らは，合計得点を項目数で割って，1項目当たりの平均を求めたものを尺度得点としている．合計を用いても平均を用いても，尺度得点の基

本的な性質は変わらないが，平均を用いるほうが，尺度ごとに項目数が異なる場合でも，すべての尺度について項目得点と同じ範囲で尺度得点を表現することができて便利である．

3.2.3 質問紙尺度の作成の流れ

図 3.2 には，質問紙尺度の作成過程を構成する4つのステップと，各ステップごとに必要とされる判断・検討事項をリストアップしてある．

まずステップ1では，測定しようとしている構成概念がどのような意味内容のものか，その定義を明確にしておく必要がある．たとえば，酒井らの場合は，「社会的価値志向性」を「他者を愛し，共感し，献身する，ということに主観的な価値をおく傾向」と定義している．こうした概念定義とともに，測定対象はどの年齢層のどのような人たちなのかということも，はっきりさせておかなければならない．そして，これから作成する尺度が妥当なものであるためには，どのような条件を満たす必要があるのか，ということもこの段階で考えておくことが望ましい．この最後の点については，「尺度の妥当性の検証」の項で詳しく述べる．

次のステップ2で実際の項目作成に入る．項目内容を考える際には，一部の測定対象者に対して自由記述による調査や面接を行ってそこから項目の素材を得たり，あるいは関連のある構成概念についてすでに作られている尺度の項目を参考にしたりすることができる．後者に関しては，多数の尺度を掲載した堀・山本・松井（1994）などが便利である．また最近は，種々の心理測定尺度を集めたデータベースがウェブ上で公開されており，検索機能を使うことによって関連のある尺度に容易にアクセスできるようになっている．

作成した項目を並べる順番を考えて質問紙全体の一応の編集が終わると，ステップ3の予備調査にうつる．項目によっては，作成者の意図とは違う意味に解釈されてしまったり，あるいはほぼ全員が「あてはまる」と答え，個人差測定の機能を果たせないものなども出てくる可能性がある．予備調査は，そうした項目を検出し，修正したり削除したりしてよりよい尺度を作るために必要なステップである．予備調査では，項目得点や尺度得点の分布に十分なひろがり（個人差）があるか，といった基本的な検討をはじめとして，次項以降で順次

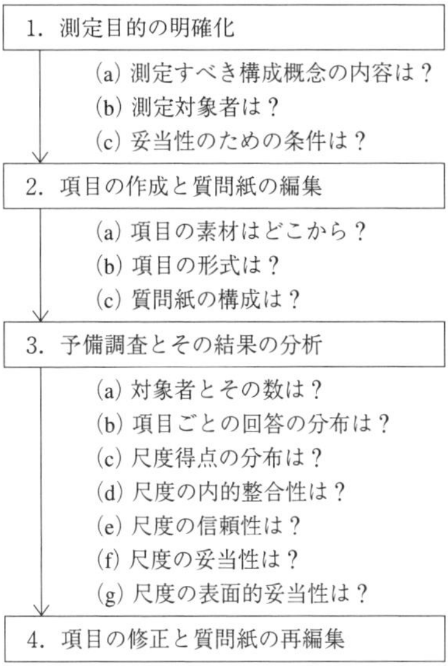

3.2 質問紙尺度の作成

```
┌─────────────────────────────┐
│ 1. 測定目的の明確化          │
│    (a) 測定すべき構成概念の内容は？ │
│    (b) 測定対象者は？         │
│    (c) 妥当性のための条件は？  │
├─────────────────────────────┤
│ 2. 項目の作成と質問紙の編集   │
│    (a) 項目の素材はどこから？  │
│    (b) 項目の形式は？         │
│    (c) 質問紙の構成は？       │
├─────────────────────────────┤
│ 3. 予備調査とその結果の分析   │
│    (a) 対象者とその数は？     │
│    (b) 項目ごとの回答の分布は？│
│    (c) 尺度得点の分布は？     │
│    (d) 尺度の内的整合性は？   │
│    (e) 尺度の信頼性は？       │
│    (f) 尺度の妥当性は？       │
│    (g) 尺度の表面的妥当性は？ │
├─────────────────────────────┤
│ 4. 項目の修正と質問紙の再編集 │
└─────────────────────────────┘
```

図 3.2 質問紙尺度の作成の流れ

解説する「妥当性」,「信頼性」,「内的整合性」といった観点から主として統計的な検討がなされる．このうち，項目得点の分布の偏りやひろがり，あるいは項目得点と尺度得点との関係を調べるなど，個々の項目の性能に関する検討を行うことを**項目分析**（item analysis）とよぶ．

予備調査の結果が良好で，とくに修正を要する項目がない場合には，そのまま本調査に移行できることになるが，そうした事態はむしろまれである．ときには，ステップ 3 の予備調査とステップ 4 の尺度の修正が，何度もくりかえされることもある．表 3.1 の酒井らの尺度の場合は，414 名を対象とした第 1 次調査の結果をふまえて尺度の修正を行い，次に 493 名を対象とした第 2 次調査を行っている．そして，その結果にもとづいてさらに若干の修正を施したものを一応の完成品として論文に発表している．

3.2.4 尺度の妥当性の検証

3.1 節で述べた仮説検証の手続きからわかるように，概念の世界とデータの世界との橋渡しとなる測定は，研究の妥当性を左右する非常に重要なものである．測定によって得られたデータが，測定すべき概念を正確に測っている程度

のことを**測定の妥当性**（validity of measurement）または**尺度の妥当性**という．また，測定の妥当性を評価する作業を**妥当性の検証**（validation）という．

妥当性の検証においては，データが妥当であるために満たすべき具体的条件をあげ，その条件が実際に満たされているかどうかを調べるという2段階の手続きがとられる．

たとえば，「コンピュータ・プログラミングの学習は，論理的思考力を向上させる」という仮説を検証するために，「論理的思考力」を測定する筆記式のテストを作成したとする．このテストの得点がデータとして妥当なものであるためには，たとえば，知能検査に含まれる推理能力の下位検査の得点や，教師による論理的思考力の評定値などと高い相関をもたなければならないだろう[*]．このように，同一の，あるいは類似した構成概念を測っていると考えられる他の変数と高い相関があるかどうか，という観点から検討される妥当性の側面は**収束的妥当性**（convergent validity）とよばれる．また，「論理的思考力」の測定値は，語彙の豊富さなど，論理的思考力とは直接関係しないもの，しかしそれによって多くの筆記式テストの成績が影響されるようなものとは，あまり高い相関をもってはならないという条件も考えられる．このように，別の構成概念の測定値とは低い相関となっているかどうか，という観点から検討される妥当性の側面は**弁別的妥当性**（discriminant validity）とよばれる．こうした条件がどの程度満たされているかを実際に調べることによって，測定の妥当性が評価されることになる．

測定の妥当性のための条件は，尺度が完成してから考えるというものではなく，図3.2の流れの最初の段階でリストアップしておくことが望ましい．尺度作成の過程を通じて，それらの条件をつねに意識することが，妥当な尺度づくりにつながるからである．

酒井らの価値志向性尺度の場合，6種類の価値に対応して6つの尺度が作成されたが，そこでは妥当性のための条件の一部として，「同一の価値に対応する項目間の相関は高いこと」と「異なる価値に対応する項目間の相関は低く，異なる価値に対応する尺度間の相関も低いこと」があげられている．これらは，

---

[*] 相関の高低をあらわす具体的な指標（相関係数）については3.3節で詳しく述べる．

3.2 質問紙尺度の作成

表 3.2 因子分析の結果の例（酒井・久野，1997）

尺度と項目	I	II	III	IV	V	VI	共通性
理論的価値志向性							
1. 何か変わったことに気づくと，その原因や理由をつきとめたくなる．	**.70**	.17	.12	.13	.10	−.10	.57
2. ものの仕組みがどうなっているのか，興味をもつ方だ．	**.70**	.12	.04	.02	.04	−.08	.51
3. 「これは何だろう」「なぜこうなるのだろう」という疑問をもつ．	**.63**	.07	.13	.17	.11	−.02	.46
4. 複雑なものの中から，法則やパターンを見つけだすのが好きだ．	**.49**	−.03	.10	.10	.02	.00	.26
5. 辞書や事典を引いたり，図鑑で調べたりするのは好きな方だ．	**.45**	.09	.02	.24	.19	−.05	.31
6. 試験勉強等では丸暗記は避け，「なぜそうなるのか」という理由から理解する．	**.45**	.08	.10	.08	.03	.04	.22
7. すじみち立ててものを考えることは苦手な方だ．(*)	**−.43**	.01	−.19	.09	−.03	−.24	.29
8. 何か疑問を感じても，わざわざ調べたり確かめたりすることは少ない．(*)	**−.62**	−.07	−.06	−.12	−.11	−.10	.44
社会的価値志向性							
1. 相手の話をよく聞いて，気もちを受けとめようとする方だ．	.08	**.52**	.06	.12	.10	.17	.34
2. 誰かが困っているのを見たら，すすんで手助けする．	.13	**.52**	.22	.11	.17	.03	.38
3. 家族や友人に対する愛情が深い方だ．	−.03	**.52**	.13	.02	.29	.14	.39
4. 人の生き方を見て，「えらいなあ」「すてきだなあ」と感心することが多い．	.01	**.50**	−.11	.15	.18	.01	.32
5. 仲間と力を合わせて，1つの目標に向かってがんばるのが好きだ．	.04	**.45**	.16	.06	.05	.08	.24
6. 親しい相手が喜んでくれるなら，何でもしてあげたいと思う．	.15	**.43**	.01	.24	.18	−.04	.30
7. 人づきあいは，あまり楽しいとは思わない．(*)	.03	**−.47**	−.25	.17	−.16	.08	.34
8. 他人のことを，深く理解したいとは思わない．(*)	−.12	**−.56**	−.07	−.15	−.08	.01	.34
（残り4尺度は省略）							
因子の寄与	2.96	2.46	2.21	1.97	1.96	1.57	

（注） *を付した項目は逆転項目．太字の因子負荷は，絶対値が .4 以上のもの．

項目レベルでの収束的妥当性と弁別的妥当性，そして尺度レベルでの弁別的妥当性の条件であるが，酒井らは，**因子分析**（factor analysis）とよばれる方法（コラム 3-2 参照）を用いて，これらの条件がどの程度満たされているかの検

コラム 3-2　因子分析と共分散構造分析

　2つ以上の変数の間に相関があるとき，それはこれらの変数が何か共通の成分を含んでいるからだ，と考えるのは自然であろう．**因子分析モデル**は，こうした見方を数学的に表現したものである．たとえば，変数 x, y, z が潜在的な変数 f を共通して反映しているということを，

$$x = a_x \times f + d_x$$
$$y = a_y \times f + d_y$$
$$z = a_z \times f + d_z$$

のように表現する（図3-C1）．ここで，潜在的な変数 f は3変数に共通に含まれているため，**共通因子**（common factor）とよばれる．係数 a_x, a_y, a_z は，それぞれ変数 x, y, z がその共通因子をどの程度反映しているかをあらわすもので，**因子負荷**（factor loading）とよばれる．また，d_x, d_y, d_z は，それぞれ変数 x, y, z に独自の成分で，**独自因子**（unique factor）とよばれる．因子分析は，多くの変数間の複雑な相関関係を説明するために何個の因子が必要か，また各変数の各因子への負荷の大きさはいくらか，といった推定を行う統計的方法である．

　本文の表3.2の例では6つの因子が想定され，それぞれの尺度項目のそれぞれの因子への負荷の推定値が示されている．「理論的価値志向性」の尺度に含まれる項目は第1因子に高い負荷を示し，「社会的価値志向性」の尺度

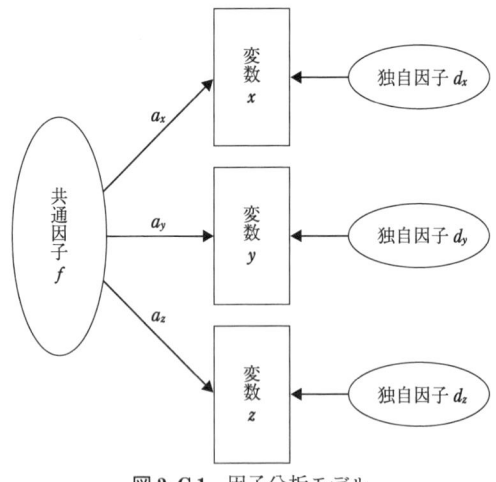

図 3-C1　因子分析モデル

> に含まれる項目は第2因子に高い負荷を示しており，それぞれの尺度に対応した因子となっていることが読み取れる．また，逆転項目は因子負荷の符号が反転しており，これらの項目が作成者の意図通り機能していることがわかる．
>
> 　因子分析に関する発展的な問題，たとえば尺度項目の因子パターン（因子負荷のセット）が異なる被験者集団の間で共通であると考えてよいかとか，共通因子についての平均に集団間で差があるかといった問題の検討には，**共分散構造分析**（covariance structure analysis）とよばれる方法が用いられる．その応用範囲の広さ・柔軟さのため，心理学の研究で共分散構造分析を利用するものが急増している．因子分析および共分散構造分析については，章末の参考図書を参照されたい．

討を行っている．そして，その検討結果をふまえて項目の修正や加除を行っている．表3.2は，酒井らの第2次調査において得られた因子分析結果の一部である．

　酒井らは，このほかに，価値志向性尺度の得点と職業興味検査の得点との間に，理論的に想定されるような相関のパターンが実際にみられるか，という観点からも妥当性の検証を行っている．

　図3.2のステップ3の（g）にある**表面的妥当性**（face validity）というのは，回答者や尺度の利用者にとって尺度が妥当に見える程度をあらわすもので，本来の意味の妥当性とは意味が異なる．しかし，質問文の表現が稚拙だったり，つくり方がいい加減に思えたりすると，そのことが回答態度に影響を与え，結果的に妥当性の低いデータを生むことは十分考えられる．したがって，予備調査において質問紙に対する意見を聞くなどして，尺度の表面的妥当性を確保する努力をすることも必要なことである．

3.2.5　尺度の信頼性の検討

　測定の妥当性の条件としてしばしばあげられるものに，「時間をおいてくりかえし測定してもデータが安定していること」や，「同じ人物についての評定値は，評定者が異なってもよく一致すること」といった結果の一貫性に関わるものがある．このようなデータの一貫性は，一般に**測定の信頼性**（reliability of measurement）または**尺度の信頼性**とよばれている．測定の信頼性は，このように測定の妥当性のための必要条件としてあげられることが多いが，その十分条件ではない．つまり，いくら一貫性のあるデータでも，その測定内容が測定目的からずれたものであれば，妥当性は低くなってしまう．また，まれには，ある種の信頼性が高すぎるとかえって妥当性が疑われることもある．たとえば，状況に応じて変化することが仮定される「状態不安」とよばれる概念の測定の場合，その測定値が，状況を超えてあまりに一貫していたら問題である．

　測定の信頼性を調べるには，まずどういう意味での一貫性を評価するのかを明確にしなければならない．もし，「時間をおいてくりかえし測定しても結果は安定しているか」という意味での一貫性，すなわち時間を超えた一貫性を問題にするのであれば，実際に測定をくりかえし，その間の相関を調べるという方法がとられる．この方法は**再検査法**（test-retest method）とよばれ，その方法によって推定される信頼性は**再検査信頼性**とよばれる．

　これに対し，「尺度に含まれた項目群を，同様の，別の項目群に置き換えても結果は安定しているか」という意味での一貫性，すなわち項目を超えた一貫性を問題にするのであれば，まったく別の方法が必要になる．この場合，実際に尺度に含まれている項目群を，より大きな項目集合からのサンプルとみなし，その大きな項目集合から別の項目サンプルをとって尺度を構成するとしたら，それらの尺度間にはどの程度の相関があるか，という観点からの検討がなされる．そして，そのような意味での信頼性を近似的に与える指標として，**α 係数**（coefficient α, Cronbach's α）とよばれる指標が用いられている．

　α 係数は

$$\alpha = \frac{m}{m-1}\left(1 - \frac{\sum_{j=1}^{m} s_j^2}{s_t^2}\right) \qquad (1)$$

によって計算される．ここで，m は尺度に含まれる項目数，s_j^2 は項目 j の得点の分散，そして s_t^2 は尺度得点（項目得点の合計）の分散である[*]．α 係数は，項目間の相関が高いほど，そして項目数が多いほど高い値をとる．尺度を構成する項目間の相関が高いということは，その背後に想定する大きな項目集合も

---

[*] 分散については3.3節参照．

比較的等質であるということであり，したがって，そうした等質な集合からの項目サンプルによる尺度なら互いに似た結果になるということである．また，サンプリングされる項目数が多ければ，それだけ尺度得点は安定し，異なる項目サンプルによる尺度もそれほど結果は変わらないということである．

3.2.6 尺度の内的整合性

α 係数が高くなるための条件のひとつとして，項目間の相関が高いことがあげられた．また，妥当性の項で述べた「項目レベルでの収束的妥当性」も，基本的には項目間の相関の高さに対する要請である．ひとつの尺度を構成する項目間の相関が高いとき，尺度の**内的整合性**（internal consistency）あるいは**内部一貫性**が高いという．

尺度の内的整合性を検討するには，すべての項目対について相関を求め，それを平均するというのが直接的な方法である．α 係数がこの目的で用いられることも多いが，前項で述べたように，この係数は内的整合性が低くても，項目数がある程度多ければ高い値をとるため，純粋に内的整合性の指標とは言えない．

項目分析の一環として，各項目を内的整合性の観点から検討するには，それぞれの項目の得点と，尺度得点との相関を計算すればよい．このような相関は**項目-全体相関**（item-total correlation）とよばれる．このとき，尺度得点に当該の項目の得点も含まれているため，そのぶん相関の値が高めに出てしまう．そこで実際には，当該の項目を除くその他の項目で尺度得点を計算し，それとその項目得点との相関を計算する．項目-全体相関が低すぎたり，予想と反する符号になったりするときは，その項目の修正や削除を検討する必要がある．

3.3 相関関係の分析

3.3.1 相関関係の視覚的把握

関係を調べたい構成概念を測定するための尺度がつくられ，それによって観測変数としての測定値が得られたら，次のステップはその観測変数間の関係を検討することである．

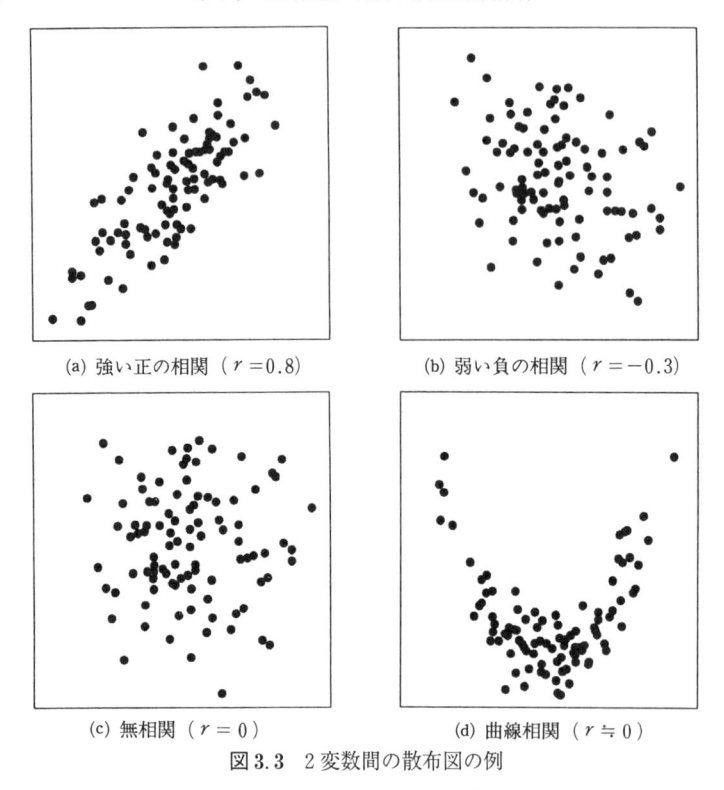

(a) 強い正の相関（$r=0.8$）　(b) 弱い負の相関（$r=-0.3$）

(c) 無相関（$r=0$）　(d) 曲線相関（$r≒0$）

図3.3　2変数間の散布図の例

2つの量的な観測変数の間の関係は，一方の変数の値を横軸にとり，他方の変数の値を縦軸にとってデータをプロットした**散布図**（scatter plot）によって，視覚的に把握することができる．図3.3は散布図の例である．このうち（a）では，一方の変数の値が大きいほど他方の変数の値も大きい傾向が顕著にみられる．これに対し（b）では，一方の変数の値が大きいほど他方の変数の値は逆に小さい傾向を示している．（a）のような関係を**正の相関関係**といい，（b）のような関係を**負の相関関係**という．（c）の場合は2変数の間にとくに関係がみられない．（d）の場合は，縦軸の変数の値は，横軸の変数の値が両極端のときに大きく，横軸の変数の値が中程度のときに小さい，というような曲線的な関係を示している．これに対し，（a）や（b）の関係は直線的である．

3.3.2 相関係数

研究報告などで相関関係についてコンパクトに記述するには，正の相関関係があるときは正の値をとり，負の相関関係があるときは負の値をとり，かつ関係が顕著であるほど絶対値が大きくなるような指標があると便利である．**相関係数**（correlation coefficient）とよばれる指標は，まさにそのような指標である．

図 3.3 の散布図には，それぞれについて計算した相関係数の値が $r=0.8$ などのように示されている．相関係数はこのように記号 r であらわされる．相関係数の値のとりうる範囲は

$$-1 \leq r \leq 1 \tag{2}$$

で，$r=1$ および $r=-1$ のときは，それぞれ右上がり，および右下がりの直線の上にデータ点が並ぶ．相関係数の絶対値が小さいほど，そうした直線的な関係が弱いことを示し，図の (c) のように右上がりの傾向も右下がりの傾向もまったくないときには相関係数はゼロとなる．また，図の (d) のようにはっきりした関係があっても，それが右上がり，または右下がりの直線的な関係でないときは，相関係数の値は大きくならない．このように，相関係数 r は直線的な関係の方向（正または負）および強さをあらわす指標である*．

2 つの量的な観測変数を x および y とすると，この 2 変数間の相関係数 r は，

$$r = \frac{s_{xy}}{s_x s_y} \tag{3}$$

によって定義される．この式の分子 s_{xy} は**共分散**（covariance）とよばれる指標で，

$$s_{xy} = \frac{1}{n} \sum_{i=1}^{n} (x_i - \bar{x})(y_i - \bar{y}) \tag{4}$$

によって定義される．この共分散の式の x_i および y_i は対象者 i ($i=1, 2, \cdots, n$) の x および y の値であり，$\bar{x}$ および $\bar{y}$ はそれぞれの変数の平均である．共分散は対象者ごとに計算される $(x_i - \bar{x})(y_i - \bar{y})$ という積の平均である．正の相関

---

* 相関の指標には曲線的な関係の強さをあらわすことができるものもある（たとえば池田，1976）．本章で取り上げた相関係数を他の相関の指標から区別するときには，ピアソンの積率相関係数（またはピアソンの相関係数，積率相関係数）とよぶ．

関係があるときは，x において平均以上（以下）の人は y においても平均以上（以下）であることが多いから，この積は正の値となる人が多く，したがってその平均である共分散は正になる．逆に負の相関関係があるときは共分散は負の値をとる．このように，相関関係の正負は共分散によってもあらわすことができる．この共分散を，各変数における散らばり（個人差）の大きさをあらわす指標である**標準偏差**[*](standard deviation)

$$s_x = \sqrt{\frac{1}{n}\sum_{i=1}^{n}(x_i - \bar{x})^2} \tag{5}$$

$$s_y = \sqrt{\frac{1}{n}\sum_{i=1}^{n}(y_i - \bar{y})^2} \tag{6}$$

の積で割ることによって，値が $-1 \leq r \leq 1$ の範囲であらわされる相関係数が得られる．

3.3.3　偏相関係数による因果関係への接近

心理的メカニズムについての仮説は，あることが原因となってあることが生じるという**因果関係**（causal relationship）として記述されることが多い．変数間の相関関係をもとにこうした因果関係について推論するときに注意しなければならないことは，想定した因果関係が存在しない場合でも予測通りの相関関係が生じることがある，ということである．

たとえば，「親との情緒的なつながり」が原因となって「価値観の共有」という結果が生じるという仮説に対し，予測通り，それぞれに対応する観測変数の間に相関関係が確認できたとしよう．これは一応，仮説を支持する結果ではあるが，仮にこの仮説とは逆に，「親と価値観を共有していること」が原因となって「情緒的なつながりが強い」という結果が生じるとしても，同様な相関関係が得られるだろう．あるいは，たとえば「親と一緒にいる時間の長さ」が「親との情緒的なつながり」を育て，同時に「価値観の共有」を促進するというように，いわゆる**第三の変数**が2つの変数の共通原因となっている場合にも同様な結果が得られうる．

---

[*]　標準偏差の平方は**分散**とよばれる．標準偏差と偏差値の関係についてはコラム 3-3 参照．

コラム 3-3　偏差値

　受験のための模擬試験などで広く用いられている**偏差値**は，心理学の研究においても便利な道具である．たとえば，子どもの攻撃性を測定するための5件法の質問紙尺度があり，5点満点の項目得点の平均を尺度得点としたとしよう．ここで，ある子どもの尺度得点が3.4点であったとしたら，尺度上の真ん中の点である3点より高いことはわかるが，はたしてほかの子ども達に比べて相対的に高いほうかどうかは，わからない．

　このとき，適当な集団を基準として各個人の得点を偏差値であらわせば，その集団における相対的な位置がわかる．偏差値は，平均が50，標準偏差が10となるように，

$$偏差値 = \frac{もとの得点 - もとの得点の平均}{もとの得点の標準偏差} \times 10 + 50$$

によってもとの得点を変換したものである．たとえば，上の例で，同年齢集団における尺度得点の平均が3.8点で標準偏差が0.5点であったとすると，尺度得点が3.4点である子どもの偏差値は

$$偏差値 = \frac{3.4 - 3.8}{0.5} \times 10 + 50 = 42$$

となる．これによって，この子どもの攻撃性の尺度得点は，同年齢集団の平均よりも，標準偏差の0.8倍だけ低いということがわかる．

　なお，変数間の相関係数は，もとの得点を用いて計算しても，上の式によって偏差値に変換した得点を用いて計算しても，結果は変わらない．偏差値は，たとえば複数の性格特性における集団内の相対的位置を特定して，個人ごとのプロフィールを描く場合などにとくに有用であるが，当然のことながら基準となる集団によってその値は違ってくるので，どのような集団を基準として用いたかを明示しておく必要がある．

　このように，相関関係の因果論的な解釈はつねに複数のものが考えられるが，もし，研究者自身が想定している因果関係以外の対立する解釈について，その妥当性を否定することができれば，それだけ研究者の因果推論が説得力をもつ

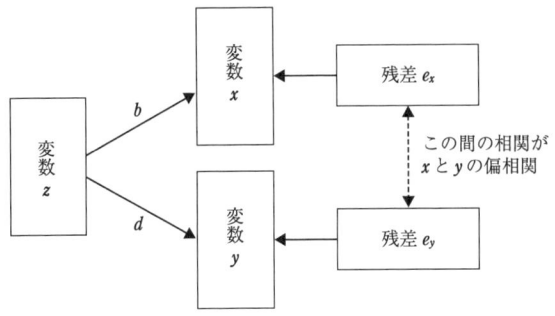

図 3.4 回帰モデルと偏相関係数

ことになる．対立する因果解釈の主なものは，上記のように，因果関係の向きが逆だとするものと，第三の変数が共通原因だとするものである．このうち，後者については，研究計画の中にその第三の変数の測定を含めておき，その第三の変数の影響を除いた**偏相関係数**（partial correlation coefficient）を計算してみることによって，その解釈の妥当性を検討することができる．

いまターゲットとなっている 2 つの変数を x および y とし，第三の変数を z とすると，z が x および y の共通原因となっているというモデルを

$$x = a + b \times z + e_x \tag{7}$$
$$y = c + d \times z + e_y \tag{8}$$

とあらわすことができる（図 3.4）．この 2 つの式は，変数 z の値を用いて，それぞれ変数 x および変数 y を予測する形になっている．このようなモデルは**回帰モデル**とよばれ，予測に用いられる変数を**説明変数**（explanatory variable）または**予測変数**，そして予測されるほうの変数を**基準変数**（criterion variable）または**目的変数**とよぶ．これらの式の中の係数 a, b, c, d の値は**回帰分析**（regression analysis）とよばれる方法によってデータから推定することができる．

ここで注目したいのは，変数 e_x および e_y である．e_x は共通原因と目される説明変数 z によって基準変数 x を予測する際の残差であり，変数 x の中の z では説明できない成分をあらわす変数である．同様に，e_y は変数 y の中の z では説明できない成分をあらわす変数である．これら残差変数は，z とは相関をもたず，その意味で"z の影響を除いた" x および y 独自の成分と言える．

もし，z が共通原因となって x と y の相関を生じさせているのだとしたら，その z の影響を除いた成分である e_x と e_y の間の相関はほとんど消えてしまうはずである．逆にその残差間の相関が十分に大きなものであれば，x と y の相関が z によって生じたとする解釈は説得力を失うことになる．

このような残差間の相関 $r_{e_x e_y}$ のことを，"z の影響を除いたときの x と y の偏相関係数"とよび，$r_{xy|z}$ などのように表記する．偏相関係数の値を求めるには，実際に回帰分析を行う必要はなく，3 変数相互の間の相関係数を用いて，

$$r_{xy|z} = \frac{r_{xy} - r_{xz}r_{yz}}{\sqrt{1-r_{xz}^2}\sqrt{1-r_{yz}^2}} \tag{9}$$

によって簡単に計算することができる．たとえば，$r_{xy}=.6$, $r_{xz}=.4$, $r_{yz}=.2$ であったとすると，

$$r_{xy|z} = \frac{.6 - .4 \times .2}{\sqrt{1-.4^2}\sqrt{1-.2^2}} = .579$$

となる．この場合，x と y の間の相関係数は z の影響を除いてもほとんど変化せず，したがって，x と y の間の相関が z が共通原因であるために生じているという解釈は説得力をもたないことがわかる．

ところで，偏相関の説明のための図 3.4 と，因子分析モデル（コラム 3-2）をあらわす図 3-C1 が非常に類似していることに気づくだろう．両者の違いは，因子分析モデルでは，共通因子 f の影響を除いたときの変数 x と y の偏相関，すなわち，独自因子間の相関が仮定されていないことである．これは因子分析モデルのもっとも重要な特徴であり，共通因子というものを，その影響を除くと変数間の相関が消滅するような，その意味で変数間の相関関係を説明し尽くすものとして考えているのである．

3.4 サンプリングと統計的推測

3.4.1 サンプルと母集団

たとえば幼稚園の年長児を対象に，親子の会話量と子どもの社会性の発達レベルの関係について研究する場合，全国の年長児全員を対象とすることはできないから，そのごく一部の子ども（通常，数十人〜数百人程度）を調査対象と

することになる．つまり，実際の調査対象者は，本来ならば調べてみたいもっと大きな集団（**母集団** population）の一部であり，**サンプル**または**標本**とよばれる．母集団全体でなくサンプルのみを対象とするというのは調査研究に限ったことではなく，実験研究でも同様である．

調査対象者を選ぶときは，研究結果をどういう母集団に対して一般化したいのか，ということをよく考え，その母集団をできるだけ代表するようなサンプルを選ぶことが望まれる．また，次項以下で述べるような統計的推測の方法を適用するためには，サンプルは母集団から**無作為抽出**（random sampling）されるのが理想である．

しかし，現実の心理学研究では，身近な幼稚園に依頼して幼稚園児やその親を調査対象としたり，研究者自身が担当している大学の講義の聴講者を実験の被験者とするなど，便宜的な方法でサンプルが選ばれるのがほとんどである．この場合も，研究結果を一般化したい母集団にできるだけ近いサンプルをとる努力は必要であるが，現実的な制約のために，想定していた母集団とは性質の異なるサンプルしか得られないことも少なくない．その場合は，実際のサンプルから結果を一般化しても無理がないと思われるような母集団を，新たに想定し直す必要がある．このように，実際のサンプルに合わせて母集団を限定することは，過度の一般化を避ける上で重要なことである．

ただ，実際のサンプルに合わせて母集団を限定したとしても，その母集団からランダムサンプルをとったわけではないので，厳密にいえば，確率論にもとづく統計的推測の方法を適用するための手続き的根拠を欠くことになる．このことをどう考えるかについては専門家の間でも議論が分かれる．本書では，そのような場合でも，次項以下で述べる標準誤差の算出や統計的有意性の検定は，たまたま選ばれたサンプルによって結果が左右される程度を評価し，そうした偶然的な変動を考慮して結果を解釈する上で参考になる情報を与えてくれるものであるという立場に立つ．そして，適用上の限界をふまえつつ，これらの方法を有効に利用することを考えていくことにする．

3.4.2 サンプリングに伴う結果の変動

平均や相関係数などの統計的指標の値は，母集団からどういうサンプルが選

ばれるかによって変動する．そうした偶然的な変動の大きさについては，特定の統計的特徴をもつ母集団からの無作為抽出を前提とした確率モデルにもとづいて，数学的に公式が導かれている．たとえば，相関係数の場合，2変数正規分布とよばれる母集団分布からの無作為抽出を仮定したとき，n人からなるサンプルで得られる相関係数rの値は，標準偏差

$$\sigma_r = \frac{1-\rho^2}{\sqrt{n}} \qquad (10)$$

をもつ確率分布にしたがってさまざまな値をとることがわかっている[*]．ここで，ρは母集団における相関係数の値である．このような，サンプリングに伴う統計量の変動の大きさをあらわす標準偏差を，その統計量の**標準誤差**（standard error）とよぶ．

たとえば，母集団相関係数が.5であるとき，$n=10$ならば相関係数rの標準誤差は$\frac{1-.5^2}{\sqrt{10}}=.24$となる．詳しい説明は省略するが，一般に統計量の値については，標準誤差の2倍程度の誤差（母集団値からのずれ）を見込まなくてはならない．その基準にしたがうと今の場合，母集団における相関係数の値としては．$5 \pm .24 \times 2$，すなわち.02～.98ぐらいの範囲を考えておく必要があることになる[**]．この範囲は相関係数のとりうる範囲$-1～+1$に比して非常に大きく，したがって$n=10$程度のサンプルから求められる相関係数の値はあてにならないということがわかる．$n=100$程度のサンプルならば，たとえば$\rho=.5$のときの標準誤差は$\frac{1-.5^2}{\sqrt{100}}=.075$とかなり小さくすることができる．標準誤差の値は，結果の解釈に有用なだけでなく，サンプルサイズ（被験者数）をどれぐらいにすればよいかを考えるときの指針にもなる．

3.4.3 統計的有意性の検定

相関係数の値がサンプリングによって変動するとなると，母集団では相関がないにもかかわらずサンプルでは正または負の相関が得られ，そのために変数間の関係について誤った判断をしてしまうということも起こりうる．もし，サンプルで得られた相関係数の値が，無相関の母集団からはほとんど得られない

---

[*] ρはロー，σはシグマと読む．
[**] 区間推定の方法を用いれば，このような範囲を**信頼区間**として正確に計算することができる．

ほど大きなものであるなら,安心して「相関がある」と言ってよいだろう.しかし,もしそうでなければ,判断を保留するなどの必要がある.

相関係数に関する**統計的有意性**(statistical significance)の**検定**(test)というのは,こうした考えにもとづき,サンプルで得られた結果が,無相関の母集団からどの程度の確率で得られるものであるかを確率モデルにもとづいて計算し,その確率が小さいならば「母集団においても相関がある」と判断するという手続きである.具体的には,母集団分布として2変数正規分布を仮定し[*],母集団相関係数 ρ がゼロであるという状況を想定する.そして,その母集団から研究で用いられたサンプルサイズと同じ大きさのサンプルを無作為に抽出したとき,相関係数の絶対値が,実際の研究で得られた相関係数の絶対値を越える確率 p を求める.そして,この p の値が予め定めた小さな確率値 α より小さいとき,研究で得られた相関係数は統計的に有意であると言い,「母集団においても相関がある」と判断する.このとき,予め定めた α を**有意水準**(significance level)とよび,研究で得られた相関値に対して計算される p を **p 値**または**有意確率**とよぶ.有意水準 α の値としては.05 という値が用いられることが多い.このとき,「5% 水準の検定」といった表現が用いられる.p 値は相関係数を計算するためのほとんどのソフトウェアが,相関係数の値と一緒に出力してくれる.

付表1は5% 水準の両側検定(相関が正でも負でも,絶対値が十分大きければ有意とする検定)において,相関がいくら以上であれば有意になるかを,さまざまな被験者数に対して求めたものである.前項でみたようにサンプルサイズが大きければ標準誤差が小さくなり,サンプリングに伴う変動が小さくなるから,無相関の母集団からのサンプルで得られる相関係数の値は,ゼロを中心としたかなり狭い範囲で分布するようになる.したがって,付表1に示したように,サンプルサイズが大きいときには,かなり小さな相関値でも(たとえば $n \geq 400$ なら $r=.1$ に満たない値でも)統計的に有意になるということがわかる.

このことからもわかるように,相関係数が統計的に有意であるということは

---

[*] この仮定はもう少し緩めることができるが,ここではその説明は省略する.

大きな値の相関係数が得られたことを必ずしも意味しない．$r=.1$ とか $r=.2$ とかの相関係数は，散布図でみたときに右上がりの傾向があるかどうか，すぐには判断できない程度の相関である．このような場合は，仮にサンプルサイズが大きいために有意になっても，実質的に意味のある相関とは言えない．相関係数などの統計的指標の値を評価するときには，統計的有意性だけでなく，こうした実質的な観点からの評価も必要である．

3.5 仮説の検証と追試

3.5.1 仮説の検証と証明

　この章の最後に，もう一度，仮説を検証するということについて考えてみたい．3.1節で述べたように，検証型の研究においては「その仮説が成り立つとしたら，こういう結果が得られるだろう」という予測をたて，その予測の正否をデータによって確かめるというアプローチがとられる．では，このとき，もし予測通りの結果が得られたとしたら，そのことをもって「仮説が証明された」と言ってよいだろうか．

　答えは否である．なぜなら，「もし仮説が正しいなら，こういう結果が得られる」ということであるから，予測通りの結果が得られることは，仮説が正しいための必要条件であって，十分条件ではないからである．たとえば，ある因果的な仮説から予測された相関関係が実際にみられたとしても，3.3節で述べたように，想定した因果関係が存在しない場合でも同様な相関関係が生じることがあるため，それだけでは因果関係の証明にはならないのである．

　では逆に，仮説からの予測に反する結果が得られたとしたらどうだろう．いま述べた論理にしたがえば，仮説が正しいための必要条件が覆されたことになるから，仮説は反証されたということになるはずである．しかし，実際には，仮説に反する結果が得られても，それは仮説が間違っていたからではなく，観測変数が正しく構成概念を反映していなかった（測定の妥当性が低かった）からとか，有意な相関を得るにはサンプルサイズが不十分だったから，等の可能性もある．

　このように，仮説から予測された通りの結果が得られても，それによって仮

説の正しさが証明されるわけではなく，また予測に反する結果が得られても，それによって仮説が完全に反証されるわけではない．したがって，仮説の評価は完全な証明や反証ではなく，仮説を支持する結果，すなわち仮説からの予測に合った結果によってその**仮説の信憑性**（仮説の妥当性に対する信念）が高められ，逆に仮説を支持しない結果，すなわち仮説からの予測に反する結果によって，その仮説の信憑性が低められるというように，連続的な尺度上で考えていくべきものである（繁桝，2000）．

さらに，仮説で述べられ，検証の対象となる関係自体が，単に「ある」か「ない」かといった二分法的なものではなく，「強い関係」や「微弱な関係」など，さまざまな程度がありうるものである．したがって，仮説検証のための研究は，仮説を支持するか否かということに焦点をあてつつも，そうした「関係の強さ」を明らかにしていくという探索的な機能ももつことになる．

3.5.2 追試研究とメタ分析

仮説の検証をこのような連続的，量的な過程としてとらえ，さらに，研究の対象者としては限られたサンプルしかとれないことを考え合わせると，ひとつの研究によって得ることのできる情報，生産することのできる知識の限界が見えてくる．そして，それと同時に，多様なサンプルで，必要に応じて諸条件を変えつつ研究を積み重ねていくことを通して，知識を次第に充実させ，より確実なものにしていくことの重要性がわかってくる．

このように，同一のテーマに関して，先行する研究の結果をふまえて新たに行う研究を**追試研究**，または単に**追試**という．心理学に限らず，研究者の世界では独創性の高い研究に価値がおかれ，追試研究が一段低く見られる傾向があるが，独創的で画期的と思われていた研究の結果が，その後の追試研究では支持されず，結果的に否定されたこともある．その場合，もし追試研究が行われなかったならば，その誤った結論がそのまま信じられ続けたであろう．このように，より確かな知識を生産していくためには，追試研究は欠くことのできないものである．

ところで，共通のテーマについて多くの研究結果が蓄積されてくると，それらの研究結果全体として，どういうことが言えるのかという結論が求められる

ようになる．**メタ分析**（meta-analysis）とよばれる統計的方法は，多くの研究から得られた結果をデータとし，それらを総括することによって全体としての結論を導くために開発されたものである．

メタ分析では，たとえば相関係数の値について，対象者集団の年齢・性別などの特徴や，用いた尺度の違いによって，結果がどのように異なるかを検討する．そして，結果が系統的に異ならない部分に関してはそれらの結果を統合して，統計的により安定した相関係数の推定値を求める，といったアプローチがとられる．こうしたメタ分析の方法や原理についてはいろいろな議論があるが（たとえば，南風原，1997），ひとつひとつの研究の結果を絶対視せず，それらをより広い視野の中に位置づけるという点では注目に値する方法および考え方であると言えよう．

❖ キーワード

相関仮説，処理-効果仮説，構成概念，観測変数，測定，集団における相関関係，個人内の共変関係，横断的研究，縦断的研究，尺度，評定法，測定（尺度）の妥当性，収束的妥当性，弁別的妥当性，因子分析，共分散構造分析，表面的妥当性，測定（尺度）の信頼性，再検査信頼性，α係数，内的整合性，散布図，相関係数，因果関係，偏差値，偏相関係数，説明変数，基準変数，回帰分析，母集団，サンプル，無作為抽出，標準誤差，統計的有意性，検定，有意水準，p値，有意確率，追試，メタ分析

❖ 参考図書

質問紙尺度の作成については，続・村上（1975）が定評のある教科書である．鎌原・宮下・大野木・中澤（1998）は，フェイスシートの例なども載せた初学者向けのマニュアルである．相関関係の解釈については吉田（1998）の説明が参考になる．因子分析については，入門的な解説としては繁桝（1998）や渡部（1988），専門書としては芝（1979）や柳井・繁桝・前川・市川（1990）などがある．また，因子分析およびその他の多変量解析法を包含する方法であり，因果モデルの検討にも利用されている共分散構造分析については豊田（1998 a, b）が詳しい．

量的な調査研究および実験研究で仮説検証の目的に利用されている統計的有意性の検定の方法論的問題については Cohen（1994），南風原（1995），Schmidt（1996）などが参考になる．追試研究を総括する方法であるメタ分析については Hunter & Schmidt（1990），和書では芝・南風原（1990）がある．

❖引用文献

Cohen, J. 1994 The earth is round ($p<.05$). *American Psychologist*, **49**, 997-1003.
南風原朝和 1995 教育心理学研究と統計的検定 教育心理学年報, **34**, 122-131.
南風原朝和 1997 メタ分析による精神療法の効果研究の統合 精神療法, **23**, 131-136.
南風原朝和・小松孝至 1999 発達研究の観点から見た統計——個の発達と集団統計量との関係を中心に 児童心理学の進歩, **38**, 213-233.
堀 洋道・山本真理子・松井 豊（編） 1994 心理尺度ファイル——人間と社会を測る 垣内出版
Hunter, J. E., & Schmidt, F. L. 1990 *Methods of meta-analysis: Correcting error and bias in research findings.* Sage.
池田 央 1976 統計的方法Ⅰ 基礎 新曜社
鎌原雅彦・宮下一博・大野木裕明・中澤 潤（編） 1998 心理学マニュアル 質問紙法 北大路書房
酒井恵子・久野雅樹 1997 価値志向的精神作用尺度の作成 教育心理学研究, **45**, 388-395.
酒井恵子・山口陽弘・久野雅樹 1998 価値志向性尺度における一次元的階層性の検討——項目反応理論の適用 教育心理学研究, **46**, 153-162.
Schmidt, F. L. 1996 Statistical significance testing and cumulative knowledge in psychology: Implications for training of researchers. *Psychological Methods*, **1**, 115-129.
芝 祐順 1979 因子分析法 第2版 東京大学出版会
芝 祐順・南風原朝和 1990 行動科学における統計解析法 東京大学出版会
繁桝算男（編） 1998 新版・心理測定法 放送大学教育振興会
繁桝算男 2000 心理学における理論と実証性 理論心理学研究, **2**, 39-45.
末永俊郎（編） 1987 社会心理学研究入門 東京大学出版会
豊田秀樹 1998a 共分散構造分析——構造方程式モデリング 入門編 朝倉書店
豊田秀樹（編） 1998b 共分散構造分析——構造方程式モデリング 事例編 北大路書房
続 有恒・村上英治（編） 1975 心理学研究法 9 質問紙調査 東京大学出版会
渡部 洋（編） 1988 心理・教育のための多変量解析法 基礎編 福村出版
柳井晴夫・繁桝算男・前川眞一・市川雅教 1990 因子分析——その理論と方法 朝倉書店

吉田寿夫　1998　本当にわかりやすい，すごく大切なことが書いてある，ごく初歩の
　　統計の本　北大路書房

第4章
実験の論理と方法

　現実をありのまま把握し記述しようとする調査研究に対し，研究者が意図的・計画的に諸条件を統制して変数を操作し，変数間の因果関係についてより明確な結論を得ようとするのが実験研究である．本章ではまず，なぜ条件の統制が必要なのかを論じ，統制のための主な方法を紹介する．そして，実際の研究例を取り上げて実験研究の要点を示す．次いで，心理学の研究で用いられる実験デザインの代表的なものを紹介し，関連のある基本用語や概念について解説する．実験で得られたデータから結論を導く際には，それぞれのデザインに即した統計的方法が用いられる．こうした実験データの分析法についても，基本的な考え方と具体的な手法の概略を述べる．

4.1　心理学における実験とは

4.1.1　行動を説明する構成概念としての「こころ」

　心理学は，人間のこころについての科学であると第1章で述べてきた．しかし，私たちが人間のこころについてそれを直接的に観察することは不可能である．自分のこころについてさえも，内観によってわかるのは意識か，せいぜい前意識であり，無意識については直接知ることはできない．ならば，こころの科学的研究はどのようにして可能になるのだろうか．

　ここで，現代の心理学では，基本的に「こころとは，行動を説明するために考えられた構成概念である」という立場をとる．実は，私たちが日常生活の中で，他者（人間に限らず，ペットのイヌやネコにも）にこころがあることを認めているときも同様である．こころという直接観察できないメカニズムの存在

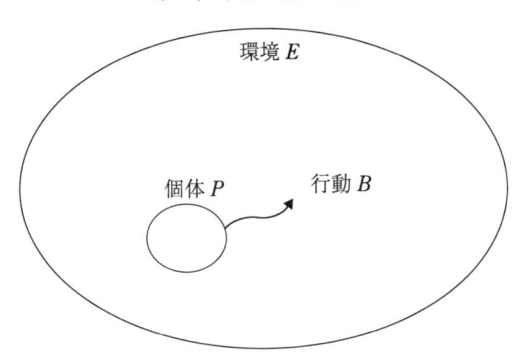

図 4.1　$B=f(E, P)$ という Lewin の図式

を認め，その構造や機能について何らかの理論をもつことによって，私たちは，人間の行動を整合的に理解できたと感じるのである．それをあえて「こころ」とよぶのは，疑いなく「こころ」とよびうる自分の意識と等価なものであろうという類推にすぎない．

　このように考えたときに，心理学の研究対象は，「こころ」そのものというより，こころが関与しているところの「行動」，すなわち，**精神的行動**というものになる．行動の中には，単純な生理的反射や運動のように，私たちが「こころ」をもちださなくても説明できるものもある．精神的行動というのは，何らかの複雑な内的メカニズムを経て現れるものである．その内的メカニズムがどのようなものであるかを探るのが，心理学の役割であるが，それはあくまでも行動を説明し理解するために必要なものとして研究者が仮説的につくりだすものであり，「構成概念」という所以もそこにある．

　Kurt Lewin は，人間（広くとれば，生体一般）の行動 B（behavior）は，環境 E（environment）と個体 P（person）の関数であるという図式を提案した．すなわち，

$$B = f(E, P)$$

というのである．この図式は，現代の心理学の考え方や果たすべき役割をよくあらわしている．つまり図 4.1 のように，ある環境 E の中にどのような個体 P が置かれるかによって行動が決定されると考える．その対応関係 f を明らかにするのが心理学の役割だというわけである．こころとは，いうまでもなく，

個体 P に属するものであるが，個体 P がイコールこころなのではない．性別，年齢，体格，…といった属性も個体に関する要因として，行動の説明に使われることがある．また，個体の過去経験を，記憶として個体に属するものと考えるか，時間的に幅をもたせた環境要因と考えるかは，研究者によって異なる．

心理学の歴史の中でみると，**行動主義**（behaviorism）の立場では，

$$S \rightarrow R$$

という図式で考えた．S は "stimulus"（刺激）の略で，狭義には個体に与えられる感覚入力や食物等の報酬であるが，一般的には，客観的に観察・記述が可能な環境要因を広く含む．R は "response"（反応）の略で，狭義には筋肉の運

コラム 4-1 認知心理学と状況論

認知心理学（cognitive psychology）では，人間を一種の情報処理システムとみなして，そのしくみやはたらきをモデル化してとらえようとする．1940年代半ば以降めざましく発展した情報理論や計算機科学の影響を大きく受け，1950年代後半には，情報の入力（input），出力（output），検索（retrieval）といった用語が，人間を被験者とした実験研究でも盛んに使われるようになった．また，人間の知覚，記憶，思考，会話などにおける内的過程をコンピュータ・プログラムとして表現して，それを実行させたときに人間に近い振る舞いをするかどうかによって理論を検討していく**コンピュータ・シミュレーション**（computer simulation）という方法も盛んになっていった．

これに対して，1980年代半ばから**状況論**（situation theory）という立場が登場する．状況論は，行動主義にしても，情報処理的な認知心理学にしても，人間の知的行為を個体単位でとらえすぎているといって批判する．方法論的には，文化人類学や民俗学などの「エスノグラフィー」のように，日常的な状況の中での観察，記述が主となる．認知心理学のように知識，目標，計画といった観点から内的過程の用語を使って行動を説明するのではなく，環境内で道具や他者と関わりながら知的行動が発現するようすを描くことになる．状況論を認知心理学の中の新しい流れと考えるか，認知心理学とはまったく別の立場とみなすかは研究者によって異なるが，使う用語も研究法も異なるアプローチであることは確かである．

動などの生理的反応であるが，広義には生体がどのような行動をとったかということをさす．ここでは，「こころ」という観察できない生体内要因をできるだけ排除した上で，行動の法則性を見出すことがめざされる．また，**新行動主義**（neo-behaviorism）では，

$$S \to O \to R$$

という図式で考える．O は "organism" の略で，「生体」をあらわす．ここでは，欲求や学習の強さといった生体内要因を媒介として行動が説明されることになる．ただし，それらの生体内要因は，どのような刺激条件によって操作されるものか定義されていなくてはならない．

現代の心理学では，個体内要因を説明に用いない立場（たとえば，状況論）でも，状況，文脈，文化的要因などを広く環境として考慮に入れるようになっている．また，新行動主義に比較的近い立場（たとえば，認知心理学）では，個体内のメカニズムを，**モデル**としてより精緻に表現しようとしている．こうした展開については，コラム 4-1 を参照してほしい．

4.1.2　実験における変数の統制

Lewin の図式 $B = f(E, P)$ で，行動に影響を与える E と P のことをこれまで「要因」とよんできた（医学では，「因子」とよぶこともある）．**要因**（factor）とは，「主要な原因」という意味であるが，数学からの転用で，**独立変数**（independent variable）ということもある．この場合，B のほうは**従属変数**（dependent variable）というわけである．

他の科学における実験と同様に，心理学の実験でもその目的を一言で言えば，「こうしてみたらどうなるかを試す」ということになる．これは，上述の用語でいえば，ある独立変数を操作して変化させることによって，従属変数がどのように変化するかを観測することにほかならない．たとえば，3つの教育方法 A, B, C によって，教育効果がどのように違ってくるかを調べるという実験なら，教育方法が独立変数で，教育効果が従属変数である．それぞれの教育方法 A, B, C は，教育方法という独立変数のとる「値」ということになる．独立変数の値は，要因の**水準**（level）ともよばれる．独立変数や従属変数は，カテゴリー的なものもあれば，連続量のこともある．

4.1 心理学における実験とは

　ところで，従属変数にあたる人間の行動というのは，きわめて多くの変数によって規定されている．つまり，Lewin の図式をより細かく書けば，

$$B = f(E_1, E_2, E_3, \cdots, P_1, P_2, P_3, \cdots)$$

ということになる．ひとつの変数 E_1 を独立変数として取り上げ，それが従属変数 B にどのような影響を及ぼすのかを調べたいときには，他の変数が一定でないと困る．もし，E_1 を変化させたときに他の変数も同時に変化していたら，E_1 の影響なのか他の変数の影響なのかがわからなくなってしまうからである．従属変数に影響を与える複数の変数が連動して変化し，そのためにそれぞれの変数の影響が分離できない状況を「変数が**交絡**（confound）している」という．研究で取り上げる独立変数以外で従属変数に影響を与えうる変数については，交絡の可能性があるという意味で交絡変数とよばれたり，独立変数と従属変数との間の関係に干渉するという意味で干渉変数とよばれたりする[*]．ここでは，とりあえず**干渉変数**（interfering variable）とよぶことにしよう．

　変数間の交絡を防ぐために，干渉変数が独立変数と連動して変化しないようにすることを，干渉変数を（またはその影響を）**統制**（control）するという．実験とは，干渉変数をできるだけ統制し，着目する独立変数の値を変化させた状況を人為的に作り出して，従属変数の変化を測定するという手続きにほかならない．調査においては，自然な状況で独立変数（説明変数）と従属変数（基準変数）をそれぞれ測定し，相互の関連を見ていたのと対照的である．実験と調査がもっとも異なるのは，この人為性であり，そのことが実験の長所とも短所ともなっている．長所は，ある変数の因果的な影響がより明確に調べられることである．一方，短所というのは，しばしば人工的で不自然な状況設定となり，生態学的妥当性（コラム 4-2）を欠いてしまうことである．

　干渉変数を統制するにはどうすればいいだろうか．第 1 に考えられるのは，すべて同じ値にしてしまう**一定化**の方法である．たとえば，個体要因である性別（値としては，「男子」か「女子」になる）という変数が影響を与えそうだと思えるならば，被験者を男子のみにしてしまうという方法である．あるいは，「知能」という変数が影響しそうなら，知能テストを行った上で，知能がほぼ

---

[*] 第 3 章で調査研究における因果推論の問題に関連して用いた「第三の変数」という用語が，実験でも用いられることがある．

> **コラム 4-2　生態学的妥当性**
>
> **生態学的妥当性**（ecological validity）とは，E. Brunswick が知覚論の中で提唱した概念である．私たちは，近刺激（感覚器に与えられた刺激）を統合して遠刺激（物理世界に外在する対象）を同定する．そのときに，過去において有効であった刺激情報ほど手がかりとして重みをもって使われることになる．そうした情報は「生態学的妥当性が高い」といわれる．
>
> これが，「実験室的状況は，そのような手がかりとして妥当性の高い刺激を欠いた人工的なものになりがちである」という意味合いを含んでいたことから，一般の心理実験における課題の意味として問題にされるようになった．つまり，現実的な場面での行動の予測や理解に役に立たないような，人工的で無意味な課題を用いた実験に対して「生態学的妥当性が低い」というような言い方をするわけである．また，一見中立的な実験的課題でも，文化・社会によって異なる意味合いをもつことへの注意なども含まれることがある．

一定範囲になるような被験者だけに実験を行うということになる．また，環境要因については，たとえば騒音や部屋の明るさなどを一定にした実験室を利用することで，それらの干渉変数が影響を与えるのを防ぐことができる．この方法では，たしかに一定化された干渉変数の影響はなくすことができるが，その一方で，得られた結果がその制限の中でしか当てはまらないかもしれない．また，影響を与えそうなすべての干渉変数について一定化するということは，現実問題としては無理がある．

　第2の方法として，影響を与えそうな干渉変数について，比較する群の間で全体として同じになるようにそろえていく**バランス化**の方法がある．たとえば，実験に参加してくれる人が男子30人，女子15人いるならば，3群に等しい人数だけ割り振るときに，各群とも男子10人と女子5人にすれば，どの群にも男女差の影響は等しく現れる．知能が大きく影響を与えそうならば，被験者をまず知能テスト得点がほぼ等しい3人の組にし，3つの群にランダムに割り当てるということを全員分くりかえす．こうすれば，知能の差によって特定の群だけ従属変数の値が大きくなるというようなことは生じない．また，多少性能の異なる複数の実験器具を利用せざるをえないとき，どの群もそれぞれの器具

を同じ割合で用いるようにバランス化することによって，実験器具の違いという環境要因の影響を抑えることができる．ただ，これも第1の方法と同様，いくつもの干渉変数について同時にバランス化するのは，実際上難しい．

第3に，**無作為化**（randomization）または**無作為割り当て**（random assignment）という方法がある．3つの教え方 A, B, C の効果を比較するならば，それぞれの群にまったくランダムに被験者を割り振るというものである．もちろん，この手続きによって，干渉変数の値が群間で完全に等しくなるわけではない．しかし，そのばらつきはランダムな変動であるので，その影響は統計学的な分析によって評価することができる（高野，2000）．無作為化は，一定化やバランス化と組み合わせて用いることもある．すなわち，主要な干渉変数については一定化またはバランス化を行い，あとは無作為化によって，その他の干渉変数の統制を行うのである．

実験を行う際には，現実的な制約のために上記のような統制が十分にできず，そのため影響を見たい独立変数以外のさまざまな干渉変数の影響が除去できないこともある．このような場合の工夫については，第5章で「準実験」の方法として解説する．本章では，いわば理想化された形での実験デザインのうち，ごく基本的なものを取り上げ，その原理とそこで得られるデータの分析法について解説する．

4.1.3 状況設定と測度の工夫

ここで，内発的動機づけの分野で著名な Edward L. Deci が1969年に学位論文のために行った実験を例にとりながら，心理学実験を行うにあたって考えるべき条件の設定のしかたと，データのとり方を考えてみよう．この実験の内容は学術雑誌論文として発表されているが（Deci, 1971），当時の彼の考えの進め方があらためて述懐された書物がのちに公刊されている（Deci & Flaste, 1995）．

内発的動機づけとは，「活動することそれ自体がその活動の目的であるような行為の過程，つまり，活動それ自体に内在する報酬のために行う行為の過程」として定義される（Deci & Flaste, 1995, 訳書 p. 27）．たとえば，子どもが遊んだり，知的好奇心や向上心から学ぼうとするとき，それは何か外から報酬をもらえることを期待して行っているのではない．逆に，賞賛，物質的報酬，

社会的地位などをめあてに学習しているならば,それは外発的に動機づけられているという.

私たちは,子どもの学習意欲を高めるために,勉強することやよい成績をとることに対して報酬を伴わせようとしがちである.当時の行動主義的な学習心理学の中でも,外発的動機づけと内発的動機づけとは促進的な関係にあると考えられており,動機づけを高めるには報酬が有効であるとされた.しかし,Deci が明らかにしようとしたのは,「もともと自発的にとりくんでいる活動に外的な報酬を与えると,内発的動機づけはむしろ低下するのではないか」というアイデアであった.この命題は,たしかに日常経験からいっても思い当たることがあるかもしれないが,心理学的に検証するにはどうしたらいいだろうか.

この実験を実施するのに必要なのは,

① 明らかに被験者の興味をそそり,自発的にやりたくなるような課題を用意すること
② 外的な報酬として何をどう与えるかを決めること
③ 内発的動機づけをどのように測定するかを考えること

である.①として Deci が採用したのは,立体ブロックを組み合わせて目標となる形をつくりあげる「ソマ・パズル」とよばれる課題であった（図 4.2 参照）.これは,多くの大学生にとってたいへんおもしろいらしく,Deci 自身も「虜になり,次から次へと組み立てていった」という.②の報酬としては,パズルを1つ解くごとに1ドルを与えることとした.当時の1ドルは,学生にとってけっこうな価値があり,十分な報酬になりえたと思われる.

③の内発的動機づけの測定が,おそらくもっとも工夫を要するところであろう.これは,実験者が中座して,被験者のみが実験室に残された自由時間に,どれだけこのパズルを行っていたかという時間とした.その実験室には,数冊の雑誌も置かれてあり,自由時間にはそれらを読むこともできた.もちろん,何もせずにゆっくりと休んでもよい.にもかかわらずこのパズルを解き続けているとすれば,それはまさに,パズルを解くことそれ自体のおもしろさに由来する内発的に動機づけられた行動といってよいだろう.

被験者の大学生たちは,報酬あり群と報酬なし群にランダムに割り当てられた.実験室に来ると,テーブルに座り,30題ほどソマ・パズルを解く.ここ

4.1 心理学における実験とは

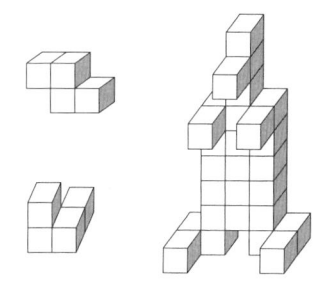

図 4.2 ソマ・パズルで使われるブロックと完成図の例（Deci & Flaste, 1995）

では，どちらの条件の被験者も真剣にとりくんでいることに変わりはない．その後，実験者は「用事があるので少しの間退室しなくてはならない」と告げ，実際に出ていってしまう．そこから8分間被験者を観察して，ソマ・パズルを解くのに費やしていた時間を測定するのである．

結果は明らかに，金銭的報酬を支払う条件の大学生のほうは，自由時間にパズルを行う時間が短くなってしまった．つまり，もともとおもしろさを感じて行っている活動に報酬が伴うことによって，あたかも，その活動が報酬の手段に転化してしまったかのように，自発的には行われなくなってしまったのである．報酬を与えることにより，内発的動機づけが低下するという現象は，実はすでに Harlow（1950）がサルに知恵の輪パズルを解かせる実験で見出していたものだが，1970年前後に人間を対象にした実験が多く行われるようになった．Deci の実験はその先導的な役割を果たしたものとして評価されており，教育への影響も大きい．

ここで，もう一度彼の実験を振り返ってみよう．もともと検証しようとした命題は「自発的にとりくんでいる活動に外的な報酬を与えると，その活動に対する内発的動機づけが低下する」ということであった．この命題に含まれている概念が注意深く実験的操作に移されている．

① 「自発的にとりくんでいる」という状況を設定するために，おもしろそうな課題を用意して，実際に大学生が無報酬でもすすんで行うことを確認している．

② 「外的な報酬」というのが，本当に報酬としての価値をもったものであるかどうかに配慮している．

> **コラム 4-3　心理学研究でのさまざまな測度**
>
> 　心理学の実験ではどのような測度を用いるかというのが，工夫のしどころである．たとえば認知的課題に対してもっとも多く用いられる困難度の測度は「正答率」であるが，ほとんどが正答になるような課題でも反応時間（問題が提示されてから解答するまでの時間）をとることによって，課題間の困難度の比較をすることができる．知覚実験で即座の判断を求めるときには，押しボタンやボイスキー（音声が出たときを検知するマイク）と連動した反応時間測定装置を用いて，ミリ秒単位のデータをとることもある．感情の測定では，言語表現だけでは把握しにくいために，生理的な反応をとることがある．心拍数，呼吸数，瞳孔面積（魅力を感じたときに瞳孔が拡大する），皮膚電気反射（動揺したり興奮したりすると，微細な発汗のために皮膚の電気抵抗が小さくなる）などがしばしば用いられる．
>
> 　このほか，行動観察や記述データに対してさまざまなカテゴリーを設定して分類したり計数したりするのも，独自の測度の考案といえるだろう．先行研究を調べるときに，いったいどのような測度が工夫されているかという視点からも見て，自分が研究するときのレパートリーを広げておきたい．また，測度によって，分布のしかたに特徴があるので，統計処理のしかたも合わせて注意しておく必要がある．

　③　心理学的構成概念である「内発的動機づけ」の巧妙な測定方法を考案している．

　このうち，①と②は実験的に操作したことが本当に実験者の意図通りになっているかどうかということに関するものである．これを手続き的に明示化して行うことを**操作確認**（manipulation check）ということがある．とくに，②は独立変数の操作（外的報酬のあり・なし）に関わるものであるから，これが適切でないと結果の解釈に直接影響する．つまり，もし実験結果が意図通りにならず，条件差が見られなかったとき，それは「外的報酬は内発的動機づけに影響を与えない」ためなのか，「外的報酬が小さすぎて報酬としての意味をもっていなかった」ためなのかがわからなくなってしまう．③は，直接的には測定できない構成概念を測定する手続き（操作）を明らかにし，これによって「内

発的動機づけ」という構成概念に対して**操作的定義**（operational definition）を与えている．心理学の研究では，知能，性格，感情など，直接観察できない概念を扱うことが多いので，操作的定義がつきものである．

　この研究はもともと，独立変数として外的報酬の有無，従属変数として内発的動機づけの強さを想定したものである．ところが，内発的動機づけを直接観察や測定することができないために，「自由時間内でパズルにとりくむ時間」という客観的な指標に置き換えて，それを従属変数としているわけである．こうした指標は**測度**（measure）ということもある．ただし，ある概念を操作的に定義したときの測度は，時間のような物理的測度ばかりとは限らない．質問項目に対して回答者本人が内観を通して表現した評定値や，複数の観察者が主観的に評価した値の平均値なども，測定の手続きが明確になっている限り測度となりうる．そうした心理的測度の考案や導入により心理学の研究は大きく幅を広げることができる（コラム4-3）．しかし一方では，構成概念をあらわすものとしてのこれらの測度の妥当性・信頼性の確認（第3章参照）が必要である点に注意しなくてはならない．

4.2　完全無作為1要因デザイン

4.2.1　被験者の無作為割り当て

　前節で例にあげた Deci の実験では，被験者の大学生たちが「報酬あり」群と「報酬なし」群にランダムに割り当てられ，その両群の間で従属変数の値が比較されている．すなわち，「外的報酬の有無」という1つの要因（独立変数）の効果をみるために，その要因の水準（報酬の「あり」，「なし」の2つ）に被験者をランダムに割り当てることによって，干渉変数の影響を統制している．このような実験デザインは，**完全無作為1要因デザイン**（completely randomized one-factor design）とよばれる．

　要因の各水準に被験者をランダムに割り当てるには，**乱数表**を利用するのが便利である．乱数表は1桁の整数（0～9）がランダムな順に並べられたものであり，標本調査法や実験計画法に関する本の付録についていることが多いが，コンピュータ・ソフトウェアの乱数発生関数を用いれば簡単に作成することが

できる．次の 20 個の数字は，あるソフトウェアの乱数発生関数を用いて発生させたものである．

　　　　3 2 6 8 0 9 0 7 9 5 5 2 8 3 8 2 7 5 0 7

　いま仮に，この乱数列を用いて，A, B, C の 3 群に被験者を割り当てるとしたら，乱数の 0〜2 は A 群，3〜5 は B 群，6〜8 は C 群と決めたうえで，最初の被験者から順に，乱数の値に従って群に割り当てていけばよい．いまの場合，最初の乱数は 3 であるから，最初の被験者は B 群に割り当て，2 番目の乱数は 2 であるから，2 番目の被験者は A 群に割り当てる，という具合である．もし 9 が出てきたらスキップして次の乱数を見る．

　この方法の難点は，結果的に各群に割り当てられる人数が不揃いになる可能性があることである．後に述べる検定力の観点からは，全体の被験者数が一定なら，各群の被験者数を等しくするほうが望ましいことがわかっており，できる限り被験者数は揃えるべきである．そのためには，乱数を利用して被験者を割り当てる際に，各群に 1 人ずつ割り当ててから各群の 2 人目を割り当てるというようにしていけばよい．上記の乱数列を用いて，この方法で A, B, C の 3 群に被験者を割り当てると次のようになる．

　　　　3 2 6 8 0 9 0 7 9 5 5 2 8 3 8 2 7 5 0 7 …
　　　　B A C C A - - - - B B A C B C A - B A C …

この乱数列の 7 番目の数字は 0 なので，本来ならこれに対応する被験者は A 群に割り当てるべきであるが，そうすると B 群に 2 人目を割り当てる前に A 群に 3 人目が割り当てられてしまう．そこで，この 0 はスキップして，次の 7 も C 群なのでスキップし，次の 9 も無視して，5 で B 群に 1 人割り当てる．

4.2.2　実験結果の分析

　実験研究では一般に，独立変数の操作によって従属変数の値がどう影響されたかを，要因の各水準ごとに従属変数の平均値を算出し，それを比較することによって検討する．そして，従属変数の値が大きくなることが予想された群で，実際に他の群よりも平均値が大きくなっていれば，研究仮説が支持されることになる．

しかし，仮に群間の平均値の大小関係が予想通りの結果になったとしても，被験者数が少ない場合や，得られた平均値差が小さい場合には，その結果はあまり信用できない．被験者数が少ないときは，無作為割り当てをしても，従属変数の値が大きくなるような被験者がある群に集中するなど，群間に偏りが生じる可能性が高い．そのため，得られた結果が独立変数の効果によるものではなく，被験者の無作為割り当てに伴って生じた偶然の結果ではないか，という疑いが残るのである．とくに，得られた平均値差が小さいときは，被験者の無作為割り当てからやり直してもう一度実験したら，差が逆転するということが十分考えられる．

そこで，それぞれの被験者がたまたまそれぞれの群に割り当てられるという偶然性によって，各群の平均値がどの程度左右されるのかを査定し，実際に得られた平均値差が，そうした偶然による変動に比べて十分大きいかどうかを検討することが必要になる．この目的のために用いられるのが，第3章でも取り上げた統計的有意性の検定である．

第3章では，相関係数という統計的指標に注目して，母集団からのサンプリングに伴って，その値がどう変動するかを考えた．それに対し，ここでは，被験者の無作為割り当てに伴う変動を問題にしている点で違いがある．しかし，後者の場合も，統計的検定で仮定される確率モデルとしては，前者と同様に，各群のデータが特定の統計的特徴をもつ母集団からのランダムサンプルであるとするモデルが用いられる．具体的には，完全無作為1要因デザインの場合，各群のデータが群によらず一定の分散をもつ正規分布からのランダムサンプルであるとみなして，次項で述べる方法で検定を行う．

4.2.3 群間の平均値差の検定——相関比による方法

群（水準）の数が全部で a 個あるものとし，第 j 群に n_j 人の被験者が無作為に割り当てられるとしよう．そして，第 j 群に属する第 i 番目の被験者の従属変数の値を y_{ij} と表記することにする．このとき，N 人の被験者全体の平均を $\bar{y}$ とすると，データ全体としてのばらつきの大きさは

$$SS_{total} = \sum_{j=1}^{a}\sum_{i=1}^{n_j}(y_{ij}-\bar{y})^2 \tag{1}$$

という指標で評価することができる．この指標は，個々人の値が全体の平均からどの程度隔たっているかを平均との差の平方で測り，それを全員分合計したもので，**全体の平方和**とよばれるものである．

この全体の平方和は，群間の平均値差が大きいほど，また各群内の個人差が大きいほど大きくなる．実際，全体の平方和は代数的に次のように分解することができる．

$$SS_{total} = SS_{between} + SS_{within} \tag{2}$$

この式の右辺の第1項は，各群の平均を $\bar{y}_j$ としたとき

$$SS_{between} = \sum_{j=1}^{a} n_j(\bar{y}_j - \bar{y})^2 \tag{3}$$

であらわされる指標である．これは各群の平均が全体の平均からどの程度隔たっているか，言い換えれば，群間にどれぐらいの平均値差があるかを反映するもので，**群間平方和**とよばれる．そして，(2) 式の右辺の第2項は，各群の分散を s_j^2 としたとき

$$SS_{within} = \sum_{j=1}^{a} n_j s_j^2 \tag{4}$$

で与えられる指標である．これは，各群の内部でどれぐらいの個人差があるかを示すもので，**群内平方和**とよばれる．

実験の結果，もし各群の内部での個人差の大きさに比べて，大きな平均値差が群間にみられたとしたら，(2) 式において，全体の平方和に対する群間平方和の割合が大きくなる．逆に，群内の個人差の大きさに比べて，群間の平均値差が小さいときは，その割合は小さくなる．この，全体の平方和に占める群間平方和の割合

$$\eta^2 = \frac{SS_{between}}{SS_{total}} \tag{5}$$

の正の平方根 η は**相関比**（correlation ratio）とよばれる指標であり，群間の平均値差の大きさを，群内のばらつきの大きさを考慮して相対的にあらわす有用な指標である[*]．

---

[*] η はイータと読む．

完全無作為1要因デザインにおける平均値差の検定は，この相関比を用いれば簡単に行うことができる．付表2は5%水準の検定において，相関比ηがいくら以上であれば平均値差が有意（独立変数の効果が有意）になるかを，群の数と各群の被験者数に対して示したものである．ただし，各群の被験者数はすべて等しいものとしてある．この表をみると，被験者数が少ないときは，たとえデータから計算された相関比が大きくても，群間の平均値差は統計的に有意にはならず，逆に各群の被験者数が多いときは，相関比がかなり小さくても有意になることがわかる．これは，第3章で述べた相関係数の場合と同じであり，統計的検定のもつ一般的な性質である．

4.2.4 分散分析

ところで，(2)式の左辺の全体の平方和SS_{total}を全体の被験者数Nで割れば，被験者全体における分散が得られる．したがって，平方和の分割をあらわすこの式は，同時に分散の分割の式でもある．このような分散の分割という形で変動（いまの場合，群間の変動と群内の変動）の分離を行い，それにもとづいて平均値差の検定を行う方法を一般に**分散分析**（analysis of variance）という．

前項で紹介した検定法は，相関比という有用な記述的指標の値を直接，統計数値表の値と比較する簡単な方法である．しかし，群によって被験者数が異なる場合には，付表2をそのまま利用することはできない．この場合には，相関比ηを

$$F = \frac{\eta^2/(a-1)}{(1-\eta^2)/(N-a)} \tag{6}$$

によって変換して，付表3を利用することができる．具体的には，付表3の"F分布の分子の自由度"が群の数マイナス1，すなわち$a-1$の列と，左欄の分母の自由度が$N-a$の行が交わるところの数値を読み取る[*]．そして，(6)式で求められたF値がその表の数値を越えれば群間の平均値差が有意であると判断する．たとえば，4群の比較で，全体の被験者数が40人であれば，分

---

[*] 「自由度」は統計学上の概念であるが，ここでは数値表のどこを参照すべきかを示すものと考えておけば十分である．自由度については，永田（1996）が詳しく解説している．

子の自由度が 4−1＝3 で分母の自由度が 40−4＝36 であるから，参照すべき表の値は 2.87 となる．この値を越える F 値が得られれば，独立変数の効果は 5% 水準で有意となる．

ここで，(6) 式の分子分母に全体の平方和 SS_{total} を乗じると，(5) 式および (2) 式の関係から，

$$F = \frac{SS_{total} \times \eta^2 /(a-1)}{SS_{total} \times (1-\eta^2)/(N-a)}$$
$$= \frac{SS_{between}/(a-1)}{SS_{within}/(N-a)} \qquad (7)$$

という式が得られる．この式の分子・分母は，群間平方和および群内平方和をそれぞれの自由度で割ったもので，それぞれ群間平均平方および群内平均平方とよばれる．この式は分散分析における検定の一般的な形式を示しており，より複雑な実験デザインでの要因の効果の検定も，基本的にはこの式のように，適当な平方和をその自由度で割った平均平方の比によって F 値を計算し，それを付表 3 の値と比較するという形をとる．

なお，群の数 a が 2 のとき，この方法は「独立なサンプルの **t 検定**」とよばれる方法と同じものになる．t 検定の計算式などについては，第 5 章の準実験データの分析の解説を参照されたい．

4.3　対応のある 1 要因デザイン

4.3.1　被験者のマッチング

ある干渉変数が従属変数の値に大きな影響を与えることがわかっているときは，単純な無作為化よりも何らかの方法でバランス化することによってその影響を統制するほうが効率的である．

たとえば，あるテーマに関する文章を読んでその内容を記憶するという課題で，メモの取り方についての教示の違いによる課題成績の違いを調べる実験をするとしよう．この場合，そのテーマに関して豊富な知識をもっている被験者は，そうでない被験者に比べて明らかに有利であろう．したがって，どれぐらいの既有知識をもっている被験者がどの条件群に割り当てられるかによって，

群間の比較結果がかなり左右されてしまうことになる．こうした偶然的な変動が大きければ大きいほど，要因の真の効果を検出することは難しくなる．

このとき，事前にそのテーマに関する既有知識のテストを実施しておけば，比較する群の間でその変数に関して差が生じないようにすることができる．具体的には，既有知識のテスト得点順に被験者を並べ，たとえば3群に分けるとしたら上位から3人ずつの組を作る．そして，それぞれの組から1人ずつを各群にランダムに割り当てていくのである．このような作業は，被験者の**マッチング**とよばれる．また，マッチングされた被験者の組（いまの例では3人組）を**ブロック**とよぶことがある．

完全な無作為割り当てではなく，マッチングによって1つの要因の各水準に被験者を割り当てる実験デザインを，**対応のある1要因デザイン**または**1要因ランダムブロックデザイン**（one-factor randomized block design）とよぶ．「対応」というのは，各群のそれぞれの被験者には，その人と同じブロックに属するという意味で対応関係のある被験者が，他のすべての群にいるという意味である．このデザインでは，各群には必然的に同数の被験者が割り当てられることになる．

4.3.2 被験者内要因と被験者間要因

マッチングは，ある干渉変数に関してできるだけ値の近い被験者のブロックを作る作業であるが，その極限の形としては，同一の被験者をくりかえして用い，それぞれの被験者に対して独立変数の値を変化させて従属変数の測定を行うことが考えられる．このデザインは対応のあるデザインの一種であるが，同一被験者がくりかえし用いられることを強調して**反復測定デザイン**（repeated measures design）とよばれることが多い．

反復測定デザインでは，要因の水準間の比較が，同一の被験者内の比較にもとづくことになる．そのため，この場合の要因を**被験者内要因**（within-subject factor）とよぶ．これに対し，異なる被験者をマッチングしてブロックを作るときは，要因の水準間の比較は異なる被験者間の比較となる．したがって，この場合の要因は**被験者間要因**（between-subjects factor）とよばれる．前節で紹介した完全無作為デザインにおける要因は，もちろん，被験者間要因であ

る．

　実験を実施するうえで，被験者間要因と被験者内要因の区別は重要であり，論文等で実験の手続きを記述する際にはその区別を明示する必要がある．一方，要因の効果を統計的に検定する際には，要因が被験者間か被験者内かということよりも，対応のある要因か否かということが重要になってくる（吉田，1998）．すなわち，被験者内要因による反復測定デザインを含む「対応のあるデザイン」なのか，それとも完全無作為デザインのように「対応のないデザイン」なのかによって，適用する統計的方法が違ってくるのである．

　独立変数を被験者内要因にすることができれば，原理的には，被験者の個人差に関する干渉変数の影響は完全に統制できることになる．しかし，たとえば前項で例にあげた文章記憶の実験の場合は，ある条件下で文章を読んで記憶する課題を行った後に，同じ被験者に別の条件でその同じ文章をもう一度読ませることはできない．2度目に読むときは最初に読んだときの記憶が残っていることが予想され，条件間の公平な比較が期待できないからである．このように，独立変数や従属変数の性質によっては被験者内要因とすることが難しい場合がある．

　ただし，いまの例でも，まったく同じ文章ではなく，難易度や長さがほぼ等しい文章を，比較したい条件の数だけ用意し，条件ごとに異なる文章を読ませることにすれば，被験者内で課題をくりかえすことも考えられる．このとき，「ある条件のときは特定のこの文章」というように，実験条件と文章の種類の組み合わせを固定してしまうと，条件間で差がみられたときに，それが条件自体の効果なのか，それともその条件と組み合わせた文章の違いによる効果なのかが区別できなくなってしまう．つまり，実験条件と文章の種類とが完全に交絡してしまうのである．こうした交絡を避けるためには，どの条件でどの文章を用いるかについて偏りが生じないように，被験者間でバランス化または無作為化する必要がある．

　また，仮に条件ごとに異なる文章を読ませたとしても，2度目，3度目と条件を変えてくりかえすにつれて，実験場面に慣れて調子が出てきたり，逆に飽きたり疲れが出てきたりすることが考えられる．したがって，比較したい条件を，全被験者について特定の順番で実施すると，今度は実験条件と実験の実施

順序とが完全に交絡してしまう．そのため，条件の実施順序についても被験者間でバランス化または無作為化する必要がある．

4.3.3 対応のある要因の効果の検定

比較したい条件の数を a とし，被験者のブロック（反復測定デザインの場合は被験者，以下同様）の数を n としよう．そして，第 i 番目のブロックの第 j 番目の条件における従属変数の値を y_{ij} と表記することにする．このとき，全体の平均を $\bar{y}$ とすると，データ全体としてのばらつきの大きさは，完全無作為デザインの場合と同じく

$$SS_{total} = \sum_{j=1}^{a} \sum_{i=1}^{n} (y_{ij} - \bar{y})^2 \tag{8}$$

となる．

対応のある 1 要因デザインの場合，この全体の平方和は，要因の効果の大きさを反映する条件間の平均値差が大きいほど，また，ブロック間の平均値差が大きいほど大きくなる．実際，全体の平方和は次のように分解することができる．

$$SS_{total} = SS_{factor} + SS_{block} + SS_{res} \tag{9}$$

この式の右辺の第 1 項が，条件間の平均値差を反映する部分で，各条件における平均値を $\bar{y}_{\cdot j}$ としたとき，完全無作為デザインにおける群間平方和と同様に，

$$SS_{factor} = n \sum_{j}^{a} (\bar{y}_{\cdot j} - \bar{y})^2 \tag{10}$$

で与えられる．これをここでは要因の平方和とよんでおこう．(9) 式の右辺の第 2 項は，ブロック間の平均値差をあらわす部分で，各ブロックごとの平均値を $\bar{y}_{i \cdot}$ としたとき，

$$SS_{block} = a \sum_{i=1}^{n} (\bar{y}_{i \cdot} - \bar{y})^2 \tag{11}$$

で計算される．これをブロックの平方和とよぶ．(9) 式の右辺の第 3 項は，全体の平方和から要因の平方和とブロックの平方和を差し引いても残る部分で，残差の平方和とよばれる（添字の "res" は残差を意味する "residual" の略）．

残差の平方和は

$$SS_{res} = \sum_{j=1}^{a}\sum_{i=1}^{n}(y_{ij} - \bar{y}_{i\cdot} - \bar{y}_{\cdot j} + \bar{y})^2 \qquad (12)$$

によって与えられる．

　条件間の平均値差を検定するには，要因の平方和をその自由度 $a-1$ で割ったものを分子，残差の平方和をその自由度 $(n-1)(a-1)$ で割ったものを分母においた比

$$F = \frac{SS_{factor}/(a-1)}{SS_{res}/(n-1)(a-1)} \qquad (13)$$

を計算する．そして，その値が付表3の値よりも大きければ，条件間の平均値差が5%水準で有意ということになる．なお，比較する条件数 a が2のとき，この方法は「対応のあるサンプルの t 検定」とよばれる方法と同じものになる．この検定で必要とされる前提条件については，芝・南風原 (1990) などを参照されたい．

　さて，完全無作為1要因デザインにおける F 統計量の式 (7) と，対応のある1要因デザインにおける F 統計量の式 (13) を比べてみると，その分子は全く同じ式になっている．しかし，分母に関しては，2種類のデザインにおける平方和の分割の式 (2) と (9) からわかるように，

$$SS_{within} = SS_{block} + SS_{res} \qquad (14)$$

という対応関係がある．したがって，対応のあるデザインの場合の分母の平方和 SS_{res} はブロックの平方和 SS_{block} の分だけ，完全無作為デザインの場合の分母の平方和 SS_{within} より小さくなり，その程度に応じて F の値が大きくなって有意差が得られやすくなることがわかる[*]．

　要因の効果が実際に存在するとき，それを統計的に有意な差として検出できる確率のことを**検定力**（power）または検出力という．いま述べたことは，もしブロックの平方和が大きくなるようなマッチングが可能ならば，対応のあるデザインを用いることによって，検定力を上げることができるということであ

---

[*] 厳密には分母の自由度の違いも考慮しなければならないが，その違いは平方和の大きさの違いにくらべると一般には無視できるほど小さい．

る．そのようなマッチングは，従属変数と相関の高い干渉変数を特定し，その変数に関してブロックを作ることによって可能となる．そのような干渉変数の測定が可能な場合には，完全無作為デザインよりも対応のあるデザインを用いることが得策ということになる．

4.4 完全無作為2要因デザイン

4.4.1 要因間の交互作用

前節で例にあげた文章記憶の実験で，メモの取り方についての教示の違いが記憶課題の成績にどのような効果を及ぼすかというとき，題材にする文章の種類によって効果の生じ方が異なるのではないかと考えたとしよう．すなわち，文章が説明文であるか，物語文であるか，対話文であるか等によって，効果的なメモの取り方が違ってくるのではないか，ということである．

この場合，「メモの取り方」（実際にはその教示）という要因と，「文章の種類」という要因があるが，仮にそれぞれの要因について別々に1要因実験をしても，上記の研究関心に応えることはできない．その研究関心を形式的に記述すると，「ある要因（メモの取り方）の効果のあり方が，もうひとつの別の要因（文章の種類）の水準（説明文，物語文，対話文など）によって異なるか」ということである．もし，ある要因の効果のあり方が，別の要因の水準によって異なるとしたら，これら2つの要因の間には**交互作用**（interaction）があるという．こうした交互作用を検討するには，2つの要因を同時に取り上げて実験をする必要がある．

たとえば，メモの取り方として方法1と方法2が考えられ，また文章の種類として，説明文と物語文の2種類を取り上げて，実験をするとしよう．**完全無作為2要因デザイン**とよばれる実験デザインでは，この場合，表4.1に示した2×2の合計4個のセルに被験者をランダムに割り当てることになる．

この実験で得られたデータをもとに，各セルごとに従属変数（記憶課題の成績）の平均を求め，それをプロットしたものが図4.3の(a)のようになったとしよう．これをみると，説明文においては方法1よりも方法2のほうが課題成績の平均が高く，より効果的であることを示しているが，物語文では逆に方法

表 4.1 2要因実験のデータ

		文章の種類	
		説明文	物語文
メモの取り方	方法1	y_{111} y_{112} ⋮ y_{11n}	y_{121} y_{122} ⋮ y_{12n}
	方法2	y_{211} y_{212} ⋮ y_{21n}	y_{221} y_{222} ⋮ y_{22n}

1のほうが平均が高い．すなわち，「メモの取り方」の要因と「文章の種類」の要因の間に交互作用があることがわかる．もちろん，この交互作用が有意かどうかは図からは判断できないが，少なくとも平均値のプロットからは興味深い交互作用の存在がうかがえる．これに対し，図の (c) のような結果になったとしたら，説明文でも物語文でも，方法1のほうが方法2より同じだけすぐれており，交互作用はまったくみられない．

図の (b) は (a) で示した同じ平均値を，今度は文章の種類を横軸にとって，メモの取り方ごとに線分を描いてみたものである．この図では2本の線分が交わっており，(a) とは見た目の印象が異なるが，まったく同じ情報を伝えていることに注意したい．この両図に共通した特徴は，2つの線分が平行でないということである．つまり，交互作用の存在は，図 4.3 のようにセル平均をプロットして対応する平均値を線分で結んだとき，それらの線分が平行でないことによって示される．逆に，(c) の図のように，線分が平行であれば交互作用がまったくないことを示す．このことは (d) のように横軸の要因を入れ替えて図を描いても同じことである．

2要因の実験では，2つの要因間の交互作用のほか，それぞれの要因の**主効果**（main effect）を検討することもできる．ある要因の主効果とは，他の要因の水準に関しては区別せずにすべてプールしたときの効果である．たとえば，図 4.3 の (a) および (b) では，メモの取り方に関してはプールして，説明文と物語文の間で全体としてどちらが平均が高いかをみると，物語文のほうが高いことがわかる．同様に，文章の種類についてプールして，方法1と方法2の間

(a) 交互作用がある場合

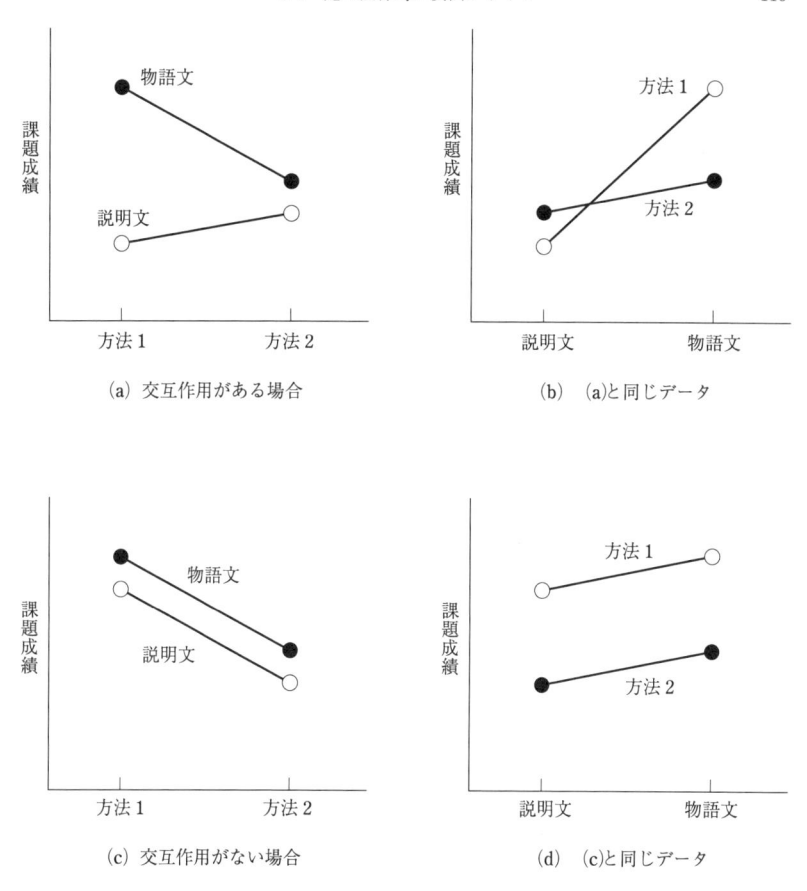

(b) (a)と同じデータ

(c) 交互作用がない場合

(d) (c)と同じデータ

図 4.3　2 要因実験におけるセル平均のプロット

で全体としてどちらが平均が高いかをみると，方法 1 のほうが若干高めになっていることがわかる．この結果は，(これも統計的に有意かどうかは別として)「メモの取り方」の主効果，および「文章の種類」の主効果がそれぞれあることを示唆している．

なお，この研究の例において，物語文のほうが説明文よりも記憶されやすいという「文章の種類」の主効果が得られたとしても，それはあまり意味のある情報ではない．ひとくちに物語文といっても，その中には記憶しやすいものもそうでないものもあり，ひとつの作品の中でさえ記憶しやすい部分とそうでな

> **コラム 4-4　適性処遇交互作用**
>
> 　教育方法に関する議論では，たとえば「統計的方法を教えるには例題から入り，統計ソフトで実際に計算してみてから，数学的な原理を教えるほうがよい」とか「教師主導型の授業よりも，学習者同士の話し合いを重視した授業のほうが効果的である」といった主張がなされることがある．このような場合に陥りやすい誤りは，暗黙のうちに「どの学習者にとっても，あるひとつの方法が最適である」という前提をおいてしまうことである．これは，実験計画の用語で言えば，教育方法の「主効果」にのみ注目しているということである．
>
> 　これに対し，とくに学習者の知能・既有知識・対人的積極性・認知スタイルといった属性の違いによって，処遇の効果に違いがあるのではないか，という「交互作用」に注目して，学習指導の最適化を考えるのが Cronbach (1957) の提唱した**適性処遇交互作用**（ATI; aptitude treatment interaction）の理論である．適性処遇交互作用を重視した学習指導を実現するには，予め学習者に関するさまざまな測定を行い，それによって学習者を組分けして，それぞれに応じた方法を適用する必要があり，実際上は難しい面もある（市川，1995）．しかし，その考え方が，教育方法の有効性の評価をする際に忘れてはならない重要な観点を提供してくれることは間違いない．

い部分がある．これは説明文についても同様であり，したがって，実験で取り上げた特定の物語文が特定の説明文より記憶されやすかったとしても，それを安易に一般化してはいけないのである．この研究の主眼は「メモの取り方」の効果にあり，その効果が説明文の場合と物語文の場合で違うかを検討しているのであるから，むしろ「文章の種類」の主効果が出ないように，全体としての記憶のしやすさが同程度の説明文と物語文を材料として選ぶように工夫すべきだろう．

4.4.2　主効果と交互作用の検定

　2つの要因を A および B とし，それぞれの水準数を a および b とする．全部で $a \times b$ 個のセルのそれぞれに，n 人ずつの被験者をランダムに割り当てて

実験を行い，従属変数 y の測定を行うものとする*．そして，要因 A の第 j 水準と要因 B の第 k 水準の組み合わせ，すなわち，(j,k) セルに割り当てられた第 i 番目の被験者の従属変数の値を y_{ijk} とあらわしておく（表 4.1 参照）．

このとき，全体の平均を $\bar{y}$ とすると，全体の平方和は

$$SS_{total} = \sum_{j=1}^{a}\sum_{k=1}^{b}\sum_{i=1}^{n}(y_{ijk} - \bar{y})^2 \tag{15}$$

となる．2 要因デザインの場合，この全体の平方和は，それぞれの要因の主効果が大きいほど，そして要因間の交互作用効果が大きいほど，大きくなる．また，当然のことながら，セル内のばらつきの大きさも全体の平方和に反映される．そこで，全体の平方和の分割式は次のようになる．

$$SS_{total} = SS_A + SS_B + SS_{AB} + SS_{res} \tag{16}$$

この式の右辺の第 1 項と第 2 項は，2 つの要因の主効果をあらわす平方和であり，1 要因デザインにおける群間平方和 $SS_{between}$ と基本的に同じものであるが，ここでは要因が 2 つあるので，その要因をあらわす記号を添字とした．それぞれ，

$$SS_A = nb\sum_{j=1}^{a}(\bar{y}_{\cdot j \cdot} - \bar{y})^2 \tag{17}$$

$$SS_B = na\sum_{k=1}^{b}(\bar{y}_{\cdot \cdot k} - \bar{y})^2 \tag{18}$$

で与えられる．ここで，$\bar{y}_{\cdot j \cdot}$ および $\bar{y}_{\cdot \cdot k}$ は，それぞれ要因 A の第 j 水準における平均，および要因 B の第 k 水準における平均をあらわす．(16) 式の右辺の第 3 項が，交互作用効果をあらわす平方和で，(j,k) セルの平均を $\bar{y}_{\cdot jk}$ としたとき，

$$SS_{AB} = n\sum_{j=1}^{a}\sum_{k=1}^{b}(\bar{y}_{\cdot jk} - \bar{y}_{\cdot j \cdot} - \bar{y}_{\cdot \cdot k} + \bar{y})^2 \tag{19}$$

で与えられる．(16) 式の右辺の最後の項はセル内のばらつきの大きさをあらわす残差の平方和で，(j,k) セルにおける分散を s_{jk}^2 としたとき，

---

* セルによって被験者数が異なると，要因の間に交絡が生じ，主効果や交互作用を明確に分離して取り出すことが困難になるので，2 要因以上の実験の場合は，原則として各セルに同数ずつの被験者を割り当てる．

$$SS_{res} = n\sum_{j=1}^{a}\sum_{k=1}^{b} s_{jk}^2 \tag{20}$$

で与えられる．

各要因の主効果，および2要因間の交互作用効果の有意性を検定するには，これまでと同様に，それぞれの効果をあらわす平方和をそれぞれの自由度で割ったものを分子，残差の平方和をその自由度で割ったものを分母においた比

$$F = \frac{SS_A/(a-1)}{SS_{res}/(N-ab)} \tag{21}$$

$$F = \frac{SS_B/(b-1)}{SS_{res}/(N-ab)} \tag{22}$$

$$F = \frac{SS_{AB}/(a-1)(b-1)}{SS_{res}/(N-ab)} \tag{23}$$

を計算する（N は全体の被験者数）．そして，それぞれの値が付表3の対応する値より大きければ，それぞれの効果が5%水準で有意ということになる．これらの検定は，各セルのデータが，セルによらず一定の分散をもつ正規分布からのランダムサンプルであることを仮定した方法である．

4.4.3　より複雑な実験について

先の文章記憶の実験の例で，もし「メモの取り方」の効果のあり方が，「文章の種類」だけでなく，被験者の「記憶能力」の個人差にも依存するのではないか，ということを考え，記憶能力の高低という要因をも実験に含めるとしたら，3要因実験となる．

一般に，A, B, C という3つの要因の水準をすべてクロスさせて実験を行うとすると，それぞれの要因の主効果と，2要因ずつの間の交互作用のほかに，$A \times B \times C$ という3要因間の交互作用も検討することができる．3要因間の交互作用があるとは，「2つの要因間の交互作用のあり方が，第3の要因の水準によって異なる」ということである．たとえば，記憶能力の高い群では，「メモの取り方」と「文章の種類」という2つの要因の間に，先にみた図4.3の (a) のような交互作用があり，記憶能力の低い群では図の (c) のように交互作用がみられなかったとする．このときは，「記憶能力」という要因の水準に

よって，残り2つの要因間の交互作用のあり方が異なるため，（統計的に有意かどうかは別にして）3要因間の交互作用があることになる．こうした3要因間の交互作用は**2次の交互作用**（second-order interaction）とよばれる．これに対し，2要因間の交互作用は**1次の交互作用**（first-order interaction）である．

交互作用の考え方をこのように拡張していくと，4要因実験での4要因間の3次の交互作用，5要因実験での5要因間の4次の交互作用，…というように，いくらでも複雑な実験，および交互作用を考えることができる．しかし，一般に高次の交互作用は解釈が難しいため，3要因を越えるような実験はあまり好ましくない．

ところで，「メモの取り方」×「文章の種類」の2要因実験においては，「記憶能力」を第3の実験要因としてではなく，個人差の影響を統制するための被験者のマッチングに用いることも考えられる．このとき，まず「メモの取り方」の各水準に被験者をランダムに割り当て，そのうえで「記憶能力」に関してマッチングした被験者（または同一の被験者）を「文章の種類」の各水準に割り当てるとしたら，「メモの取り方」は対応のない要因となり，「文章の種類」は対応のある要因となる．

このように，任意の要因数の実験は，それぞれの要因が対応のある要因か，対応のない要因かによって，デザイン上さらに区別されることになる．前節でも述べたように，対応のある要因を用いることによって，その要因に関する検定力を上げることができる一方で，マッチングのために事前の測定が必要になったり，あるいは同一の被験者を用いるのであればそれに伴う実施上の難しさを抱えたりすることになる．実験のデザインを決めるときには，先行研究も参考にしつつ，これらのことを総合的に考えて最適なデザインとなるよう工夫する必要がある．

❖キーワード

行動主義，認知心理学，状況論，新行動主義，要因，独立変数，従属変数，水準，交絡，干渉変数，統制，一定化，生態学的妥当性，バランス化，無作為化，無作為割り当て，操作確認，操作的定義，測度，完全無作為1要因デザイン，乱数表，群間平方

和，群内平方和，相関比，分散分析，t 検定，マッチング，ブロック，対応のある1要因デザイン，ランダムブロックデザイン，反復測定デザイン，被験者内要因，被験者間要因，検定力，完全無作為2要因デザイン，交互作用，主効果，適性処遇交互作用（ATI）

❖参考図書

後藤・大野木・中澤（2000）は，実験研究の計画から基本的な実験データの解析まで，初学者のためのマニュアルとして書かれたものである．分散分析を含む心理データ解析の標準的なテキストとしては，服部・海保（1996），森・吉田（1990），芝・南風原（1990），吉田（1998）などがある．宮埜（1993）も心理学研究者のために書かれたものであるが，分散分析の数学的基礎まできっちりと書かれている．実験計画と分散分析に関する洋書で定評のあるのは，Kirk（1995）や Winer, Brown & Michels（1991）などである．

小牧（1995）は，本章では触れることのできなかったランダム要因（要因の水準があらかじめ特定され固定されたものではなく，ある集合からランダムに選ばれたもの）と固定要因（要因の水準が固定されたもの）の問題や，要因の効果の一般性の問題などを，研究方法論の観点から論じている．実験で用いられる測定法については，記憶実験や学習実験などの具体的な実験を取り上げて解説した市川（1991）が参考になる．

❖引用文献

Cronbach, L. J. 1957 The two disciplines of scientific psychology. *American Psychologist*, **12**, 671-684.

Deci, E. L. 1971 Effects of externally mediated rewards on intrinsic motivation. *Journal of Personality and Social Psychology*, **18**, 105-115.

Deci, E. L., & Flaste, R. 1995 *Why we do what we do : The dynamics of personal autonomy.* G. P. Putnam's Sons. 桜井茂男（監訳） 1999 人を伸ばす力——内発と自律のすすめ 新曜社

後藤宗理・大野木裕明・中澤 潤（編） 2000 心理学マニュアル 要因計画法 北大路書房

Harlow, H. F. 1950 Learning and satiation of response in intrinsically motivated complex puzzle performance by monkeys. *Journal of Comparative and Physiological Psychology*, **43**, 289-294.

服部 環・海保博之 1996 Q&A 心理データ解析 福村出版

市川伸一（編）　1991　心理測定法への招待——測定からみた心理学入門　サイエンス社

市川伸一　1995　学習と教育の心理学　岩波書店

Kirk, R. E.　1995　*Experimental design* (3rd ed.). Brooks/Cole.

小牧純爾　1995　データ分析法要説——分散分析法を中心に　ナカニシヤ出版

宮埜壽夫　1993　心理学のためのデータ解析法　培風館

森　敏昭・吉田寿夫（編）　1990　心理学のためのデータ解析テクニカルブック　北大路書房

永田　靖　1996　統計的方法のしくみ——正しく理解するための30の急所　日科技連

芝　祐順・南風原朝和　1990　行動科学における統計解析法　東京大学出版会

高野陽太郎　2000　因果関係を推定する——無作為配分と統計的検定　佐伯　胖・松原　望（編）　実践としての統計学　東京大学出版会　Pp. 109-146.

Winer, B. J., Brown, D. R., & Michels, K. M.　1991　*Statistical principles in experimental design* (3rd ed.). McGraw Hill.

吉田寿夫　1998　本当にわかりやすい，すごく大切なことが書いてある，ごく初歩の統計の本　北大路書房

第5章

準実験と単一事例実験

　教育や臨床の現場において指導，訓練，治療などの処遇の効果を調べる研究を行う場合，さまざまな現実的制約のために，十分に条件を統制した実験を行うことが困難なケースが少なくない．準実験デザインとは，真正の実験デザインを適用することが困難な場合に，処遇の効果についてできるだけ明確な評価が下せるように工夫された研究デザインである．本章でははじめに，実際の教育・臨床研究で用いられているいくつかの研究デザインについて，研究の内的妥当性という観点からその問題点を検討する．そして，これらのデザインの欠点を補う準実験デザインの代表的なものを紹介し，そこで収集されるデータの解析法について解説する．また，単一事例を用いた実験を準実験の延長線上に位置づけ，その基本的な考え方およびデザインについて解説する．

5.1 研究の内的妥当性

5.1.1 研究の内的妥当性とそれを脅かす要因

　教育や臨床の現場では，学習指導やスポーツトレーニング，あるいは治療的処置などの処遇について，それが効果的であったかどうかという評価が問題になることが多い．その場合，たとえば第4章で述べた完全無作為1要因デザインにしたがって，処遇を受ける群（処遇群または実験群）と受けない群（統制群または対照群）に被験者をランダムに割り当てることができれば，処遇後の従属変数の測定結果を両群間で比較することによって，処遇の効果を評価することができる．そこでは両群への被験者の割り当てがランダムであるために，もし両群間に偶然誤差の大きさを越えるような差が生じたとしたら，それは処

遇の有無によるものであろうと推論することができるのである．

　しかし，現実には，たとえば研究者が有効だと考えている治療的処置を，ランダムに選ばれた一方の群に対してだけ施すということが倫理的に許されない場合がある．また，特定の学習指導法の効果を他の指導法と比べて評価したいときも，ひとつの学校の中で複数の指導法を採用して比較することが困難であったり，あるいは仮に複数の指導法を採用することが可能であっても，学級単位の授業という制約のために，それぞれの指導法に個々の生徒をランダムに割り当てることができないことが少なくない．そのため，処遇の効果を評価するための現実の研究では，しばしば，理想的な実験とは異なる状況でのデータの収集と分析を余儀なくされる．

　ここで問題になるのが研究の**内的妥当性**（internal validity；**内部妥当性**ともいう）である．研究の内的妥当性とは，処遇（独立変数）と結果（従属変数）の間の因果関係について，「この研究の結果，処遇の効果があることがわかった」とする主張の正当性に確信がもてる程度のことである．逆に言えば，そうした主張の正当性に対して疑いがもたれる研究は，内的妥当性が低いということになる．たとえば，スポーツのある技能について新しいトレーニング法を開発し，希望者にはその方法でトレーニングを行い，残りの者には従来の方法でトレーニングを行ったところ，新しい方法を適用した群のほうがトレーニング後の技能テストの平均成績が高かったとする．この場合，もし，もともと技能が高く意欲も高い者が新しい方法でのトレーニングを希望していたとしたら，「ここで得られた2群間の技能の差は，トレーニング法の違いによって生じたものではなく，トレーニング前からあった差を反映しているだけではないか」という疑いがもたれるだろう．こうした疑いがもたれる程度に応じて研究の内的妥当性は低いということになる[*]．

　Cook & Campbell（1979）は，処遇の効果に関する研究の結論に対して生じうるさまざまな「疑い」を整理し，内的妥当性を脅かす要因をリストアップしている．たとえば，いまのトレーニング効果の研究例の場合の，新しい方法を適用した群と従来の方法を適用した群の間にはじめから技能の差があったので

---

[*] 研究の内的妥当性は，第1章で述べた「研究の情報的価値」の「確実性」の側面に対応する概念である．

はないかという疑いは，比較する群の対象者選びの問題であることから**選択**（selection）の脅威とよばれる．

第4章で解説した実験デザインは，研究の内的妥当性を最大にするように，つまりさまざまな脅威要因に対処できるように工夫された研究デザインである．これに対し，現実の制約のためにこれらの実験デザインを適用することが困難なときに，できるだけ内的妥当性を高く保持するように工夫された研究デザインが，本章で紹介する**準実験デザイン**（quasi-experimental design）である．

では，一般に内的妥当性が低いと判断される研究デザインとはどのようなものだろうか．本章でははじめに，こうしたデザインの例をいくつか取り上げ，それぞれにどういう問題（内的妥当性への脅威）があるかを見ておくことにする．それによって，研究デザインを工夫することの必要性が認識され，準実験デザインの，そしてそれ以上に，真正の実験デザインのもつ意義が理解できると考えるからである．

なお，これら内的妥当性の低い研究デザインは，現実の教育研究や臨床研究でしばしば用いられているものであるが，そうした研究のすべてが価値のないものだというわけではけっしてない．これらのデザインのもつ問題や限界をわきまえ，それをその研究領域における過去の知見や理論的考察などで補うことによって，学問的価値のある研究となる可能性は十分あるのである．一方，実験研究の中には，さまざまな条件を統制して内的妥当性を高めようとするあまり，日常的な状況からかけ離れた不自然な状況設定を行っているものもある．こうした研究は内的妥当性は高くても，日常的な場面への**一般化可能性**，すなわち第4章で述べた生態学的妥当性が損なわれていることになる[*]．現実に近い状況で行われる準実験は，これとは対照的に，生態学的妥当性を重視した研究であるといえる．

5.1.2 内的妥当性の低い研究デザインの例

例として，子どもの衛生的行動（帰宅後に石鹸で手を洗うなど，体を清潔に保つ行動）を促進する目的で作成されたビデオソフトの教育効果を調べる研究

---

[*] 研究結果の一般化可能性は，研究の内的妥当性と対照させて，研究の**外的妥当性**（external validity）または**外部妥当性**ともよばれる．

を考えてみよう．そのビデオは小学校低学年を対象とした全8回シリーズのものだとする．**1群事後テストデザイン**（one-group posttest-only design）とよばれる研究デザインでは，このビデオを，たとえば週1回，8週間にわたって多くの児童に実際に視聴させ，その結果として衛生的行動がどの程度実行されるようになったかが事後テストとして調べられる．

このデザインを用いた研究の結果，もしビデオ視聴の後で，多くの児童が望ましい水準の衛生的行動を示したとしたら，それによって，ビデオ視聴という処遇の効果が示されたと考えてよいだろうか．答えは明らかに否である．これだけの情報では，ビデオを視聴しなかった場合の衛生的行動の水準が不明であり，したがって，何と比較して効果があったと言えるのかという判断の根拠が欠如しているからである．

この場合，比較判断の基準としては2通りのものが考えられる．ひとつは，そのビデオを視聴しなかった子ども達の衛生的行動の水準であり，もうひとつは，そのビデオを視聴する前の時点での衛生的行動の水準である．前者の基準を利用する場合，もし被験者をビデオを視聴する処遇群と，視聴しない統制群にランダムに割り当てることができるのであれば，確率的な変動の範囲内で等価な群が構成されるから，事後テストのデータは典型的な実験データとして解釈することができる．しかし，そうしたランダムな割り当てが不可能な場合は，たとえば，隣接する学校の同学年の児童を統制群とするなど，便宜的な方法がとられることになる．この場合，処遇群と統制群の等価性は必ずしも保証されないため，これらの群の間で事後テストの結果を比較する研究デザインは**不等価2群事後テストデザイン**（posttest-only design with nonequivalent groups）とよばれる．

このデザインを用いれば，比較の基準は一応与えられることになる．しかし，両群の等価性が保証されていないため，仮に処遇群の事後の衛生的行動の水準が統制群より高かったとしても，「処遇群ははじめから統制群よりも衛生的行動の水準が高かったのではないか」といった疑い（選択の脅威）が残る．この研究デザインによって得られるデータだけでは，こうした疑いに対して反論することができないのである．

比較判断の基準として，統制群ではなく，同じ処遇群の事前の状態をとる研

5.1 研究の内的妥当性

究デザインは，**1群事前事後テストデザイン**（one-group pretest-posttest design）とよばれる．この場合，処遇を与える前の事前テストのときより，処遇を与えた後の事後テストにおいて衛生的行動の水準が向上していれば，それはその処遇の効果を示唆するひとつの材料になるだろう．しかし，たとえば事前テストを小学校1年生の初めの定期健康診断のときに実施し，事後テストを2年生の初めの定期健康診断のときに実施したとしたら，その1年間の間には，学校でもビデオ視聴以外のいろいろな指導がなされ，家庭でもさまざまな経験がなされるだろうから，1年後に衛生的行動の水準が向上していたとしても，

コラム 5-1　ホーソン効果（または"研究指定校効果"）

　学校週5日制や習熟度別学級編成のような新しい施策・方法を導入するとき，その影響や効果を予め調べるために，研究指定校がいくつか選ばれ，そこで試験的な導入が行われることがある．こうした研究指定校には全国の多くの学校から見学者が訪れ，その学校の生徒達は，しばらくの間そうした注目の中で学校生活を送ることになる．こうした「周囲からの注目」によって，生徒や教師の意識が高められると，本来の関心の対象である処遇自体には効果がなくても，意識の変化によって何らかの望ましい行動変化が生じることがある．このため，研究指定校ではうまくいった（ように見えた）処遇が，一般校に導入するとまったくうまくいかないというケースが出てくる．

　このような"研究指定校効果"とでもよぶべき現象は，内的妥当性への履歴の脅威（本文参照）のひとつであるが，研究法に関する議論ではしばしば**ホーソン効果**（Hawthorne effect）とよばれている．この名称は，1920年代から1930年代にかけてアメリカのイリノイ州にある電力会社のホーソン工場というところで行われた研究に由来している．その研究の一環として工場の照明と作業効率の関係に関する実験が行われ，照明を従来よりも明るくすると作業効率が上がるという結果が得られた．しかし，従来通りの照明で作業を行った群でも，以前より作業効率が上がっていたのである．この後者の現象は実験に参加することによる意識の高揚によって引き起こされたものだと解釈され，それ以後，そうした効果がホーソン効果とよばれるようになったのである．

それがビデオ視聴という処遇の効果かどうかは疑問が残ることになる．事前と事後のテスト間に生じた変化が，処遇以外の何らかの出来事が原因となって引き起こされたのではないかというこの種の疑いは，**履歴**（history）の脅威とよばれる．とくに，事前テストを実施したこと自体が，児童やその親の衛生的行動への認識を高め，それが事後テストでの成績の向上につながったのではないか，といった疑いは**測定**（testing）の脅威とよばれる[*]．また，特定の出来事というよりも，時間の経過に伴う自然な発達的変化が原因として考えられる場合は，**成熟**（maturation）の脅威があるといわれる．1群事前事後テストデザインは，こうした脅威に十分対処することができないため，内的妥当性の低い研究デザインと言わざるをえない．

5.2 不等価2群事前事後テストデザイン

5.2.1 基本的な考え方

前節では，1群事後テストデザインを改良したものとして，不等価2群事後テストデザインと，1群事前事後テストデザインの2つを考えた．しかし，前者では内的妥当性に対する選択の脅威が，そして後者では履歴，測定，成熟の脅威が無視できず，内的妥当性の高い研究デザインとはいえないことがわかった．

このうち，不等価2群事後テストデザインでは，もし処遇後だけでなく処遇を導入する前の時点でも処遇群と統制群の測定をしておいたなら，その両群がどれぐらい等価でなかったかを査定することができる．そして，もし事前テストにおいて両群の差がほとんどなかったとしたら，ほぼ等価な群として扱ってよいだろうし，もし無視できないほどの差があったとしても，その差の大きさをふまえた分析および解釈を行うことによって，選択の脅威に対処できる可能性がある．

一方，1群事前事後テストデザインに関しては，処遇群とは別に統制群を設

---

[*] 測定の内容によっては，たとえば新奇な課題であるために1回目は興味をもって取り組んだが，2回目となる事後テストでは動機づけが低下して成績も下がるなど，事前テストの実施が事後テスト成績に対して負の影響を与えるケースも考えられる．

定し，そこでも同様に事前テストと事後テストを行うことにすれば，まずは測定の脅威に対処することができる．つまり，処遇群において事前と事後のテスト間で生じた変化が，事前テストを行ったこと自体によって引き起こされたのではないかという疑いがあるとき，もし同様に事前テストを実施した統制群ではそうした変化が生じなかったとしたら，それはその疑いを晴らすうえで大いに役立つ．また，事前と事後のテスト間の期間が両群で同じときに，処遇群では意図していた変化が生じ，統制群ではそうした変化が生じなかったとしたら，処遇群での変化が単に時間の経過に伴う自然の変化ではないかという成熟の脅威にも対抗できることになる．さらに，処遇以外の出来事が変化の原因ではないかとする履歴の脅威に対しては，少なくとも両群が共通して経験する出来事については，それによって群間の変化量の差を説明することは難しくなるため，完全ではないにしても1群のみの場合よりは防御できるようになる．

この2つの方向の改善，すなわち，不等価2群事後テストデザインに事前テストを導入することと，1群事前事後テストデザインに統制群を新たに設けることは，結局のところ，処遇群と統制群に対して事前および事後テストを行うという同一のデザインに収束する．このデザインは，処遇群と統制群が必ずしも等価でないことから，**不等価2群事前事後テストデザイン**（pretest-posttest design with nonequivalent groups）とよばれる．このデザインの基本的な考え方は，「処遇以外の原因で変化が生じるとしたら，そのような変化は統制群でも同様に生じるはずである．したがって，仮に処遇群での変化が統制群での変化と同様なものにすぎないのならたしかに処遇の効果があったとは言えないだろうが，もし図5.1のように統制群ではほとんど変化がなく，処遇群だけで顕著な変化があった場合には，処遇が変化の原因であると強く主張できるだろう」というものである．

5.2.2 効果の大きさの定義

ビデオ視聴による衛生的行動の改善の例で，ある学校の1年生のある学級を処遇群とし，同じ学校の同じ学年の別の学級を統制群としたとしよう．ここで，従属変数は処遇の効果をみるための衛生的行動の測定値ということになるが，このデザインでは，事前・事後の2回の測定が行われるので，事前テストによ

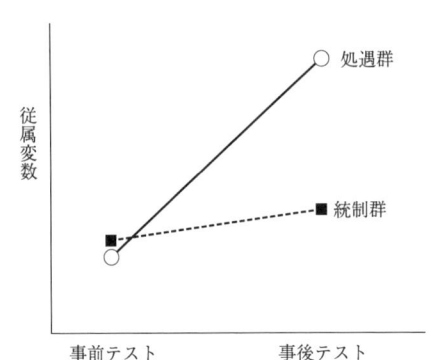

図 5.1 不等価 2 群事前事後テストデザインによる結果の例 (1)

る測定値を x, 事後テストによる測定値を y と表記して区別することにする. そして, それらの測定値に関する処遇群の平均を, "treatment" の頭文字の t を添字にして $\bar{x}_t$ および $\bar{y}_t$ とあらわし, 同様に統制群の平均を "control" の頭文字の c を添字にして $\bar{x}_c$ および $\bar{y}_c$ とあらわしておく.

このデザインにおいては, 図 5.1 のように, 統制群での事前から事後への平均値の変化 ($\bar{y}_c - \bar{x}_c$) に比べて, 処遇群での平均値の変化 ($\bar{y}_t - \bar{x}_t$) が大きいほど処遇の効果が大きかったといえる[*]. したがって, 処遇の効果の大きさを ES とすると, それは両群の平均変化量の差

$$ES = (\bar{y}_t - \bar{x}_t) - (\bar{y}_c - \bar{x}_c) \tag{1}$$

によって定義することができる. 効果の大きさとしては, このほかに, 事後テストにおける処遇群と統制群の間の平均値差が, 事前テストにおいて存在した平均値差に比べて, どれぐらい大きくなっているかという値, すなわち

$$ES = (\bar{y}_t - \bar{y}_c) - (\bar{x}_t - \bar{x}_c) \tag{2}$$

を考えることもできる. しかし, 簡単な代数操作ですぐわかるように, これら 2 つの式は互いに同値であり, どちらを用いても結局は同じ量をあらわしていることになる. この効果の大きさの指標は, 図 5.1 の 2 本の線分が平行なときには 0 となり, 平行からずれる程度に応じて絶対値が大きくなる. なお, それぞれの群に属する個々の被験者について, 事前から事後への変化量 $d = y - x$

---

[*] ここでは, 処遇が測定値を大きくすることを意図したものであることを仮定している.

を定義すれば,処遇群および統制群におけるその平均 $\bar{d}_t$ および $\bar{d}_c$ は,それぞれ

$$\bar{d}_t = \bar{y}_t - \bar{x}_t \tag{3}$$

$$\bar{d}_c = \bar{y}_c - \bar{x}_c \tag{4}$$

となるので,効果の大きさ ES は,これらを用いて

$$ES = \bar{d}_t - \bar{d}_c \tag{5}$$

によって求めることもできる.

5.2.3 効果の大きさの有意性の検定

研究の結果として得られた効果の大きさ ES が統計的に有意か否か,すなわち,偶然では説明できないような大きな値であるかどうかを検定するひとつの方法は,各個人の変化量 d の平均値について,処遇群と統制群の間で有意差があるかどうかを調べる方法である.(5) 式からわかるように,変化量 d の平均値に有意差があるということは,そのまま効果の大きさ ES が有意であることを意味する.

第 4 章で述べたように,2 群の間の平均値差の検定は,分散分析または t 検定を用いて行うことができる.いま,従属変数を変化量 d とすると,t 検定のための検定統計量の式は,

$$t = \frac{\bar{d}_t - \bar{d}_c}{s_d} \times \sqrt{\frac{n_t n_c}{n_t + n_c}} \tag{6}$$

と書ける.ここで,n_t および n_c は処遇群と統制群の被験者数をあらわし,s_d は両群における変化量 d の標準偏差 s_{d_t} および s_{d_c} をプールした標準偏差

$$s_d = \sqrt{\frac{n_t s_{d_t}^2 + n_c s_{d_c}^2}{n_t + n_c - 2}} \tag{7}$$

をあらわしている*.付表 3 には,5% 水準の両側検定において有意となる t の値が「t 分布」と記した列に示されている**.この場合の自由度は 2 群の被

---

* (6) 式の右辺に含まれる量 $\frac{\bar{d}_t - \bar{d}_c}{s_d}$ はここで定義した効果の大きさ ES を,群内の標準偏差に対する相対的な大きさとして表現するものである.この相対的な指標を本節のデザインにおける効果の大きさの指標と定義することも可能である.

** t 分布の列の数値は,分子の自由度が 1 の F 分布の列の数値の平方根に等しいという数学的な関係がある.

験者数を用いて
$$\text{自由度} = n_t + n_c - 2 \tag{8}$$
によって求める．実際に得られた t の値の絶対値が，この表の値より大きければ，研究で得られた効果の大きさ ES は統計的に有意ということになる．

たとえば，$n_t = n_c = 25$ で，$\bar{d}_t = 4$, $\bar{d}_c = 1$, $s_{d_t} = s_{d_c} = 5$ という結果が得られたとしたら，効果の大きさは
$$ES = 4 - 1 = 3$$
で，検定統計量の値は
$$t = \frac{4-1}{\sqrt{\frac{25 \times 5^2 + 25 \times 5^2}{25 + 25 - 2}}} \times \sqrt{\frac{25 \times 25}{25 + 25}}$$
$$= \frac{3}{5.10} \times 3.54 = 2.08$$

と計算される．一方，付表3から自由度 $25 + 25 - 2 = 48$ に対する値は 2.01（自由度50）〜2.02（自由度40）の範囲の値であることがわかる．いま得られた値 2.08 はその値より大きいから，5％水準の両側検定で統計的に有意な差があったことになる．

この検定は，各群の被験者の事前から事後への変化量 d が，分散の等しい正規母集団からのランダムサンプルであるという仮定のもとで正当化されるものである．第3章でも述べたようにこうした仮定は現実には満たされていないが，それでも偶然的な変動を考慮して効果の大きさを評価するという目的に対しては，一応の答を提供するものと考えてよいだろう．

なお，(1) 式などで定義された効果の大きさが，図5.1の2本の線分の平行性からのずれの大きさを反映していることから，効果の大きさの有意性の検定は第4章で述べたような交互作用の検定として考えることもできる．つまり，「群」（処遇・統制）×「測定の時期」（事前・事後）という2要因の分散分析において，「群」×「測定の時期」の交互作用の有意性を調べるのである*．しかし，その交互作用の検定は，実はここで紹介した (6) 式による検定とまったく同じものであることがわかっている．つまり，本節で述べた変化量の平均値差の

---

* この場合，「群」は対応のない被験者間要因で，「測定の時期」は対応のある被験者内要因であるため，4.4節で述べた対応のない要因のみの分析とは計算法が異なってくる．

検定は，2要因分散分析の枠組みでの交互作用の検定と同じものを，より簡単に実行する方法なのである．しかも，「群」×「測定の時期」の分散分析における「群」の主効果および「測定の時期」の主効果は，処遇の効果を評価するという研究目的に対して特に有用な情報とはならないため，この場合，2要因分散分析を行うことのメリットはないと言ってよいだろう．

5.2.4 回帰直線の比較による方法——共分散分析

図5.1は処遇群と統制群の事前テストと事後テストの平均値だけをプロットしたものであり，データのその他の部分は表現されていない．これに対し，図5.2のように各群の個々の被験者の事前テストと事後テストの測定値をプロットした散布図は，生のデータのすべてを表現している．

図5.2の例の場合，処遇群と統制群の間には事前テストにおいて既に差があり，はじめから処遇群のほうが全体としてやや高めの値をとっていることがわかる．そして，事後テストでもやはり処遇群のほうが高めになっているが，問題は，これが単に事前テストにおける差を反映したものか，それともその差を超えて処遇の効果を示すものなのか，ということである．

この判断をする際のひとつの視点を提供するのが各群ごとに引かれた回帰直線である．この直線は，各群ごとに，事前テストのそれぞれの値に対応する事後テストの平均的な値を，事前テストの値の1次式で近似したものである（p.137のコラム5-2参照）．図5.2の場合，2つの群の回帰直線を比較すると，処遇群のほうが全体として高くなっている．このことは，事前テストで同じ値であっても，事後テストでは処遇群のほうが統制群よりも値が高くなることが予測されるということを意味している．このように，回帰直線の高さを比較することによって，事前テストにおける群間の差からは一応独立に，処遇の効果を評価することができると考えられる．

このような視点から回帰直線の高さを比較し，その差の有意性の検定を行う方法が**共分散分析**（analysis of covariance）である．共分散分析では，通常，比較する回帰直線の傾きが群によらず一定であるという仮定のもとで，回帰直線の切片の比較を行う．すなわち，処遇群と統制群における回帰直線をそれぞれ

第5章 準実験と単一事例実験

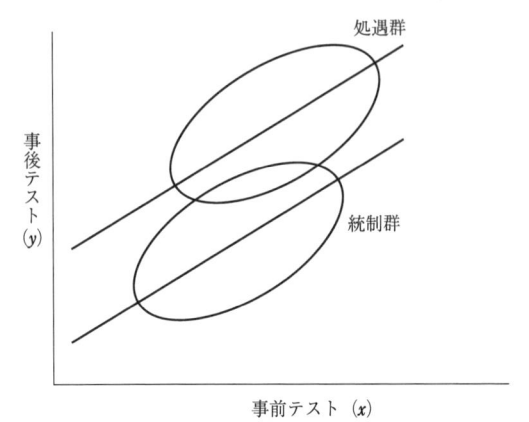

図5.2 処遇群と統制群の散布図と回帰直線の例

$$\hat{y}_t = a_t + b_t x \tag{9}$$

$$\hat{y}_c = a_c + b_c x \tag{10}$$

としたとき，傾きに関して $b_t = b_c$ という条件をおいて，効果の大きさ ES を切片の差

$$ES = a_t - a_c \tag{11}$$

によって定義するのである．そこで，はじめに回帰直線の傾きが群によって大きく異なっていないかどうかの検討を行う必要がある．こうした回帰直線の傾きや切片の群間差の検定は，説明変数として群のような質的変数と事前テスト得点のような量的変数の両方を扱うことのできる一般的な回帰分析のソフトウェアがあれば，容易に実行することができる（高橋・大橋・芳賀，1989 の第7章など参照）．また，回帰直線の傾きの等質性が仮定できない場合の対処については渡部（1988，第6章）などを参照されたい．

共分散分析と前項で述べた変化量の平均値差の検定は，やや異なる視点から，データの情報を異なる仕方で利用するものであり，検定の結果は必ずしも一致しない．この2つの方法のうちのどれがより望ましい方法であるのかということについては，さまざまな議論がなされてきた（最近では，Maris, 1998 など）．適用のための前提条件という観点からは，共分散分析は回帰の線形性を仮定しているのに対し，変化量の平均値差の検定はその仮定を必要としないという利点がある．一方，仮に回帰の線形性が成り立っているとしたら，変化量の平均

値差の検定は回帰直線の傾きがちょうど1となることを暗黙のうちに仮定した分析となっている（マンリー，1998, p. 108；芝・南風原，1990, pp. 197-198）．共分散分析はそういう仮定をおかないから，その意味では共分散分析のほうがよりよい方法であるといえる．

5.2.5 研究デザインとしての問題点

不等価2群事前事後テストデザインは，被験者が処遇群と統制群とにランダムに割り当てられるのではないという点を除くと，完全無作為デザインによる2群の比較と類似しており，いろいろな点で望ましい研究デザインである．しかし，群がランダムに構成されていないことは，やはり内的妥当性に対していくつかの脅威を生むことになる．

たとえば，衛生的行動の改善の研究で2つの学級を選んで事前テストをしたとき，これら2つの群の間に顕著な差があったとしよう．このようなことは，2つの学級の担任の衛生的行動に対する考え方や指導方針，あるいは指導力の違いが大きいときには十分起こりうることである．こうした場合，教育的な配慮から，おそらくは事前テストで衛生的行動の水準の低かった学級を処遇群としてその改善を図り，水準の高かった学級を統制群として比較研究が遂行されることになるだろう．いま，その研究の結果が図5.3のようになったとする．この図で，処遇群は図5.1の処遇群と同じだけの伸びを示しており，統制群もまた図5.1の統制群と同じだけの変化を示している．しかし，図5.3の場合は図5.1の場合に比べると，処遇に効果があったという主張に対していくつかの疑問が残る．

たとえば，事前テストを実施したこと自体の効果，すなわち事前テストを実施したことによって衛生に対する意識が高められ，それによって衛生的行動の水準が高まるということが，もともとそうした意識の低かった処遇群では顕著にみられ，もともと意識の高かった統制群ではそうした効果がほとんどなかったという解釈も可能である．これは選択と測定の交互作用の脅威である．つまり，測定を行ったことの影響が群によって異なるのではないかという疑いである．こうした疑いがあると，処遇群でのみ見られた顕著な変化も必ずしもビデオ視聴という処遇にその原因を帰することができなくなってしまう．

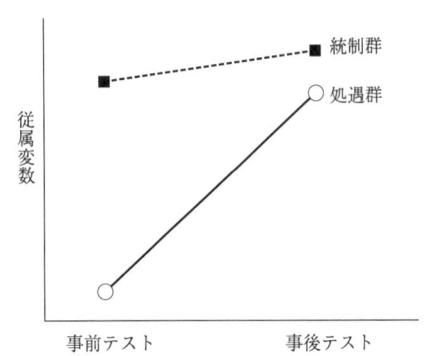

図 5.3 不等価 2 群事前事後テストデザインによる結果の例（2）

　また，処遇群における大きな変化が，両群に共通した出来事（たとえば風邪の流行）によるものであるという可能性も否定できない．同じ出来事でも，事前の状態の違いによってその影響が異なり，もともと衛生的行動がよく実行されていた統制群ではあまり変化を生じなかったと考えることもできるからである．これは選択と履歴の交互作用の脅威の例である．図 5.3 のような結果を説明する処遇以外の要因（内的妥当性への脅威）としては，この他に回帰効果も考えられる（コラム 5-2）．

　このように，処遇群と統制群とが事前テストの段階から大きく異なっている場合には一般に結果の解釈が難しくなり，内的妥当性が脅威にさらされることになる．また，仮に処遇群と統制群の事前テストの結果がほぼ同じになったとしても，そのテストで測定しきれない変数，たとえば新たに導入される処遇に対して興味をもって好意的に反応するかどうかといった側面において，群間の差が存在する可能性がある．とくに学級などの場合はその集団に固有の風土のようなものが形成され，個々のメンバーの個人差だけでは説明できないような集団間の差が生じることもあるので特に注意が必要である．実験におけるランダムな割り当ては，単に従属変数に関して事前の状態を群間でほぼ等しくするというだけでなく，その他の諸々の変数に関して顕著な群間差が生じないようにする意味をもっている．準実験としての不等価 2 群事前事後テストデザインの上記のような短所は，こうしたランダムな割り当てによる恩恵を受けられないことのやむをえない帰結といえる（高野，2000）．

こうしたデザイン上の難点は，統計的検定で有意な結果が得られるか否かとはまったく関係のない問題である．つまり，仮に検定の結果，効果の大きさが統計的に有意であることがわかったとしても，それは偶然的な変動の大きさを基準として効果の大きさを数値的に評価した結果にすぎず，それによって，研究の内的妥当性が高められるわけではない．

なお，学級のようにすでに存在する集団を処遇群および統制群として比較することは，統計的にも困難な問題を抱え込むことになる．それは，上で述べた学級の風土などのため，特定の学級の構成員は，たとえば全国の同学年の生徒といった母集団と比べると，高い類似性をもっていることが多いために生じる

コラム 5-2　回帰効果

分数の計算能力を向上させるための教育プログラムの効果を調べるために，ある集団に事前に計算能力のテストをし，偏差値が 40 以下の児童全員を被験者としたとしよう．このとき，もしそのプログラムが効果も逆効果ももたらさないものだったとしたら，その子ども達の事後テストでの偏差値はどうなるだろうか．

テストの信頼性（第 3 章参照）は完全ではないから，計算能力の変化がまったくなかったとしても，事前テストで偏差値 40 以下だった児童の全員が，事後テストでもそのまま偏差値 40 以下となることはまず考えられない．つまり，少なくとも一部の児童は偏差値 40 以上になるはずである．だとすると，被験者となった児童の偏差値の平均は，プログラムの教育効果がないにもかかわらず，事前から事後へと確実に上昇することになる．図 5-C1 は，事前テストの偏差値と事後テストの偏差値の間に 0.8 という相関があると想定したときの散布図を模式的に描いたものである．この図には $y=x$ の直線が示されている．事前テストで偏差値 40 以下であった児童のうち，半数以上のかなりの割合の児童がその直線の上側（図の斜線部分）にいること，すなわち，事後テストにおいて事前テストよりも高い成績をとっていることが読み取れる．

では，逆に偏差値 60 以上の児童を被験者にしたらどうだろうか．同じようにプログラムの教育効果がないことを仮定すると，この場合は，半数以上のかなりの割合の児童が，事後テストにおいて事前テストより低い成績をと

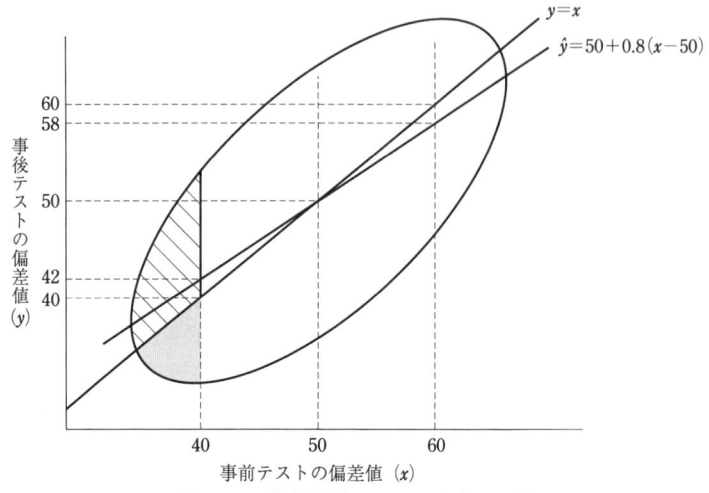

図 5-C1 相関係数が 0.8 のときの回帰

ることが図から読み取れる.

　この現象は，**回帰効果**（regression effect）とよばれる非常に一般的な現象である．回帰効果とは，ある変数において平均から大きく隔たっている人達は，その変数とは別の変数については，相対的に平均からそれほど大きく隔たらない，言い換えれば，平均の方向へ戻っていく（回帰する）という現象のことである．図に示した，もう 1 本の直線 $\hat{y}=50+0.8(x-50)$ は，事後テストの偏差値 y の予測値 $\hat{y}$ を事前テストの偏差値 x の 1 次式であらわしたもので，y の x への回帰直線とよばれる．たとえば，事前に $x=40$ であれば事後の予測値は $\hat{y}=42$，$x=60$ であれば $\hat{y}=58$ と，いずれも平均のほうへ近づくことがわかる．両変数とも偏差値であらわされている今の場合のように，2 つの変数の標準偏差が等しいときは，回帰直線の傾き（回帰係数）は相関係数に等しくなる．平均への回帰はこの直線の傾きが小さいほど，つまり相関係数が 0 に近いほど顕著になる．このように相関係数は平均への回帰の程度をあらわす指標でもある．

　処遇の効果を評価する場合や，個人の成績の変化を評価する場合に，統計的な必然である回帰効果を，誤って処遇の効果や真の変化とみなすことのないよう注意する必要がある．回帰効果によって生じるさまざまなパラドックスについては，池田（1983）を参照されたい．

問題である．特定の学級をサンプルとして選ぶと，大きな母集団からばらばらに被験者を選んでサンプルを構成する場合に比べ，測定される従属変数に関して互いに類似した被験者が選ばれやすくなる．すると，サンプルに含まれるあるデータが母集団平均よりも大きな値であれば，同じサンプルの他のデータも母集団平均より大きな値になる可能性が高くなり，データの間に相関が生じることになる．一方，統計的検定などでは，データの間にそうした相関がなく互いに独立であるという**データの独立性**が基本的前提となっており，その前提が満たされない場合には，処遇の効果が実際にはないときに誤って有意な結果が得られる確率（「第一種の誤り」の確率とよばれる）がかなり大きくなってしまうことがわかっているのである（栗田，1996）．

従属変数の種類によっては，たとえば生理的な指標など，同じ集団に属するからといって類似した値になるとは限らないものもあり，その場合は，このデータの独立性の問題はとくに考慮する必要はない．一方，学級の特徴を直接的に反映するような変数，たとえば学級担任に対する好悪や学級の学習目標の認知などの場合，この問題を無視することはできない．その場合の解決策としては，特定の学級の構成員がランダムサンプルとみなせるような限定された母集団を想定して結果を解釈するか，あるいは各群に学級が複数ある場合は，「学級の母集団から学級をランダムに選び，それぞれの学級ごとに構成員をランダムに選ぶ」という2段階のサンプリングを想定した階層的な分析法（Kirk, 1995, Chap. 11 ; Raudenbush, Bryk, Cheong & Congdon, 2000 ; Singer, 1998）を用いることが考えられる．

5.3 中断時系列デザイン

5.3.1 基本的な考え方

処遇群とは別に統制群をとることの利点は明らかだが，現実には統制群を設定することが難しいことが少なくない．効果を評価しようとする処遇は，基本的に望ましい効果が期待されて導入されるのであるから，たとえば同じ学校のひとつの学級にはそれを導入し，他の学級にはそれを導入しないで統制群にしようとすると，さまざまな抵抗があることが予想される．

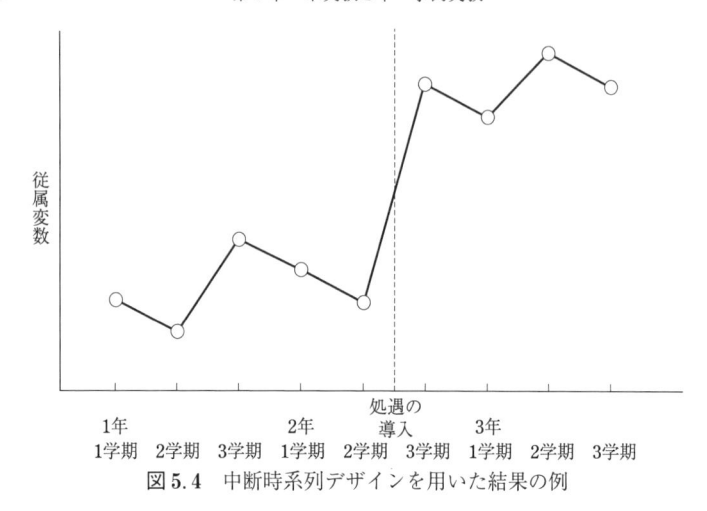

図 5.4 中断時系列デザインを用いた結果の例

中断時系列デザイン（interrupted time-series design）はこのような場合に利用可能なデザインで，1群事前事後テストデザインを，事前と事後の測定の回数を増やすという方向で改善したものである．たとえば，小学校で衛生的行動に関する調査が各学期の初めに定期的に行われているとする．そして，そうした行動を改善するためのビデオ視聴という処遇が2年生の2学期の調査の後に導入されたとしよう．その結果，もし図5.4のように平均得点がその処遇の導入の前後で大きく変化したとしたら処遇に効果があったと判断する，というのが中断時系列デザインの基本的な考え方である．

1群事前事後テストデザインで問題となった内的妥当性への脅威は，このデザインではどのように対処されるのだろうか．

まず明らかなのは，「事前テストを行ったこと自体によって変化が生じたのではないか」という測定の脅威が，中断時系列デザインでは説得力をもたないということである．測定は何度もくりかえしているのにもかかわらず結果がほとんど変化せず，処遇が導入されて初めて顕著な変化が見られたとしたら，その変化の原因を測定に帰するのは無理があるからである．

次に，「変化は時間の経過に伴って自然に生じたのではないか」という成熟の脅威についてであるが，これは，図5.4のような結果を，「長期にわたる観察期間の中で，処遇を導入したちょうどその時期に処遇とは無関係に顕著な成

熟・発達が見られた」と解釈することであり，かなり無理があると言えるだろう．単純な事前事後テストデザインと比べて測定の回数が多い分だけ，そうした解釈を否定する力があるのである．

5.3.2 効果の大きさの定義

中断時系列デザインでは，処遇導入前の状態をいわば統制群のようにみなし，それとの比較で処遇導入後の状態を評価することになる．そこで，図5.4のような結果が得られたとき，もし処遇の導入前と導入後のそれぞれにおいて，従属変数の平均値が上昇傾向も下降傾向も示さずほぼ平坦に推移していると考えられるなら，処遇導入後の平均値をすべて平均した値（"After" の意味で $\bar{y}_A$ としておく）から処遇導入前の平均値の総平均（"Before" の意味で $\bar{y}_B$ としておく）を引いたものを効果の大きさと定義することが考えられる．すなわち，

$$ES = \bar{y}_A - \bar{y}_B \tag{12}$$

とするのである．

これに対し，処遇の導入前と導入後のそれぞれにおいて，従属変数の平均値に上昇傾向や下降傾向がみられる場合は，もしその傾向が直線で近似できるのであれば，それぞれごとに回帰直線

$$\hat{y}_B = a_B + b_B x \tag{13}$$
$$\hat{y}_A = a_A + b_A x \tag{14}$$

を求め，その傾きや切片を比較すればよい．とくに，傾きに関して $b_A = b_B$ という仮定をおくことができるなら，共分散分析の場合と同様に，効果の大きさ ES を切片の差

$$ES = a_A - a_B \tag{15}$$

によって定義することができる．回帰直線にもとづくこの指標は，仮に直線の傾きがゼロであれば（12）式と同じになる．

5.3.3 効果の大きさの有意性の検定

中断時系列デザインにおいては，（12）式や（15）式によって効果の大きさが容易に求められるが，それらの値が統計的に有意か否かを検定するのは必ずしも容易でない．それは，こうした時系列データにつきものの**系列相関**

(serial correlation；系列依存性ともいう）を考慮しなければならないためである．

　系列相関というのは，各回の測定値とその前後の測定値との間の相関のことである．時系列データにたとえば正の系列相関があれば，系列相関がない場合に比べて，より類似した測定値が続くことになり，そのためデータの独立性が欠如することになる．前節でも述べたように，データの独立性は種々の統計的検定の基本的前提であり，それを逸脱すると無視できないほどの影響が生じるのである．

　系列相関のある時系列データの分析には，データから系列相関の程度を査定してその影響を除く，といった処理を組み込んだ**時系列分析**（time-series analysis）とよばれる一連の手法が必要になる．従来は，こうした手法が有効に利用できるためには50～100回の測定時点が必要であるといわれていたが，最近の研究では，処遇の導入の前後に5回ずつぐらいしか測定時点がなくても処遇の効果の評価は有効に行えるという結果も出ている（マンリー，1998, p. 126）．また，そうした短い時系列データによって処遇の効果を検定するためのコンピュータ・プログラムも開発され，簡単に入手できるようになっている（Crosbie, 1993）．

5.3.4　研究デザインとしての問題点

　中断時系列デザインでは，事前テストと事後テストが1回ずつの1群事前事後テストデザインに比べ，測定の脅威や成熟の脅威に対する防御が強くなることを述べたが，「処遇を導入した時期に生じた別の出来事によって変化が生じたのではないか」という履歴の脅威についてはどうだろうか．この場合も成熟の脅威についてと同様に，測定の回数が多い分だけその脅威は弱まるが，もし"出来事"として通常の成熟以上に急激な変化をもたらすものが考えられる場合は，そうした解釈を完全に否定することはもちろんできない．

　この場合，そうした出来事があれば同じように影響を受けるであろう統制群を設け，その群についてもくりかえし測定を行って時系列データをとることができれば，研究の内的妥当性は一挙に高められる．このように中断時系列デザインと統制群を用いたデザインを組み合わせた研究デザインも考えられる．

なお，中断時系列デザインの考え方は，処遇の効果の評価を目的としてデータを収集した場合だけでなく，すでに得られている時系列データに対しても適用することができる．たとえば，大学の新入生に対して，入学時点での基礎学力を毎年調査した結果があれば，それが推薦入試などの新しい入試方法の導入に伴ってどのように変化したかといったことについて検討することができる．この場合も，もし類似した大学で推薦入試を導入していないところがあれば，その大学における経年データと比較することによって，つまりその大学を統制群として利用することによって，推薦入試の実施の効果についてより妥当な推論を行うことが可能になるだろう．

5.4 単一事例実験

5.4.1 基本的な考え方

第4章で紹介した実験デザインも，また本章でここまで述べてきた準実験デザインも，基本的には被験者の「集団」を対象にした研究を前提としていた．しかし，心理学の歴史においては，ただひとりだけの被験者（ときには研究者自身）を対象にした実験的研究のほうが古い歴史をもっており，学習や記憶などの研究領域において重要な成果を上げてきた．このような被験者がひとりだけの実験は，動物を用いて学習の原理を追究した B. F. Skinner の実験的行動分析，およびそれにもとづいて人間を対象に展開した応用的行動分析を通して，方法論的に確立されてきた．こうした実験は**単一事例実験**，**シングルケース実験**，あるいは $N=1$ **実験**とよばれており，臨床や教育の分野の研究，とくに行動療法とよばれる治療アプローチの適用と効果の評価において広く用いられている．

単一事例実験では，前節で紹介した準実験の中断時系列デザインと同様に，従属変数の継続的な測定を行い，特定の処遇を導入することの効果がその測定値に反映されるかどうかを検討する．しかし，準実験では一般に処遇の導入前は特別な介入をすることなく，いわば自然の状態での推移を測定するのに対し，単一事例実験では，処遇の効果がはっきりと検出できるように，処遇導入前の測定値の推移（これを**ベースライン**とよぶ）を安定させるための条件統制を積

極的に行うのが特徴である．

　たとえば，漢字の苦手な児童の漢字練習量を増やすために，毎日少しずつでも書き取りの練習をさせることにし，その日の練習量（書き取りをした漢字数）に応じてシールを与えることを考えたとする．シールを与えることの効果の有無を単一事例実験によって確かめるには，まず，シールを与えない条件下での日々の練習量の推移を観察する．処遇を与えないこの時期はベースライン期とよばれる．この時期における練習量のばらつきが大きい場合には，仮にシールという処遇の効果があってもそれを検出しにくくなるので，そのときは，そうしたばらつきを生じる原因を調べ，できるだけそうした要因を統制してばらつきを小さくする工夫をする．たとえば漢字の書き取りをするのを親が側で見ていた日は練習量が多めになっているとしたら，その条件を統制して，親が毎日見るか，あるいは逆に毎日見ないことにするかを決める．このような条件統制によってベースラインが安定してきたらそこで処遇を導入し，ベースライン期から**処遇期**に移行する．そして，処遇期における練習量がベースライン期における練習量を上回っているかどうかを調べるのである．

　いま述べた手続きは，ベースライン期の後に処遇期をおくというもっとも簡単なデザインであり，**AB** デザインとよばれている．A はベースライン期，B は処遇期を指している．このデザインは，準実験の中断時系列デザインと比べるとベースラインを安定させて処遇の効果を見るという点では優れているが，「処遇期への移行の前後に，処遇の導入以外の出来事があり，それが変化の原因となっているのではないか」とか「時間の経過による自然変化ではないか」という履歴の脅威や成熟の脅威への対処は十分とは言えない．これらの脅威に対する防衛力を強め，研究の内的妥当性を高めるように工夫されたデザインに，以下に述べる ABA デザイン，ABAB デザイン，そして多重ベースラインデザインがある．

5.4.2　ABA デザインと ABAB デザイン

　漢字練習へのシールの効果を調べる例で，練習量がベースライン期よりも処遇期のほうが多かった場合に，たとえば「処遇期に移るときに，同時に教師からの励ましもあり，そのことが処遇期における練習量増加をもたらしたのでは

5.4 単一事例実験

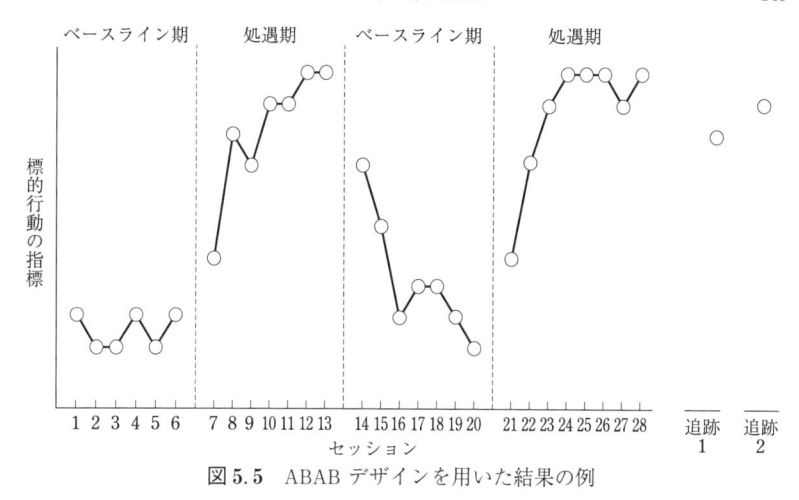

図 5.5 ABAB デザインを用いた結果の例

ないか」といった疑問が生じる可能性がある．この場合，処遇期の後に，もう一度シールを与えないで練習をさせるベースライン期に戻してみて，その結果，練習量が減って最初のベースライン期の水準に戻ったとしたら，練習量の変化がシールという処遇によって引き起こされたという主張が，より説得力をもってくる．このように，ベースライン期―処遇期―ベースライン期という3つの時期をおくデザインを **ABA デザイン**とよぶ．

単一事例実験によって効果を確かめようとする処遇は，通常，何らかの好ましい行動変容を狙ったものである．このことからすると，処遇を取り除いてもとのベースライン期の水準に戻すという ABA デザインは，処遇の効果を明らかにする上では有効でも，実践的な目的からは適当でないことが多い．そこで，2度目のベースライン期の後にもう一度処遇期をおいて，処遇の効果を再確認すると同時に，好ましい行動の定着を図るというデザインが採用されることが多い．これが **ABAB デザイン**である．このデザインでは，2度目の処遇期は好ましい行動がある程度定着したと思われる時点まで続けられ，その後処遇を除いても行動水準が維持されているかどうかを，一定期間後の追跡調査で確認することが多い（図 5.5）．

5.4.3 多重ベースラインデザイン

ABAデザインとABABデザインに共通した特徴は，いったん導入した処遇を除去してみることで処遇の効果を確認しようとする点である．これは研究の内的妥当性を高める上で非常に効果的な方法であるが，標的にしている行動の種類によってはこうしたデザインの適用が困難なものもある．それは，処遇の効果にせよ別の要因の効果にせよ，いったん行動が変容したら，処遇や他の要因を除いても行動が元に戻らないような行動である．たとえば，子どもが自転車に乗れるようにするための訓練法を考案して，その効果を確かめたいとき，その訓練法を適用する前のベースライン期の状態と訓練法を適用してからの処遇期の状態の比較は可能であるが，もし処遇期において自転車乗りに成功したら，その訓練を中止しても，自転車に乗れなかった状態に戻ることはまずない．

また，行動の水準が元に戻りうるような種類の行動でも，いったん望ましい方向に変容したものを意図的に元の水準に戻そうとすると，現実的にはさまざまな抵抗があるだろう．たとえば何らかの問題行動を減らすための処遇がせっかくその効果を示し始めたと思われるときに，研究の妥当性を高めるためとはいえ，その問題行動がもう一度増加することを期待して処遇を撤回するというのは，倫理的にも問題になりかねない．

このような場合は，**多重ベースラインデザイン**を適用することによって，単純なABデザイン以上の内的妥当性を獲得することができる．このデザインでは，これまでのデザインのようにひとりの被験者を対象に，ひとつの状況下で，ひとつの標的行動に関して処遇の効果を調べるのではなく，複数の被験者，または複数の状況，または複数の標的行動について処遇を導入する．つまり複数のベースラインを対象にするのである．

図5.6は**被験者間多重ベースラインデザイン**の例である．この例では，被験者Aに対してある時期に処遇を導入し，その効果をみている．これだけでは単純なABデザインであり，すでに述べたように内的妥当性へのさまざまな脅威にさらされることになるが，このデザインでは，さらに2人目，3人目の被験者に対し，別々の時期に処遇を導入している．このように異なる被験者に異なる時期に処遇を導入した結果，どの被験者についても処遇導入後に顕著な効果が見られたとしたら，これはかなり説得力のある結果といえるだろう．

5.4 単一事例実験

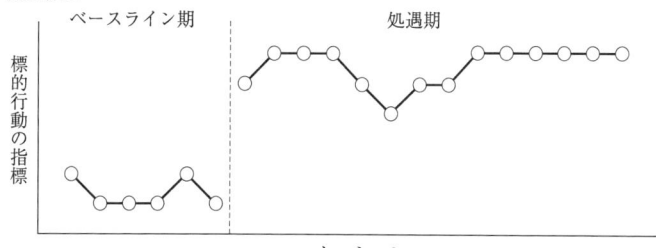

被験者 A

縦軸：標的行動の指標
横軸：セッション
ベースライン期 / 処遇期

被験者 B

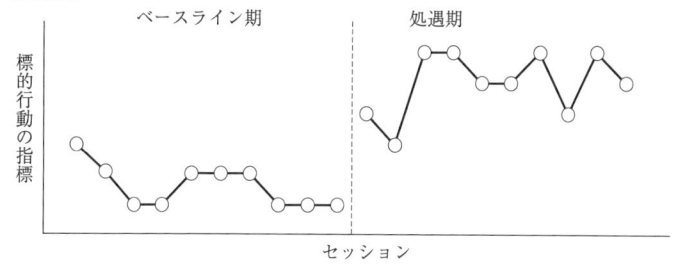

縦軸：標的行動の指標
横軸：セッション
ベースライン期 / 処遇期

被験者 C

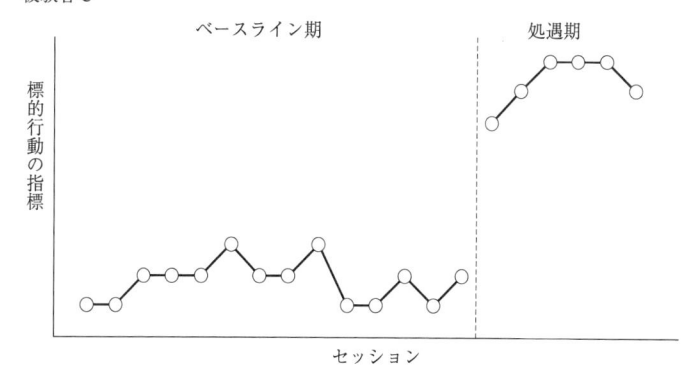

縦軸：標的行動の指標
横軸：セッション
ベースライン期 / 処遇期

図 5.6　多重ベースラインデザインを用いた結果の例

同様に，**状況間多重ベースラインデザイン**および**行動間多重ベースラインデザイン**では，それぞれ，複数の状況下および複数の標的行動について継続的に観察を行い，やはり異なる時期に処遇を導入してその効果を検討する．たとえば，対人不安の傾向のある子どもについて，幼稚園と家庭という2つの異なる状況において調べたり，「名前をよばれたときの返事」と「集団遊びへの参加」という2つの標的行動について調べたりすることが考えられる．

多重ベースラインデザインは，処遇の撤回を含まないという点でABAデザインやABABデザインより導入しやすいだけでなく，単一事例実験の最大の問題点としてしばしば指摘される研究結果の一般化可能性（外的妥当性）の問題についても，一応の検討が可能なデザインである．つまり，複数のベースラインを対象にして処遇の効果を検討することによって，内的妥当性を高めると同時に，同様な効果が他の被験者，他の状況，または他の標的行動についても見られることが確認できれば，それらへの一般化可能性も示されることになるからである．

ところで，被験者間多重ベースラインデザインにおいて複数の被験者を用いることになると，もはや文字通りには単一事例実験ではなくなる．しかし，複数の被験者を用いても，被験者集団を対象にした通常の実験デザインや準実験デザインとは異なり，たとえばベースライン期における複数の被験者の従属変数の測定値の平均をとって，処遇期における平均と比較するというアプローチはとられない（コラム5-3）．基本的なデザインそして"精神"はあくまで単一事例実験であり，それを複数の被験者について，いわば追試の形でくりかえすのである．

コラム5-3 個の発達曲線とその平均

単一事例実験におけるセッション間の標的行動の指標の推移（図5.6など）と類似したものに発達曲線がある．発達曲線は横軸に年齢や月齢をとり，縦軸に発達的に変化する身体的または心理的変数をとって，時間の経過にともなう変化を示すものである．単一事例実験のように，発達曲線もひとりの個人を対象にして描くことができる．たとえば，図5-C2には，個人aと個人bのそれぞれについて描いた発達曲線の例が示されている．この2つの

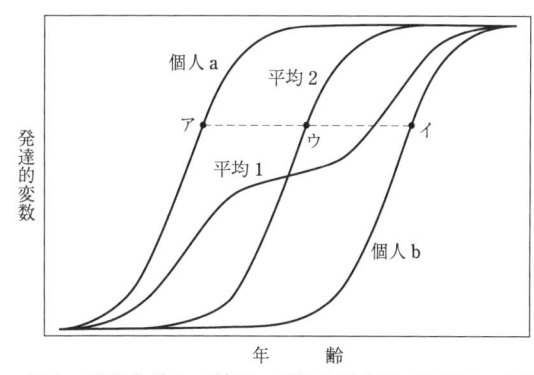

図 5-C2 個人の発達曲線と2種類の平均発達曲線（南風原・小松，1999）

曲線は「ある年齢から徐々に上がり始め，ある年齢において勾配が最も大きくなり，その後は次第に勾配が緩やかになる」という同じ特徴をもっている．

さて，この2つの曲線を平均して「平均発達曲線」を描くと，これらふたりの個人に共通の特徴は保持されるだろうか．平均発達曲線を作成する通常の手続きにしたがうと，横軸の年齢の値ごとに2つの曲線の高さを平均して曲線を描くことになる．すると，図に「平均1」と記した曲線ができあがる．この曲線は，「ある年齢から徐々に上がり始めるが，いったん勾配が緩やかな時期がしばらく続き，それが過ぎるとまた勾配が大きくなる」という特徴をもっており，元の2つの曲線とはかなり異なったものとなっている．このように，同型の曲線でも，それを平均するとそれらとは質的に異なる曲線が得られることがある．平均をとることによって，どの個人の特徴も見えなくなってしまう例であり，心理学の研究において機械的に平均をとることの危険を教えてくれる例である．

なお，図に「平均2」と記した曲線なら，個人aと個人bの発達曲線に共通する特徴をそのまま保持しており，その上で，両者の発達の早さにおける個人差（曲線の横方向の位置の違い）が平均化されている．このような平均発達曲線が，どのような手続きで得られるか，また2種類の平均発達曲線にどのような意味付けが可能かは，読者の練習問題として残しておく．

5.4.4　単一事例実験データの分析法

B. F. Skinner 以来の伝統で，単一事例実験のデータは統計的方法に頼らず，

グラフの読み取りによって解釈されてきており,現在も基本的にその状況に変わりはない.すなわち,処遇の効果がグラフから一目瞭然であれば,特に統計的分析を加えなくてもよいというのが,単一事例実験家の中での基本的な了解事項となっている.

一方,こうした視覚的な方法は,グラフの読み手によって結果が必ずしも一致しないとか,系列相関の存在によって判断が歪められるといった問題点も指摘されるようになってきており,最近では,単一事例実験データにも,多数の被験者を対象とした実験と同様に統計的検定を導入すべきではないかといった提言もなされている(Franklin, Allison & Gorman, 1996).ただし,時系列データゆえに系列相関に注意する必要があり,たとえば,ベースライン期の測定値の平均と処遇期の測定値の平均の差を,単純に t 検定によって検定するのは問題である.適用可能な検定法としては,中断時系列デザインのところで言及した時系列分析のほか,ランダマイゼーション検定とよばれる一連の方法がある(山田,1998).

❖キーワード

内的妥当性(内部妥当性),準実験デザイン,外的妥当性(外部妥当性),一般化可能性,1群事後テストデザイン,不等価2群事後テストデザイン,1群事前事後テストデザイン,ホーソン効果,不等価2群事前事後テストデザイン,共分散分析,回帰効果,データの独立性,中断時系列デザイン,系列相関(系列依存性),時系列分析,単一事例実験(シングルケース実験,$N=1$ 実験),ベースライン,AB デザイン,ABA デザイン,ABAB デザイン,多重ベースラインデザイン,個と平均

❖参考図書

研究の内的妥当性と準実験デザインについては,Cook & Campbell (1979) がバイブル的な書物である.読み易いものではないが,研究の論理について真剣に学びたい人にはぜひ読んでほしい.心理学の研究法全般を扱った Shaughnessy & Zechmeister (1994) は,その本の第 IV 部を準実験と単一事例実験の解説にあて,多くの具体的な研究例をあげて詳細かつ平易にこれらの研究法を紹介している.処遇の効果を確かめるための研究デザインについての和書では,心理学以外の領域のほうが充実している感がある.マンリー(1998)は生物学・健康科学・社会科学を対象に,そして折笠(1995)は医学研究を対象に書かれたものだが,心理学研究にも十分役立つ.

単一事例実験については岩本・川俣（1990）が，行動療法や発達心理学における研究例も紹介しつつ，基本的デザイン，標的行動の観察と測定，そして研究結果の一般化の問題について解説している．より専門的には，Franklin, Allison & Gorman (1996) が推奨できる．とくに単一事例データの分析法について詳細な解説がなされている．

❖引用文献

Cook, T. D., & Campbell, D. T. 1979 *Quasi-experimentation: Design and analysis issues for field settings.* Rand McNally.

Crosbie, J. 1993 Interrupted time-series analysis with brief single-subject data. *Journal of Consulting and Clinical Psychology*, **61**, 966-974.

Franklin, R. D., Allison, D. B., & Gorman, B. S. (Eds.) 1996 *Design and analysis of single-case research.* Erlbaum.

南風原朝和・小松孝至 1999 発達研究の観点から見た統計――個の発達と集団統計量との関係を中心に 児童心理学の進歩, **38**, 213-233.

池田 央 1983 テストのパラドックス 永野重史・依田 明（編） 教育と発達 新曜社 Pp. 125-146.

岩本隆茂・川俣甲子夫 1990 シングル・ケース研究法――新しい実験計画法とその応用 勁草書房

Kirk, R. E. 1995 *Experimental design* (3rd ed.). Brooks/Cole.

栗田佳代子 1996 観測値の独立性の仮定からの逸脱が t 検定の検定力に及ぼす影響 教育心理学研究, **44**, 234-242.

マンリー B. F. J. 塩谷 実（監訳） 1998 正しい統計の使い方――研究デザインと解析法 医歯薬出版 (Manly, B. F. J. 1992 *The design and analysis of research studies.* Cambridge University Press.)

Maris, E. 1998 Covariance adjustment versus gain scores: Revisited. *Psychological Methods*, **3**, 309-327.

折笠秀樹 1995 臨床研究デザイン――医学研究における統計入門 真興交易医書出版部

Raudenbush, S., Bryk, A., Cheong, Y. F., & Congdon, R. 2000 *HLM5: Hierarchical linear and nonlinear modeling.* Scientific Software International.

Shaughnessy, J. J., & Zechmeister, E. B. 1994 *Research methods in psychology* (3rd ed.). MaGraw-Hill.

芝 祐順・南風原朝和 1990 行動科学における統計解析法 東京大学出版会

Singer, J. D. 1998 Using SAS PROC MIXED to fit multilevel models, hierarchical models, and individual growth models. *Journal of Educational and Behavioral Statistics*, **24**, 323-355.

高橋行雄・大橋靖雄・芳賀敏郎　1989　SAS による実験データの解析　東京大学出版会

高野陽太郎　2000　因果関係を推定する──無作為配分と統計的検定　佐伯　胖・松原　望（編）　実践としての統計学　東京大学出版会　Pp. 109-146.

渡部　洋（編）　1988　心理・教育のための多変量解析法　基礎編　福村出版

山田剛史　1998　単一事例実験データの分析方法としてのランダマイゼーション検定　行動分析学研究, **13**, 44-58.

第6章
教育・発達における実践研究

　本章では，実践の場で研究するための視点と，実践研究の過程を考え，集団と個に実際に関わる研究方法を紹介する．暮らし，遊び，学ぶ場における人々のやりとりや物との関わり，そこでの人の思考や感情と行動，そしてそれらの場を通して人が発達変化していく過程とメカニズムを解明し，また発達を援助する教育実践づくりに関わろうとするのが，教育における実践研究である．発達と教育の営みは生涯にわたって生じる．乳幼児期の養育・保育のみならず，老年期の人々への介護やケア，成人期・老年期と生涯を通しての学習や発達もこの領域の大変重要な研究テーマである．ただし，本章では教育・発達分野でもっともなじみが深いと考えられる「子ども」に焦点をあてて，個と集団のそれぞれに関わっていく研究をとりあげ，考えていくことにしたい．

6.1　実践にどう関わるか

6.1.1　「実践研究」における「実践」の二重性

　「実践」とはある目的や意図のために行為を行うことをさす（続・高瀬，1975）．では「教育における実践研究」という言葉から，どのような研究をイメージするだろうか．ひとつには，家庭や幼稚園・保育所・学校・地域の児童館や公園，職場など，人々が日常的に教育活動を営んでいる現場（フィールド）に出向く研究，すなわち現場研究がイメージされるかもしれない．この場合，実践を行っている主体（主語）は，教育する立場の親や教師と学ぶ立場の子どもである．これは「教育実践についての研究」とよぶことができよう．
　一方，研究者自身が教育や発達支援の実践を行う主体となる研究をイメージ

する人もいるだろう．この場合には，おそらく多くの人が考える日常的な教育現場よりも，地域の教育センター，大学の相談室やプレイルーム，病院の療育室などの場での研究が多くなる．本書では，第1章に述べられているように，実践研究とは「研究者が対象について働きかける関係をもちながら，対象者に対する援助と研究（実践）を同時に行っていく研究」とひとまず定義している．すなわち，「教育実践を通しての研究」である．

　この主旨，つまり研究対象への関与の程度によれば，前者は一種の調査研究であり，後者こそが実践研究ということになるかもしれない．ただし，発達や教育の研究分野では，両者を含んで実践研究とよぶことが現実には多いことに注意する必要がある．また，実際には，学校教育や社会教育の中で，研究者がフィールド調査や分析とともに，現場のスタッフと協力して授業や教材開発に関わることもあり，厳密な一線は引きにくい．教育・発達の実践研究では「人々が生活・教育の行為としての実践を行う場での現象と過程を分析解明し，『子どもが日々行っている実践』に研究者が関わりながら研究する」という「実践」の二重入れ子構造がある．

　ちなみに，日本教育心理学会の学会誌『教育心理学研究』に2000年から設けられた「実践研究」というジャンルは，「授業研究，教育方法，学習・発達相談，心理臨床等の現実場面における実践を直接の対象とした教育心理学的研究であり，学校教育のみではなく，幼児教育，高等教育，社会教育等も含まれる．実践場面での資料収集，実践の改善を直接目指すもの，教育心理学的な見地からの分析と考察にもとづく具体的な提言がされていること」と定義されており，この場合「実践についての研究」も「実践を通しての研究」も含まれている．この定義で強調されているのは，むしろ，研究目的のためにあえて設けられた実験や調査の場ではなく，「現実場面での実践を直接の対象とする」ということにある．

　そこで本章ではまず，実践研究をするために実践の場をとらえる視点と，研究者としての立場での実践への関わり方，そしてそこでの実践の記述のあり方の3点を考える．その上で，実践現場に参加し関わる研究法と，主たる生活・学習の現場からは離れるが研究者が専門家としての見識によって個々の子どもと関わる実践をする研究法をみていくことにする．

6.1.2 実践の場としての「生活空間」

　人が暮らす生態学的な場に参加して研究することは，魅力的である一方で大変複雑であり，そこでの出来事は一回限り，個別独自的である．そのため，参加する研究者側が場の構造をとらえ出来事の布置を構造の中に位置づける必要がある．実践研究の方法である**アクションリサーチ**（action research）を唱えた Lewin（1951）は，人が心理的に構成する場の全体的構造やそこに働く諸々の力の力動的関係を明らかにしていくことが重要であることを指摘している．そして特定の場の特定の時間において人の行動を決定している知覚，動機，環境について，その人にとって顕著な特徴という心理生物学的条件全体をさして**心理的生活空間**（psychological life space）とよんだ．つまり「生活空間」とは，人と環境が相互連関して作りだすひとつの構造をもつ**場**ということになる．

　Lewin は，物理学の考え方には，アリストテレス流に属性を抽象的に概念分類し，法則に合うものと偶然的なものにわけ法則を定立していく方法と，ガリレオ流に事象内を個別にみるよりも一体的に取り扱い，その全体の布置を概念化し定立する方法があるが，生活の場における心理学では後者の方法による理論構築が必要だとしている．たとえば，「退行」とよばれる発達のもどり現象がある．それを，過去のある出来事を原因ととらえて説明するのみではなく，現実にその現象が起きる場にその時点でどのような力が働いているのか，場の力の問題として説明しようとする．つまり単一原因単一方向型の変化研究ではなく，相乗的相互作用によって複線方向への発達の可能性を射程にいれ，そのときの布置をとらえるシステム的見方にたつことが必要になる．この観点に立てば発達は，場に対して子どもの行動が多様化したりまとまりをもつことや，場への時間的展望や空間的視野の広がりによって子どものポジションが代わること，場への依存のしかたの変化として説明される．

　この Lewin の考えを発展させた発達研究者 Bronfenbrenner（1979）は，人をとりまく環境を次の 4 つのシステムに構造化している．

① 生活空間を生態学的なシステムとしてとらえるのに，直接的な行動場面の中で起こる相互関係としてのマイクロシステム

② 子どもが参加している複数の行動場面，たとえば家庭と学校という 2 つ

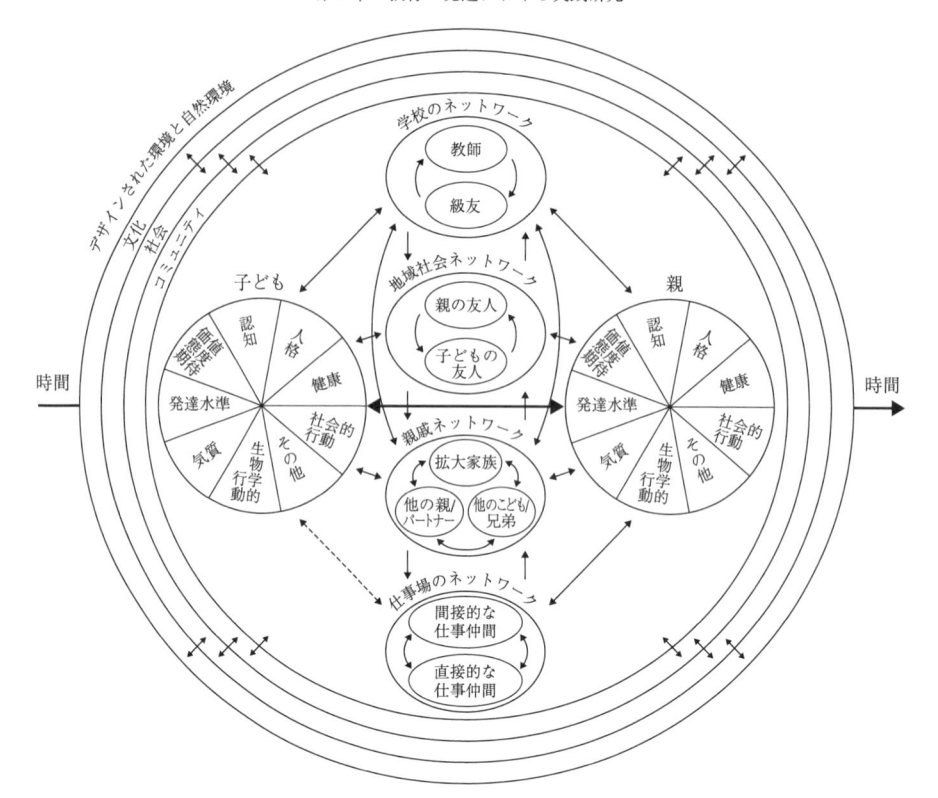

図 6.1 発達についての文脈的見方（Lerner & von Eye, 1998）
親子関係や対人関係ネットワーク，制度的なネットワークは，ある特定のコミュニティ，社会，文化，デザインされた環境や自然環境の中に埋めこまれ，影響を受けている．それらはすべてが時間（歴史）を通して変化していく．

　　以上の行動場面の相互関係としてのメゾシステム
③　子どもに直接影響を与えるのではなく，親や教師が参加するネットワークのように間接的に影響を与えるエクソシステム
④　ある社会や文化のレベルで存在するマクロシステム

発達や教育はこのような入れ子構造をもつシステムに埋め込まれ，家庭，学校，地域など相互に関連する多様な生活の場で生きる人々との関係性の網の目の中で起こる．したがって，場を変える，場が変わることで個人の行動や能力として現れるものは変わってくる．図 6.1 に示すような文脈の中で，何（個人，集

団）を対象とし，その対象が生活する空間領域としてどこを視野に入れるのかという研究範囲の決定と位置づけ，場をどの時間単位でとらえていくのが妥当かを，自らフィールドに身を置き判断することが，実践研究の起点となる．

　実践は，各々の場での活動に固有のものや出来事に支えられ，集団のあり方や時空間が社会文化的な制度やルールによって分節化している．たとえば，乳幼児期の運動発達を考えるには月齢という生物学的時間が重要な変数になる．だが，幼稚園に通う子どもの仲間関係を考える際に意味ある変数は，3歳児，4歳児，5歳児クラスという所属学年である．時限，単元，週，学期，学年，教育課程等という時間系列の分節化と，集団内での関係の歴史性を考慮に入れ

コラム 6-1　ダイナミック・システムズアプローチ

　実践研究というと，さまざまな要因を含んだマクロな研究視点がイメージされやすい．だが，日々の生活におけるひとつの行為に焦点をあててそこから仮説を見つけ，焦点を絞って実験室研究や面接研究へと発展させていくことから，新たな発達の様相や知見が得られることも多い．Thelen & Smith (1994) が唱える**ダイナミック・システムズアプローチ**は，有機体の構造や機能はどれも同じ速さで全体として均質に累積的直線的に発達していくのではなく，各部分の要素は各々異なる発達過程をたどり力動的に相互に関係しあって，あるひとつの発達の様相を呈しているというシステム論による考え方である．

　たとえば，新生児の時に見られる自動歩行は 1, 2 ヵ月で消失し生後 1 年頃に歩行が現れると従来考えられていた．しかし，自動歩行と同じ筋活性化パターンである仰向けのけりは，新生児以後も消失していない．実は体重負荷のために自動歩行という現象が見られなくなっているだけであり，回転ベルト上や水中での歩行など環境を変えることで，歩行は不可能と通常考えられている 7 ヵ月齢の乳児にも歩行運動が生じることを示している．置かれた環境やシステム要素間の関連によってあらわれ方が異なるのである．ある時期にひとつの発達の姿として発現や消失する行動も，長期的に各要素の発達を追跡することによって，多元的要素の発達とそれに伴うシステムの変化であることを明らかにできる．

ることが実践を考える上で不可欠である．したがって学校を変わる学校間移行や災害・重要な他者との別れなど外的・社会的変化による生活の場の変化としての環境移行は，発達に大きな影響を及ぼす（山本・ワップナー，1991）．

　実践の主体にとって意味ある集団や意味ある時間，意味ある空間を単位として研究対象を切り出し分析考察する研究が，実践研究の視点といえる．ただし，それは制度的に分節化された時間・空間に沿って研究すればよいという意味ではない．たとえば学習環境を考えるのに教室だけをとらえるのではなく，学校全体や地域までを環境として考えていくほうがその実態が見えてくる場合もあるだろう．実践の中にいる人には不可視になっているが発達や教育実践を規定している変数を見出すことが，新たな実践を創出するのに必要な視点でもある．そして何がその研究では検討されていないのかを自覚することが，研究結果を考察していく際に重要である．

6.1.3　実践の場における発達研究の枠組み

　子どもが生活する場は，大人が意図的あるいは暗黙に養育・保育・教育という実践を行う場とも言える．その場に身を置いたり関わったりする研究において，前述のようにどのような単位で対象を選びとるかが重要であると同時に，そこでどのようなリサーチクエスチョンを立てるか，研究者がどのように発達変化を捉える枠組みをもつかが問題になる．発達研究の中心となる問いは，発達過程の記述とそのメカニズムを解明することにある．その研究課題として，ⓐ発達的次元の発見と合成，ⓑ年齢に伴う変化の記述的研究，ⓒ年齢に伴う変化の相関的研究，ⓓ発達的変化の規定因の研究，ⓔ発達の個人差の研究をあげることができ，またさらに社会歴史的影響というマクロな視点もある（小嶋，2000）．このⓐからⓔが個々に問われる場合もあるが，ひとつの研究の中にこれらの課題を含むことも多い．発達の過程を記述するには，ⓐ何が発達するのかという次元を見出すこと，ⓑ単一の次元のみに焦点をあてるか，ⓒ複数次元の連関のパターンの質的変化すなわち集団での相関関係の変化や，あるいは第3章で述べられているような個人内の共変関係を追うのか，ⓓ変化の原因としてどのような因果関係を想定するのかという視点が必要になり，その視点によって研究のデザインは大きく変わる．

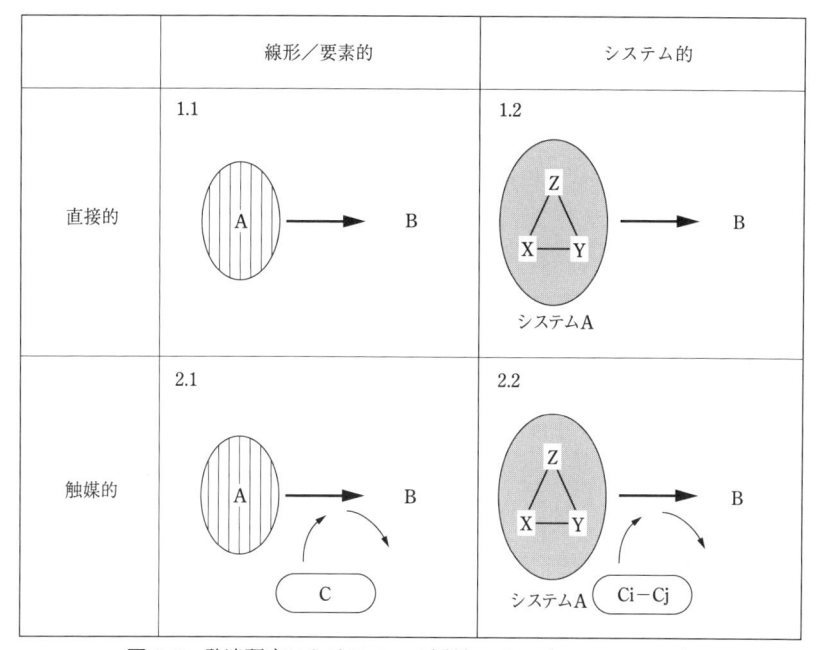

図 6.2 発達研究における 4 つの因果モデル (Valsiner, 2000)
A：単一原因　B：結果　X, Y, Z：因果システム A の一部分　C：触媒となる条件　Ci, Cj：触媒システム（Ci, Cj は各々に A→B の因果を触媒するのではなく，相互関係の中で働く）

　生活の場には多様な要因が文脈として相互に関係している．そしてその文脈は固定的なものではなく，子ども自身が能動的に場に働きかけて場を変化させ，またその場の変化がさらに子どもの次の発達を生み出すという生成しあう連鎖関係にある．そこで，この ⓑ，ⓒ，ⓓ の問題について図 6.2 のように，単一次元を問う線形・要素的研究，複数の次元連関を問うシステム的研究，またその影響の因果関係として直接的な**因果モデル**と触媒的因果モデルを想定することができる．社会文化的な環境，実践の場で発達を問う研究では，システム的触媒的関係をみていく研究視点が必要であり，それは要素的直接因果モデル研究を加算していっても捉えることのできないものである（Valsiner, 2000）．前述の Lewin も，このシステム的考えを「条件─生成（発達）分析モデル」とよび，現場研究の分析枠組みとして提案している．生活の場の文化はパッケージ化されたものであり，特定の要素だけを独立変数と従属変数として取り出すこ

とは現実にはきわめて困難である．研究として行うことはできるが，それは生態学的な側面を捨象することが多い．そこで，研究者が事前に設定した場での刺激と対象との関係（A）が，実際に子ども（人）が関わることでどのようにやりとりされ目標─手段の関係に変わっていくのか（B）を，A の場全体を独立変数と捉えたときに B の微視発生的過程を従属変数と捉える**二重刺激法**という研究法を Vygotsky & Luria（1993）は提案している．

　子どもの発達には多くの要因が関わるだけではなく，それらの関与や変化は均質ではない．また生活の場は研究を意図して統制された場と違って，子どもの思考や行動の選択の自由度が大きい．したがって，「発達のゆらぎ」とよばれる現象が生まれやすいこと，発達を線形的変化としてとらえるだけでは発達現象の事実がとらえられない点を現場に入る際には忘れてはならないだろう．

　そこで子どもの発達と環境の関係を捉える研究枠組みとして，個人の中の変数だけに原因をもとめる「個人内枠組み」や個人間の比較によってある子どもの特徴を説明しようとする「個人間枠組み」で発達を考えるのみではなく，個人と環境との相互関係を捉える枠組みが必要になる．図 6.3 のように「個人─生態的環境枠組み」と「個人─社会・生態的環境枠組み」という 2 つの枠組みが考えられるだろう．Valsiner（2000）は養育や保育・教育が行われる社会文化的な実践の場で発達を捉えるのには**個人─社会・生態的環境枠組み**がふさわしいとし，乳幼児期から青年期までの認知的・社会的行動をこの枠組みによって研究している．環境の側としての養育者や教師は，子どもをある文化的な活動の目標や価値付けにもとづき方向づける（水路付け）が，それはまたさらに子どもとのやりとりによって変化生成する．それは大人と子どもの二者関係のやりとりだけに焦点をあてるものではない．生活文化を共有する人たちがもっている活動の目標や価値・信念，その目標のために使われる具体的な物や記号などの道具，手続き化習慣化された行動様式（スクリプト）を射程に入れることで具体的な分析が可能になる（Gauvain, 1995）．

　柴山（2001）は，この「個人─社会・生態的環境枠組み」を用いて，留学生家族の子どもが日本の保育園でどのように適応し発達していくのかを，6 人の子どもの食事や自由遊びなどの場面での行為と発話に焦点をあて明らかにしている．また無藤（1997）では保育の場で，幼児が「物」を介して友人との関わ

「個人−生態的環境枠組み」

「個人−社会・生態的環境枠組み」

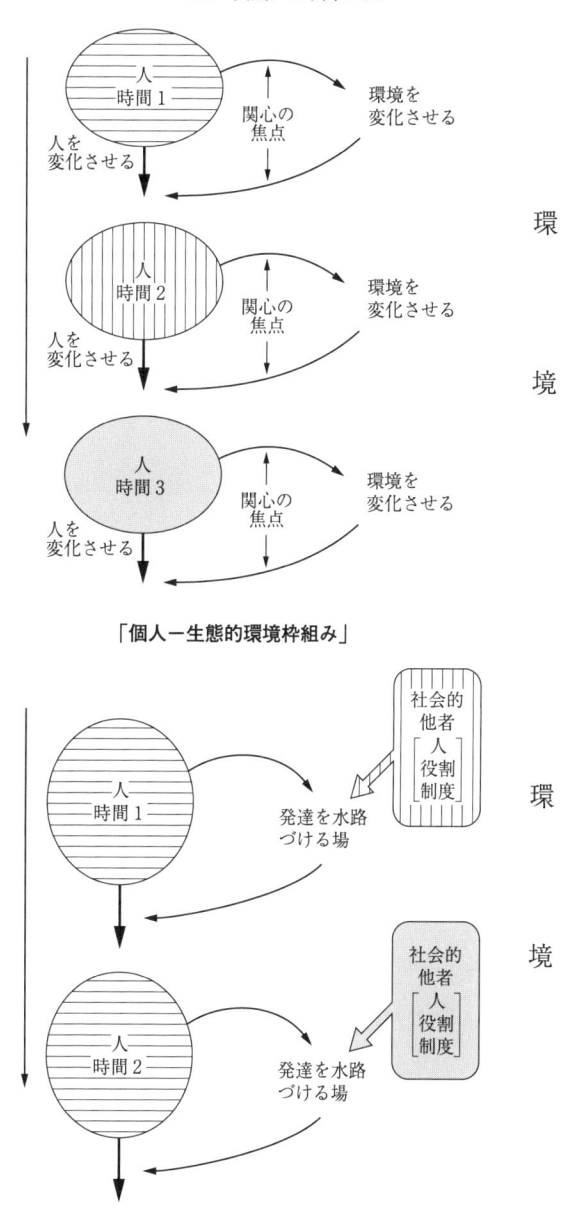

図 6.3 発達を捉える枠組み（Valsiner, 2000）

りに応じながら，次の動きを作りだし，遊びを発達させていく過程を，身体の動きや発話の繰り返しとその変化から描いている．これらの研究では，発話と行為のエピソード記述が子どもと人や物という環境のかかわりをとらえるための分析単位となっている．しかし，たとえば Chavajay & Rogoff（1999）では，親が子どもと関わる場面と子どもが傍にいて実験者と会話する場面の比較から親の子どもへの注意配分（同時に複数のものに注意を向けるかいなか）という非言語的側面が家族構成や養育に対する信念と子どもの動きにより異なることを量的研究から明らかにしている．

実践の場の発達研究では，質的データか量的データかの様式自体が問題なのではなく，現象をどれだけ具体的に詳述でき，妥当なものとして裏付けられるかという発達を捉える枠組みが重要になる．

6.1.4 実践への関与スタイル

研究者が実践に関わり研究する際，誰（何）にどのようにどの程度の期間関わるのかが問題となる．学校（園）を考えれば，学級や学校（園）全体という集団を対象にするのか，何らかの特徴や問題をもった特定の集団の子ども達や個々の子ども・教師が対象になるのかという点がある．また関わり方も，第2章2.3節でも整理されているが，表6.1のように1から5のスタイルに整理できる．まず，「実践の場で子ども達（人々）に起きているのは何か，子ども達はどのように変化するのか」を記述し理論化することをねらいとし，実践の場を対象としながらかつ実践者との間に意図的に距離をとる研究スタイルがある．これがタイプ1とタイプ2である．研究者が実践の場に身を置き対象を研究する，「実践についての研究」である．実践の自然な場に極力影響を与えないよう，研究者を「透明人間化」するのがタイプ1の立場である．だが，現実にタイプ1のようなことは困難かつありえないので，研究者は現場に参加しつつも自分がそこにおける「異文化者」であることや，自分が場に影響を与えていることを意識しながら研究する立場がタイプ2であり，第2章で紹介された「フィールドワーク」とよぶことができる．

一方，「研究者としての『私』は実践づくりにどのように参加関与できるのか」を考え，自ら関与する「実践を通しての研究」というスタイルが，タイプ

6.1 実践にどう関わるか

表 6.1　実践研究への関わり方

型・名称	研究者と実践の場との関連	研究対象としての実践の位置づけ	実例
1 観察調査　フィールドワーク（非関与観察）	一時的ストレンジャー 透明人間	実践についての研究	
2 参与観察　フィールドワーク	継続的ストレンジャー 異文化者	実践についての研究	
3 アクションリサーチ（コンサルテーション）	実践づくりの間接的支援者 コンサルタント	実践を通しての研究	校（園）内研究，ケースカンファレンス，巡回指導，発達相談
4 アクションリサーチ（カウンセリング，介入訓練）	特定の問題場面での実践者 カウンセラー，訓練指導者	実践を通しての研究	認知カウンセリング，療育指導
5 アクションリサーチ（実践者による研究）	日常的・継続的な全面的実践者	実践を通しての研究	教師や親自身による実践と研究

3, 4, 5 である．これらは分析にとどまらず，広義には次節で述べる「アクションリサーチ」とよべる関わり方である．実践づくりへ研究者が何らかの参与をするスタイルのうち，直接の教育的実践は教師や保育者が行うが，そのためのカリキュラム開発や授業方法，教材作成への助言などを外部専門家として行うのがコンサルテーションとしてのタイプ3である（コラム6-2参照）．タイプ4のように，実際にある特定の側面（特定の教科学習指導，言語や特定技能等）に関しては自らが療育者や相談員のように教育（療育）を担う介入訓練者，タイプ5のように，教師や親など日常生活での「真正の教育（養育）実践者」がかつ実践を対象にして研究する研究者にもなるスタイルもある．

　子どもが生活し育つ場で，発達や教育についてのよいリサーチクエスチョンをたて継続的に研究を行っていくためには，第2章や前節で述べられているように実践の場の構造をよく理解した上で，現場の人々の合意をとり**ラポール**（親和的な関係性）を形成しながら研究を進めることが不可欠である．研究者倫理に則った研究を行うことはもちろんであるが，制度的教育の場には制度としての目的があり，学校や保育の場に関わる専門職としての職務責任や教育倫理，組織や同僚との関係があること，家庭にはそれぞれの個人的事情があること等から，研究者の研究目的が必ずしも受け入れられない可能性や制約があることをよく理解しておく必要がある（付録2参照）．また制度的な教育の場で

> **コラム 6-2　学校でのコンサルテーション**
>
> 　外部専門家がコンサルタントとして，教師や保護者，あるいは学校組織等，何らかの心理教育的問題に関わっている人（コンサルティー）のいる場に出向き，相互作用しながら，コンサルティーの専門性を尊重し，その人が社会的役割を有効に果たし成長促進できるよう，専門的観点から間接的援助を行う活動をいう（石隈，1999；無藤，1995；山本，1986）．この介入方法は「地域精神衛生」というコミュニティ心理学の考え方にもとづくものである．**コンサルテーション**は，コンサルタントが答えを与えたり指導したりする活動ではなく，問題への理解を深めたり広げたりすること，コンサルティーのもつ能力や知識・対人ネットワーク等を尊重して活用し問題に取り組める方法をともに発見していく活動である．あくまでもコンサルティが主役で，コンサルタントは黒子であり，学校というシステムの中で生きる生徒や教師の成長の支援システムを考え開発したり，そのシステムの活性化の機能を担うことになる．学校へのコンサルテーションにおいては，生徒指導や心理臨床的問題のみではなく，学習指導や進路指導，教材開発，カリキュラム開発，学校環境開発，学校運営などさまざまな側面の課題があり，学校心理士（学校における心理的問題の解決を支援する専門資格者，付録 1 参照）を中心とした専門家チームによる総合的コンサルテーションが必要となってきている．

研究者が子どもに直接関与介入することに伴う責任も大きい．学部学生や大学院生が関わる際には，**スーパーヴィジョン**（責任ある専門家からの監督・指導）が不可欠である．

6.1.5　実践の記録と分析記述

　実践を研究するには，その実践をビデオやオーディオテープ，ノートなどの何らかの媒体を用いて**一次記録**としてデータを収集し，記述していくことが必要になる（山崎・西阪，1997）．何を調べるかというリサーチクエスチョンが，記録をどのように行うかという観点を決める．映像，音声，文字，数量，図など目的に応じて記録の様式を選んでいくことになる．一次記録をもとに，言語での記述や，ある出来事の頻度や散らばりを示すためにカテゴリーや，数量的

6.1 実践にどう関わるか

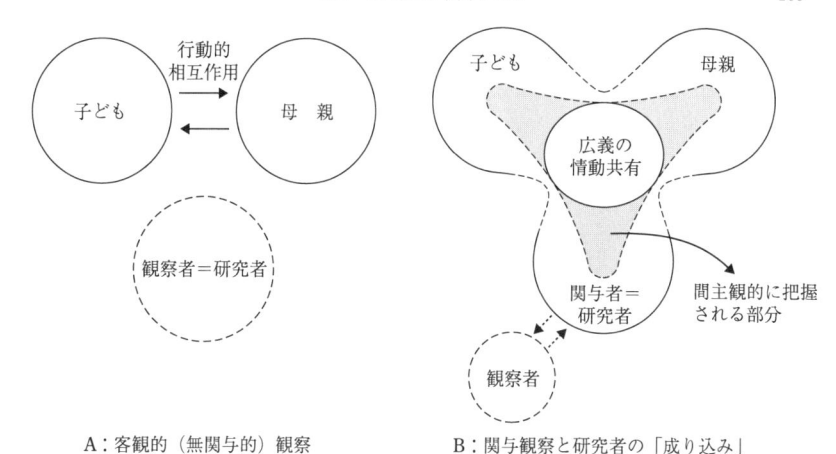

A：客観的（無関与的）観察　　B：関与観察と研究者の「成り込み」

図 6.4　客観的観察と「関与観察」における研究者の「成り込み」（鯨岡，1999）

指標による二次的な記録や記述が行われる．

　第 2 章でも紹介されたように，言語による記述では，何を対象としてどのように分節化して記述するのか，記述の視点と詳しさのレベルが問題になる．実践という対象への関わり方，距離の置き方という実践時点だけではなく，記述時にも対象との距離の置き方の視点が問題になる．たとえば「ある生徒が 5 秒間板書を見た」と「S 夫は黒板に書かれた文字を身じろぎもせずじっと見つめていた」ではそこから得られる意味は異なる．研究者自身が現場に身を置く実践研究であるがゆえの記述の可能性と危険性の両面を自覚する必要がある．心理学研究では客観性，誰が見てもそこに同じことが記述されること，観察者の個別性，各私性を排除した形で行う詳細な行動記録が一般に重視されてきた．しかし，実践研究では，関与した人だからこそ，行動ややりとりを意味あるまとまりをもつ単位で認識し出来事として分節化し，エピソードとして生き生きと状況を描出できる利点がある．それは，だれが見ても同じ記述なのではなく，時や場を共有していた人だからこそ記述できる面をもつ．つまり，図 6.4 のように，子どもと養育者の行動的相互作用をとらえる際に，関与が深くなるほど相手の感情にまで入りこんで間主観的に把握される部分を記録できる一方で，恣意的解釈に陥っていると指摘される危険性をもはらんでいるということである（鯨岡，1999）．したがって，鯨岡が指摘するように，研究者自身が VTR

などの一次記録資料と照らし合わせて，記述後に再度自らの解釈を確認することが必要である．

またエピソードの出来事の流れをよりよく理解してもらうためのコメントと，そのエピソードを切り出すことになった研究者の関心についてのコメントという2種類の「メタ観察記録」を，行動の事実の記述と合わせて示す必要がでてくる（鯨岡, 1999）．研究者がフィールドに臨んだ際に基礎とした研究理論や背景を自覚して書く一般レベルと，その出来事が示す意味世界を描く中間レベル，さらに微細な諸活動を描く具体的レベルの3水準の記述を織りこむこと（箕浦, 1999）が，第三者に説得的に実践を伝える記述にするために必要である．

ただし，自分がよってたつ理論を自覚することは時に困難であり，また特定の理論的立場によって拘束されることがインタビューやフィールドノーツという生のデータの見方を制限していることもある．そこで，第2章2.4節に紹介されたように，二者以上の間で行われた社会的相互作用データについて，分析の手順を明らかにしつつ「データをどのように解釈しまとめて組織化してとらえていったのか」という分析概念やコア・カテゴリーを生成して定式化し，そこからその領域や場面に限定された理論を作り出す「グラウンデッド・セオリー」（データ対話型理論）といわれる手法もある（木下, 1999; Strauss & Corbin, 1990）．

6.2 教育実践研究としてのアクションリサーチ

6.2.1 アクションリサーチの特徴

実践へ関与しながら研究する方法のひとつが「アクションリサーチ」である．アクションリサーチは，前述したように社会心理学者 Lewin によって1940年代に考えられたものである（Lewin, 1946）．当時から，産業や経営工学，社会心理学の分野で研究が進められてきたが，教育の分野でも1950年代から，学校（園）や学級の組織運営，授業研究，学習システムの開発や環境改善，教育実習生や大学での教職課程の授業や実習等に関して研究が行われてきている．社会的な組織の変革を目指すとともに，教育に携わる専門家への成長支援のた

めの研究や職能開発の方法としても，今日では位置づけられてきている（Gore & Zeichner, 1991 ; Macniff, Lomax & Whitehead, 1996 ; Noffke, 1997）．

実践の場で起こる問題，実践から提示された問題を分析して探究し，そこから導かれた仮説にもとづき次の実践を意図的に計画実施することにより問題への解決・対処をはかり，その解決過程をも含めて評価していく研究方法である．「ここでは何が起きているのか？　それはなぜか？」という問いが一般的なフィールドワークでの研究の問いであるのに対し，アクションリサーチは，「私はここで何ができるのか？」というように「私」を研究の出発点の中心に据え，個別具体的な状況における実践改善のための行為についての問いをたて，事例研究を行う点に独自性がある．統制群と実験群という集団間比較ではなく，特定対象に関与することによって時系列的変化をとらえる事例研究である．研究の一部として行為が必要であること，何が改善であるかの判断は価値中立的ではないので，ある特定の価値観にもとづく価値志向的研究であることが特徴である．「研究」，「参加」，「行為」がアクションリサーチの鍵となる3要素である（Greenwood & Levin, 1998）．実践者が研究者である（になる）場合だけではなく，実践の場のメンバーと大学等の研究者のチームによる共同研究として実施されることも多い．

アクションリサーチは，実践をするだけではなく，研究としての要件を備える必要がある．他の研究法同様，研究成果として「共有可能な知識（知見）を生み出すこと」，「この知識（知見）を支持する具体的な根拠と，そこから知見を導いた探究過程を明らかにし，その妥当性を検討すること」，「得た知見を当該領域の先行知見と関連させて位置づけること」が研究としての要件となる．つまり実践が改善されただけではなく，その過程が妥当な手法で跡づけられた新たな知の創造が必要である（Macniff, Lomax & Whitehead, 1996）．

6.2.2　アクションリサーチの過程

アクションリサーチは，図6.5の過程を通じて行われる．

① 問題の共有と定義――問題には，教師や子どもにとって当初から問題が自覚されている場合と，研究者側には問題にみえるが，教師や子どもには自覚されていない場合がある．アウトサイダー側が問題を特定化し診断す

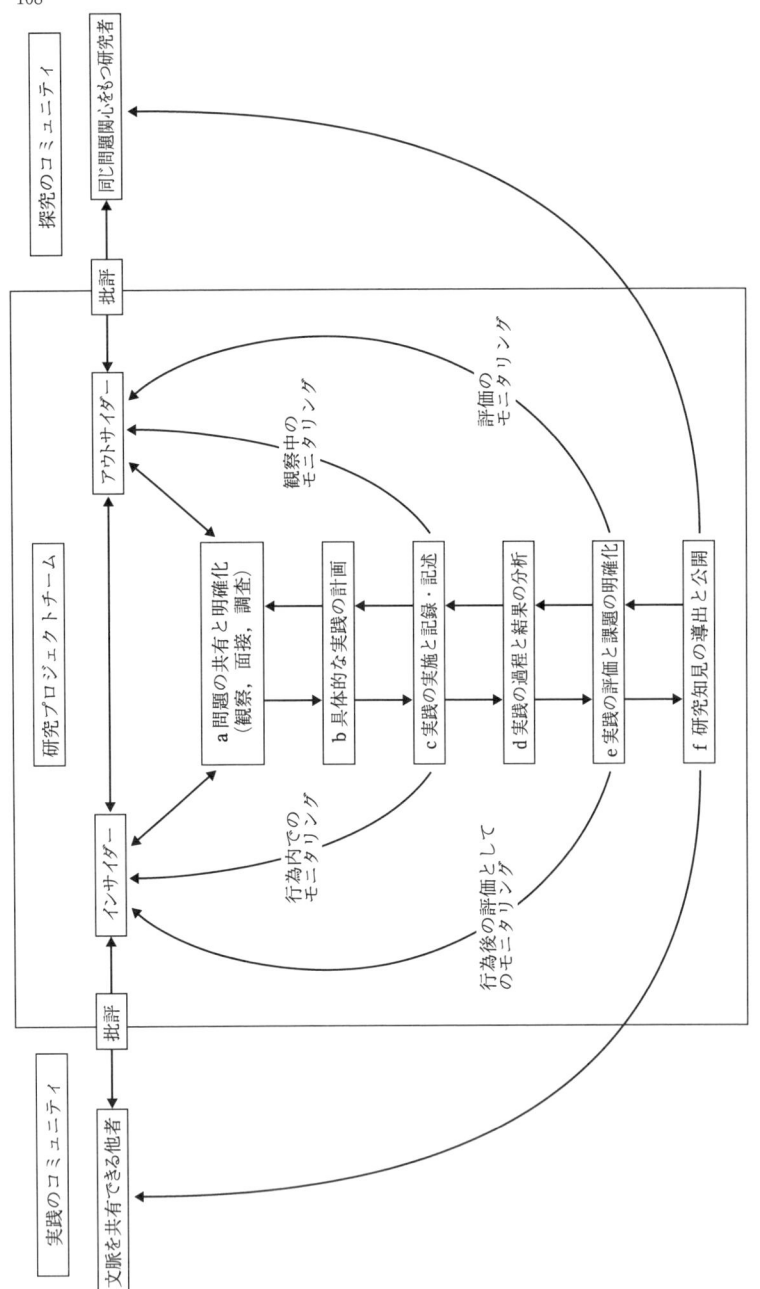

図 6.5 共同生成的なアクションリサーチ (Greenwood & Levin, 1998 をもとに著者が作成)

るために，事前に観察や調査が行われることもある．実践者と研究者間で研究の目的についての合意が形成される必要がある．

② 具体的な実践の計画——改善のための仮説は，明確で具体的なものである必要がある．実際には計画の段階でさらに問題が特定されて明確になったり，また実践を継続する中で，問題やそれに伴い計画も刻々と変化し，継続して循環的にこの過程が行われることになる．

③ 実践の実施——実践者は仮説にもとづきある実践を行う．そのために事前準備や実践者への教育訓練が必要になることもある．実践者は行為しながら問題に照らしてモニタリングしている．一方，研究者は実践者（教師）と対象者（子ども達）との体験を観察し体系的に記述する．ビデオやオーディオテープなどを記録補助として使用することも多いが，前述のように，どのような道具をいかに使うかが研究を大きく規定する．

④ 実践の過程と結果の分析——実践の過程に関して実践後に聴き取りを行ったり，実践者の記述資料を分析に用いることもある．アクションリサーチは個別独自的な一回性をもつ事例研究であるため，質的研究でなければならないと考える人がいるが，それは必ずしも正しくない．問題解決にとって適切な記述分析ができるために，量的，質的記述のいずれもが可能である．いずれの記述分析においてもこれまでその研究領域で開発されてきた技法に則ることが研究として重要である．

⑤ 実践の評価と次への課題の明確化——分析から実践の問題解決への実践の有効性が評価検討される．同時に次の検討課題への気づきが生まれる．

⑥ 研究知見の導出と公開——一般に研究においては内的妥当性と同時に，研究の外的妥当性としての一般化可能性とそのためのデータの妥当性と信頼性が重視される．

ただし，アクションリサーチにおいては，厳密さとしての信頼性や外的妥当性よりも，その行為が結果としてどれだけ問題解決に機能したかという有効性（workability）や，同様の文脈内で将来起きる問題にもその解決法が有効でありそうか，当該組織（コミュニティ）の他成員がその行為を行っても問題が統制できると思われる確実性（credibility）が重視される傾向がある（Greenwood & Levin, 1998; Macniff, Lomax & Whitehead, 1996）．したがって，実践

行為と結果に関するデータとそこから導きだした知見を,文脈や経験を共有できる他者に公開し,他の視点からの意見を取り入れることによって,得られた知見の制約条件を特定し妥当化していくことが研究の過程で求められるのである.研究に携わった者だけでモニタリングする一重の環ではなく,他者の目を入れた二重の環が,アクションリサーチが科学研究として成立するために必要である(Argyris, Putnam & Smith, 1985).

6.2.3 アクションリサーチの実例と方法

ここでは教育実践として2つのアクションリサーチの実例を紹介しよう.

(1) **授業研究の実例**

ひとつは中学の英語において書く力を伸ばすための「聞く・話す」活動を取り入れて行われた1年間の授業実践の効果を検討した事例である(奥山,2000).リスニングテストや学力検査の結果,生徒自身の学習への自己評価アンケートから,「書くことをどのように伸ばすか」が教師にとっての問題意識となった.そこで「聞くこと・話すことの活動をどのように発展させていけば,コミュニケーションの手段として英文を書ける生徒を育てられるか」というリサーチ・クエスチョンをたてる.その問いの解決のために具体的に教授方法に関して次の4つの仮説が当初たてられた.

- 仮説1 授業の冒頭で題材の背景知識やストーリーの展開について簡単な英語でのオーラルインストラクションを行えば,生徒の主体的な聴き取りができるようになる.
- 仮説2 全体から部分へと段階的にリスニングポイントを設けそれについて質疑応答を重ねていけば英語を通しての理解が深まる.
- 仮説3 聴き取りや読み取りの活動で焦点化したポイントを中心にモデルを与えて書く活動を設定し,それに加えて自己表現の文も書かせれば,まとまりのある英文が書けるようになる.
- 仮説4 統制された活動の中で,自由度をしだいに大きくすることによって多様な書く活動に取り組み,コミュニケーションの手段としての書く能力を伸ばすことができる.

授業の進展とともに順次それらの仮説検証に段階的に取り組んでいくことで

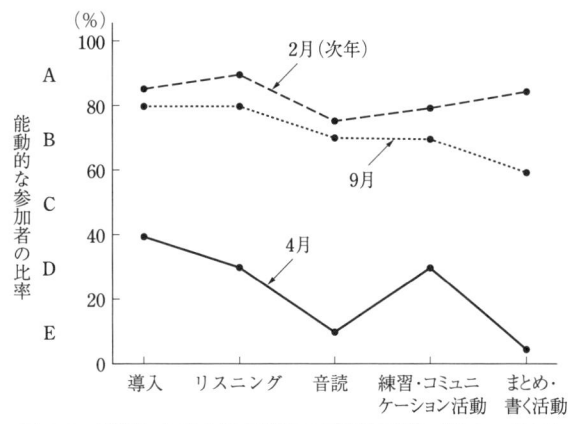

図 6.6 英語における授業態度の時期的変化（奥山，2000）

ここでの比率は，生徒の何％が積極的に活動しているかを活動の展開に沿って記した授業者の授業記録（フィールドノーツ）によって記されている．フィールドノーツには各活動についての自由記述，全体評価とあわせて，授業への能動的な参加者の比率がAからEの5段階評定で記されている．

目標の達成を図る形がとられている．教科学習における一般的に有効な教育方法の開発をめざして，教師自らが継続的に授業実践を行い研究していったアクションリサーチの例である．

仮説検証のためには，1年間にわたり週1，2回の授業ビデオ記録や教師の授業日誌の分析，英語のテストの事前（5月）と事後（1月）での変化，事前（4月）と事後（2月）での授業への取り組み態度の生徒による自己評価の変化が調べられている．また，生徒が書いた作品の中の単語数や質なども検討され，実際に書いた英作文で使用される単語数や文章構成の質が高まったことが検証されている．図6.6は，授業への取り組みの様子の3学期間の変化である．この方法により生徒の参加度が高まったことがわかる．

学習過程を調べる手法には，ビデオ，テスト，作文，質問紙等のほかにも，ノートや疑問を各時点で書きこめるようにしたワークシートを配布して授業後に回収分析する方法（吉崎，1995），授業時にあった出来事や会話を授業後に想起してもらい，授業のどの点に注意し学習したかを調べるなどの方法もある（Fernandez, Yoshida & Stigler, 1992）．

(2) 教室談話研究の実例

　教育実践の場では，仮説が最初から明瞭にたてられる場合のみではなく，生徒とのやりとりを通して，問題はその時々に実践者に立ち現れ，それに対処しながら次の目的が生まれ進展していく形をとることも多い．また前例のように，目標自体を集団全体に明確に設定し測定できる場合もあれば，個への対処とそれによる質的変化を追跡することが必要となることもある．

　その一例として，「朝の会」，「帰りの会」というクラスでの**教室談話**の1年間30週の変化を通して，学級内の生徒同士の関係を考え，教師が学級経営や授業づくりに関わっていったアクションリサーチを紹介しよう（秋田，2001；秋田・市川・鈴木，2001）．この研究では，目標は子どもの生活発表のしかたを上達させるだけではなく，教室での子どもどうしの関係がよく現れる会話の時間に着目することによって，教師の学級経営や生徒理解と個々の生徒への関わり方を省察し改善を図ることにある．そのために教室談話をビデオにおさめ，そのビデオを教師と研究者が見ながら**カンファレンス**（実践についての検討会）を行い，教師の次への関わりを考え検証することがくりかえし進められた．図6.7にあるように教師の実践への問題意識は教室談話の変化とともに生成され変化し，関与のしかたも変わっていく．

　教室談話の分析には，クラスの社会的関係構造を探究する目的や，学習内容の理解が授業の相互作用とともにどのように展開したのかを検討する目的などの目的に応じて多様な次元の分析法がある（秋田，1998）．一般には，クラス全体の特徴を分析するマクロな分析方法として，教師―生徒の発言の機能や連鎖を「発問，説明，応答」などにコード化し数量的にカテゴリーに分類していく方法や，会話の隣接対の関係に注目し「発問（Initiation）―応答（Response）―評価（Evaluation），補足（Following, Feedback）」の連鎖が，誰によってどのように展開されていくかを分析する方法がある．またマイクロな分析方法として，会話の中での番交代の関係に着目し，割り込みや重複，ポーズ，終結のしかたや言いはじめ，イントネーションなどに着目し，どのように会話系列が構造化されるか，また発言やつぶやき，私語などどのような「声（voice）」で会話が成立するのか等，授業談話を権力や秩序の生成過程としてとらえようとするエスノメソドロジーによる方法とがある（好井・山田・西阪，

図6.7 教師の問題意識と実践への関わりの過程（秋田，2000）

実践における行動（と実態）	教師の問題意識
〈4月当初〉	
○朝の会・帰りの会の導入 「「よかったこと・ほめたいこと」「困ったこと・相談したいこと」を発表して下さい」というフォーマットを導入．教師が日直を支援．	小1では自分達のことを語り合う場が少なかったようなので朝の会・帰りの会で互いのよさを認め合える場作りをしたい．男女入り混じって遊んだり会話することがほとんどない．遊ぶときには小集団であり集団間の閉鎖性が強い．皆で遊んだり話し合えるクラスにしていきたい．
○教師はしだいに傍らへ移動する． 子ども達からの語りの増加と活性化．	自分達で進められるようになっていってほしい．
〈5月中旬〉	
○日直が15秒スピーチを会の終わりに行うことを提案．	友人を個人攻撃や非難する否定的会話のほうがよいことを語ることより増えてくる．とくに達也（仮名）への攻撃がふえ，達也は不安定．
○達也を会の中で教師が意識してフォローしたり，彼が活躍できる場を意識して準備．家庭とも連絡を密にする．	一人でいくつものことを話そうとする子達が出てくる．
○話題は1人2個までというルールがクラス内に作られていく．	
	クラス全体の子が共有できる話より特定の個人への批判的な話が増える．
批判されると会話の途中でも「ごめんなさい」と言ってその会話を終えるごめんなさいルールが作られていく．	ていねいに行動を考えたり，人の話を終わりまで聴いてもらいたい．
○日直は30秒スピーチを行うことを提案．	
〈6月後半〉	
○教師が「だれか特定の人ではなく皆に話したいことを話す」よう提案．	
発言が減少し，発言するのが特定の子に再び限られる．この提案によって話せなくなった子は教師に直接話にくることが増加．	
	皆で共有し，よさを話し合うことの難しさ．共有するには何か"物"があるとよいのではないか．
○日直の子ども達の方からも物がもちこまれたりクイズなど皆で楽しめるものも出てくる．ただし相変わらず発言は前のようには活発にならない．	
	皆に話したいことだけを話すことは小2のこの時期には難しいのかもしれない．ここを活躍の場としている子もいる．ただしできるだけプラス面を語ってほしい．
〈2学期〉	
○教師が「気づいたこと，意見を発表して下さい」と日直の語り口の変更を提案．	

○部分はカンファレンスを通じて教師が関わりを意図して行い，結果を検討していった部分である．

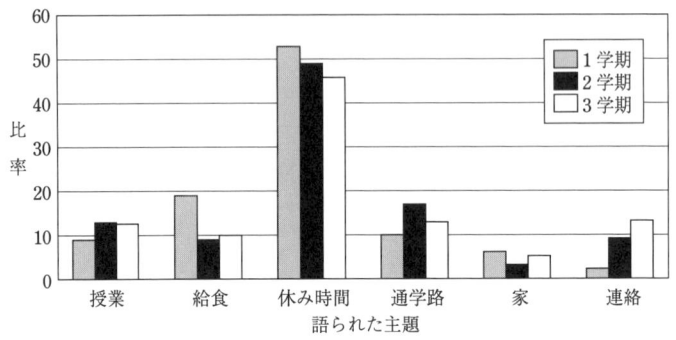

図 6.8 話題の学期別変化(秋田・市川・鈴木, 2001)

1つの話題についての発現の連鎖数は1学期4.1, 2学期5.2, 3学期7.0と増加し, 1話題あたりの教師の発言率は1学期25.3%, 2学期14.7%, 3学期17.6%と減少していく.

1999).筆者らの研究では,1年間に語られる内容の変化(図6.8)や教師の役割の変化,割り込みや発言者の固定化傾向等が検討された.そして発言へ割り込まれることの多い子どもや問題行動を仲間から指摘される子どもへの個別の介入と対人関係の改善が実際に図られていった.

ここに紹介したアクションリサーチの2事例では,いずれも実践の変化だけではなく,この研究に関わった教師の実践の見方への変化が考察としてあげられている.それらは記録したビデオを再度検討したり,生徒の変化を教師が事実として認識することによって生じたものである.

授業時に撮影したビデオを利用する研究には,これらのアクションリサーチのようにビデオ再生を手がかりにし実践者自身の思考や子どものあり方を振り返る方法(**再生刺激法**)だけではなく,他の授業者にも同一ビデオを見てもらい,そこでの判断を尋ねる方法(**VTR中断法**)や,ビデオ視聴後に印象をカードに書き,そのカードを自分で2分しツリー構造を作り整理分類していくことから授業認識の特徴や授業経験を語る言葉を調べる(**カード構造化法**:藤岡, 1998, 2000)などの調査法もある.それらの方法もまた,実践研究を進める上で,教師どうしが互いの相違や研究者との見方の差異を知り,アクションリサーチを深める上での手がかりとなるものである.また実践での行動や認知を規定している要因について,実践者が認識するための方法として,教師の生徒認

知を調べる手法や生徒の学級風土認知を調べる尺度も開発されている（近藤，1994；伊藤・松井，1996）．上記のようなさまざまな手法をひとつの手がかりとしながら，実践に働きかける研究を行っていくことができる．ただし実践研究においては，いかなる場合も，教師の成長や実践の改善と同時に，実践に参加している生徒それぞれの発達を促すことが最優先されることを忘れてはならない．

6.3 発達・学習の個別的支援を通じての研究

6.2節では，教室という日常的な教育実践の場に研究者が関わる研究を述べてきた．ここではさらに，何らかの問題を抱える子どもに対し，心理学の専門家が関与し研究するあり方についてみてみよう．

6.3.1 発達に遅れや障害のある子への支援

幼稚園や保育所への巡回相談や発達相談等において，発達に何らかの遅れや偏りがみられる子どもに出会い助言を求められることがある．その際に，**発達の遅れ**とされることが器質的な障害や疾病によるのか，必要な何らかの刺激が環境に欠如していることによるのか，あるいは園生活への適応上生じているものであるのかといった原因を考え，コンサルテーションしていく必要がある．「発達」を考える際には，大人が期待することがどの程度できるのかという視点だけではなく，その子にとって自ら意味ある経験を行い変化が生まれてきているかどうかを確認していくことが求められる．発達を援助するための方針や計画を具体的にたて，また発達の変化を追跡し援助のあり方を評価していくためのひとつの手立てとして，発達検査や知能検査を使用し個別に別室等でテストすることがある．

発達検査には，図6.9のように，目的や年齢，評価する機能などに応じてさまざまな種類のものが準備されている．したがって，各々の検査の範囲や具体的手順を十分に理解して実施することが必要である．検査実施にあたっては，実施の主旨を保護者や園に了解して行うことが前提となる．発達検査の結果は，その子どもの発達程度が何歳児の平均発達水準に相当するかを年齢によって示

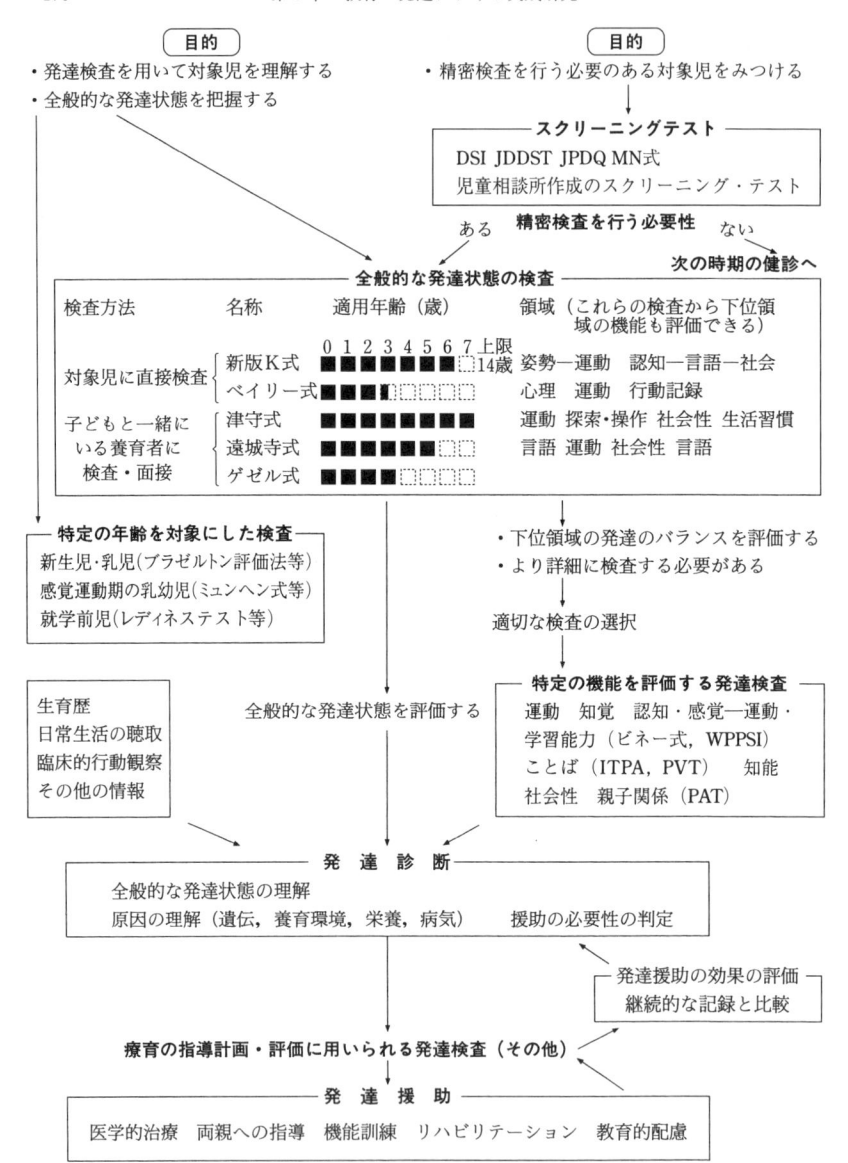

┌─目的─┐
・発達検査を用いて対象児を理解する
・全般的な発達状態を把握する

┌─目的─┐
・精密検査を行う必要のある対象児をみつける

スクリーニングテスト
DSI JDDST JPDQ MN式
児童相談所作成のスクリーニング・テスト

　　　　　　　　　　　　　精密検査を行う必要性
　　　　　　　　　ある　　　　　　　　　　　　ない
　　　　　　　　　　　　　　　　　　　　次の時期の健診へ

全般的な発達状態の検査

検査方法	名称	適用年齢（歳）	領域（これらの検査から下位領域の機能も評価できる）
対象児に直接検査	新版K式	0 1 2 3 4 5 6 7 上限 ■■■■■■■■ 14歳	姿勢―運動　認知―言語―社会
	ベイリー式	■■■	心理　運動　行動記録
子どもと一緒にいる養育者に検査・面接	津守式	■■■■■	運動　探索・操作　社会性　生活習慣
	遠城寺式	■■■■	言語　運動　社会性　言語
	ゲゼル式	■■■	

特定の年齢を対象にした検査
新生児・乳児(ブラゼルトン評価法等)
感覚運動期の乳幼児(ミュンヘン式等)
就学前児(レディネステスト等)

・下位領域の発達のバランスを評価する
・より詳細に検査する必要がある

適切な検査の選択

生育歴
日常生活の聴取
臨床的行動観察
その他の情報

全般的な発達状態を評価する

特定の機能を評価する発達検査
運動　知覚　認知・感覚―運動・
学習能力（ビネー式，WPPSI）
ことば（ITPA，PVT）　知能
社会性　親子関係（PAT）

発 達 診 断
全般的な発達状態の理解
原因の理解（遺伝，養育環境，栄養，病気）　　援助の必要性の判定

発達援助の効果の評価
継続的な記録と比較

療育の指導計画・評価に用いられる発達検査（その他）

発 達 援 助
医学的治療　両親への指導　機能訓練　リハビリテーション　教育的配慮

図 6.9　乳幼児期の発達診断・援助における発達検査の過程と機能（鹿島・澤田・南，1991）

す発達年齢（DA）や同じ暦年齢集団内での相対位置で示す発達指数（DQ）で示される．また，**知能検査**は精神年齢（MA），知能指数（IQ）で示される．ただし，これらの検査は暦年齢の標準値からの偏りを示したにすぎない．

そのため，第1に，指数だけにとらわれず，下位検査のプロフィールに注目しその子どもの中での特徴をとらえることや，日々のその子どもの様子の観察や関係者からの聴き取りの情報と合わせ考えていくことが重要である．中には日常生活場面と検査場面での課題の遂行に大きなずれがみられる子どもがいる．検査場面では，検査者との間で場を共有しその場面に興味関心を示すことや，検査者の意図や課題の構造を理解しその目的に向かって自らの行動を調整することが必要となるため，活動が困難な子どもがいる．一方日常の仲間関係では関係をとることが困難でも，大人との二者関係ではコミュニケーションがとれる子どももいる．いずれもがその子どもの姿であり，ずれから子どもの特徴や発達を促す手がかりを考えていくことができる．

また第2に，検査結果をとらえる際に，特定時点での検査結果だけでなく変化しつづける子どもを継続的にみていくことである．発達指数の推移には上昇型，平坦型，起伏型，下降型の4つの型がみられており，特定時点の結果がその後の変化を十分予測するわけではない（瀬戸，1998）．幼児期には発達速度の個人差が大きく，また急速な伸びや停滞がみられる時期があることを理解しておく必要がある．

検査を行った後，発達に何らかの障害がみられる際の診断には，一般に米国精神医学会の**DSM—IV**（APA，1994）が手引きとして使用されている．診断においては，経験豊かな専門家の判断を仰ぐとともに，診断名の告知が周囲の人に及ぼす影響の大きさを考え，慎重にする必要がある．器質的側面から専門的療育が必要である際には専門機関へ通所・通院を行いながら幼稚園や保育園に通園することが多い．

発達に遅れや障害のある子どもの場合には，子どもへ直接関わる親や保育者自身がその子どもの状態を理解するのが困難であったりさまざまな側面で不安や心配を抱えていることが多い．したがって，6.1節で述べたように，子どもを取り巻く人的環境をとらえ，当該の子どもへの援助・指導だけではなく，その子どもと親に関わる人々とのネットワークづくりへの援助や関与を考えるこ

とが必要である．また，子どもの活動を支える物理的な物や物の配置など物理的環境のあり方を考えていくことも，生活する場のデザインを考えていく上で重要である．人的，物的環境づくりとその整備，子ども自身への関わりを含めて研究考察することが発達臨床の実践研究として求められる．その際，養育や保育の環境は地域社会の文化的な行動様式によるところが大きいことに配慮する必要がある．上田（1998）は日本の3地域での養育行動の違いを明らかにするとともに，発達上の問題を抱えた子どもが養育環境刺激によってその問題の発現が抑えられたりすることや，養育環境が発達上の問題を予測することを示している．6.1節で述べたように，実践をマイクロにとらえると同時に，実践の文化的相違というマクロな比較が実践研究へ寄与することも大きいと言えるだろう．

6.3.2　実践研究としての認知カウンセリング

認知カウンセリングとは，学習や理解といった認知的問題をかかえる人に対して個別的な面接を通じて原因を探り，解決のための支援を行う実践的研究活動である（市川，1989, 1991）．認知カウンセリングと似た用語として「認知療法（cognitive therapy）」があるが，内容的にはまったく異なるものである．認知療法は通常のカウンセリングや心理療法で対象とするようなパーソナリティや人間関係の問題を抱えたクライエントに対して，認知的側面から解決をはかろうとするものである．それに対し，認知カウンセリングは，扱う問題そのものが，「数学がわからない」，「コンピュータがわからない」というような認知的問題なのである．

認知カウンセリングはもともと，大学生を対象にした統計学やコンピュータ・プログラミングの個別指導から始まった（市川，1989）．しかし，その後の主な活動は，大学に地域の小・中・高校生を呼んだり，逆にスタッフ（研究者や学生）が学校を訪れて行う個別学習相談の形をとっている（市川，1993, 1998）．通常のカウンセリングのようにカンファレンスが行われ，そこでは学校教員をまじえて，心理学や教科教育と関連させながら，それぞれがもちよったケースを検討しあう．また，学部学生を対象にこれまで行われている認知カウンセリングのゼミでは，家庭教師，塾，クラブ活動，家庭等の日常的な場を

表 6.2　大学のゼミにおけるケース報告の領域（1989〜1999 年度）

算数・数学（103 件）：分数の計算，比と比例，負の数の計算，1 次関数，幾何の証明など
英語（28 件）：文法，英文解釈など
国語（16 件）：漢字，作文，古文解釈など
理科（7 件）：電流と磁界，運動量，モル濃度など
ワープロ（9 件）：主として，基本操作
外国人への日本語教育（4 件）：漢字，敬語，ニュアンスなど
その他および複数教科（16 件）：「学習意欲を高めることを目的とした学習指導」，「概念的知識の獲得をめざした英語と数学の指導」，「3 歳女児への描画の指導」，「編み物の認知的側面からの指導」，「競技ダンスにおける認知的側面からの指導」，「C 言語におけるアドレスとポインタ」など

利用して，学生が「個別的に何かを教える」という活動を行ってきて，それを報告し，討論を重ねてからケースレポートにする．表 6.2 は，これまでのゼミでどのようなテーマがとりあげられたかを累計したものである．

　認知カウンセリングの目的は，心理学の知見や理論を現実場面で単に応用するというものではなく，「心理学的な理論から示唆される教育方法の有効性を実践的に検討する」という目的と，「教育実践場面でとりあげるべき重要な問題点を抽出して心理学的に検討し，心理学自体を実践的なものにしていく」という目的があるとされる．つまり，それぞれのケースの検討を通じて，個人的な相談・指導の力量を高めるとともに，心理学と教育実践の結びつきを考えていこうとするアプローチといえる．そこで，ケース報告においても，実施した順序でクライエントとのやりとりをただ記述するのではなく，何らかのテーマに沿って，「どのような相談・指導上の工夫をしたのか」，「それはどの程度効果があったのか」，「心理学や教育方法にどのような一般的な示唆を与えうるか」を明確にすることが重視される．

　たとえば，市川（2000）は，学習指導の中で，概念，図式，手続きなどを生徒に言語で表現させることが，理解の自己診断のために重要であることをテーマとしてとりあげている．いくつかのケースから，中学生がこうした方略をほとんどとらず，概念を説明するのに定義や事例をあげるといった基本的な方法さえ使わないことが報告される．さらに，認知心理学の視点から，言語的に表現することの意味や必要性が述べられ，中学 2 年生への数学と理科の学習指導のようすが具体的に記述されている．

植木（2000）は，学習障害児に算数の計算指導をする中で，「相互モデリング」という介入方法を開発している．これは，まず学習者がカウンセラーから正しい手続きをモデリング（観察・模倣を通じての習得）によって獲得し，次に，カウンセラーが学習者の間違い行動を模倣してみせる，ということを相互にくりかえしていく方法である．対話記録の中では，ややもすると学習に対して拒否的になりがちな学習障害児に対して，いかに学習意欲を高めるかの工夫が述べられている．また，考察では，従来のモデリング学習との相違や，学校の授業での適用の可能性について論じている．

認知カウンセリングをどのように行うのか，一般の家庭教師とどこが違うのかというのは学生からよくある質問である．これまでの書物（市川，1993, 1998）の中で，学習指導上のいくつかの技法は提案されているので参考になるかもしれないが，それらを忠実に行うことが認知カウンセリングなのではない．通常のカウンセリングにさまざまなやり方があるのと同様，認知カウンセリングでの相談・指導の方針や技法もさまざまなものがあってよい．むしろ，担当した個々のケースにおいて，カウンセラーが自分なりの方法を工夫し，それを検討し合い論文としてまとめていくという過程に大きな意味がある．その中から，基礎研究としてのテーマを見つけたり，新しい教育方法の提案がなされていくことが望まれるのである．

6.4 実践研究はどう評価されるか

6.4.1 実践研究に求められる要件

発達や教育の分野でいえば，実験や調査といったオーソドックスな方法をとる研究に比べて，保育実践，授業実践，発達臨床などの実践研究は学術的な研究として認められにくいという事情がこれまであったことは否めない．卒業論文や修士論文でも，実践研究が提出されることはあまりなかったといってよいだろう．そこで，この領域の研究がより盛んになり，学術的にも認められるものとなることをねらいとし，日本教育心理学会では「実践研究」というジャンルを学会誌に新設して，投稿を促すことになった．実践研究をどのようなものとして規定するかは，本章の初めに述べたように，かなり広くとらえている．

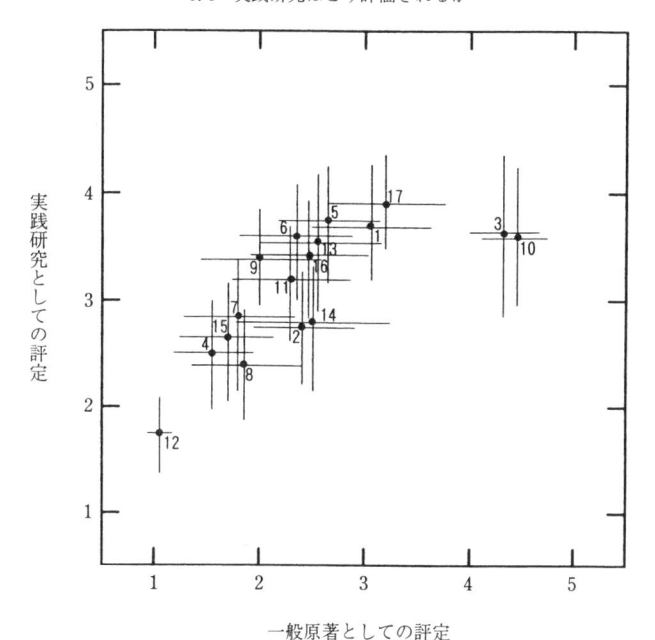

図 6.10　各論文に対する 2 種の平均評定値のプロット
図中の 1～17 の数字は論文番号.

　しかし，これまでの論文としての実例が少ないこともあって，「いったいどのような研究が高く評価されるのか」，「どのような点に注意して実践研究をまとめればよいのか」ということは明確になっていないのが現状である．そこで，市川 (1999) は，最近のいろいろな雑誌や紀要で公刊されている実践研究論文の中から 17 編を選び，日本教育心理学会の編集委員 20 名がどう評価するかのデータを集めて分析してみた．それぞれの論文につき，①『教育心理学研究』の「実践研究」としての適切性，②『教育心理学研究』の一般原著論文としての適切性を，次のような 5 段階で評定してもらうように求めたのである．

　　5：きわめて適切（ぜひ掲載すべきである）
　　4：まあまあ適切（掲載してさしつかえない）
　　3：どちらともいえない（掲載すべきかどうか迷う）
　　2：やや不適切（どちらかといえば掲載したくない）
　　1：きわめて不適切（本誌の論文にはそぐわない）

表6.3 実践研究の論文の例（調査で実践評定値の平均が3.0以上だったもの）

1. 授業における子どもの認知過程——再生刺激法による子どもの自己報告をもとにして．吉崎静夫・渡辺和志（1992）日本教育工学雑誌，**16**，23-39.
3. 教師の授業に関する実践的知識の成長——熟練教師と初任教師の比較検討．秋田喜代美・佐藤学・岩川直樹（1991）発達心理学研究，**2**，88-98.
5. 一人の児童を通してみた数学的表記の内化の過程の分析——比例的推論との関わりにおいて．日野圭子（1997）日本数学教育学会誌，**79**（4），2-10.
6. 実践的な教授技術の習得をめざしたシステムの開発とその検討——ロールプレイング法によるマイクロティーチングの実践事例をもとに．近藤勲（1995）日本教育工学雑誌，**18**，137-151.
9. 統合的創作活動におけるメディアとコミュニティの役割——英語の歌とCG制作を融合した教育実践．市川伸一・岩男卓実・古池若葉・村井潤一郎（1997）コンピュータ＆エデュケーション，**3**，77-87.
10. 教育方法に関する教師の自律性支援の志向性が授業過程と児童の態度に及ぼす影響．鹿毛雅治・上淵寿・大家まゆみ（1997）教育心理学研究，**45**，192-202.
11. 大学生の個別相談事例から見た卒業期の意味——比較的健康な自発来談学生についての検討．鶴田和美（1994）心理臨床学研究，**12**，97-108.
13. コンピュータによる心理学実験——一般教育への導入による効果と問題点．市川伸一（1988）教育心理学研究，**36**，84-89.
16. 学習者によるテスト問題の自己決定と内発的動機づけ——オーダーメイド・テストなどを試みて．倉光修（1998）大阪大学人間科学部紀要，**24**，141-164.
17. 体を起こすことと外界を受容すること——重度・重複障害児の事例研究．遠藤司（1991）発達心理学研究，**2**，32-40.

さらに，そのように判断した理由と，自分なりにどのような基準で判断しているかという記述的な回答も求めた．

実践研究論文としての適切性の評定値を「実践評定値」，一般の原著論文としての適切性の評定値を「原著評定値」とよぶことにする．論文ごとに実践評定値と原著評定値の20人分平均値を求めてプロットしてみると，図6.8のようになる．ここでは，標準偏差×0.5の値を，平均値からのバー（線分）の長さとして表示してある．全体として，2種の評定値は正の相関がきわめて高い．これは，もともと多くの評定者においてこの2種の評定の相関が非常に高かったことに起因している．実際，20人中12人において，実践評定値と原著評定値の相関係数が0.6以上あった．また，この標準偏差の大きさからみて，それぞれの論文において，評定者の間のばらつきがかなり大きいこともわかる．しかし，個人差が大きいとはいえ，20人の平均値は，それぞれの論文の全体的な評価をあらわしていると考えられるので，それぞれの論文の特徴をみてみる

6.4 実践研究はどう評価されるか

ことは参考になるだろう．ちなみに，実践評定値の平均が3.0以上であった論文については，表6.3にリストを掲げたので参考にしてほしい．

図6.8の右上のグループは，実践評定値も原著評定値も高いもので，論文1,3, 10, 17が属する．論文1は小学校の授業における児童の認知過程の詳細な分析で，論文17は障害児に対する治療過程の記述と考察である．この2つは，教育実践場面でのリアルな姿をとらえているものとして，実践評定値が高い．論文10は教師の教育観が，児童の自己有能感や学校適応感にどのような影響を与えるか，また，実際の授業場面ではどのようなやりとりが行われているのかを詳細に分析したものである．また，論文3は，中堅の教師が行っている授業のビデオを素材にして，熟練教師と初任教師がそれをどのように見てコメントするかを録音テープにとり，両者の観点や推論の違いを明らかにしたものである．これら2つの論文は洗練された緻密な分析方法をとっているために，原著論文としても高い評定を得ていると考えられる．さらに，現実の授業場面を扱っていることから，実践研究としての評定も比較的高いが，研究者（論文執筆者）自らが実践者であることを実践研究の要件と考える評定者からは，必ずしも高い評価を得ていない．そのため，この2論文に対する評定は大きなばらつきを生じ，平均値はそれほど高くはなっていない．

左上のグループは，一般原著としての評定は低いが，実践研究としては高く評定されたもので，「実践研究」というジャンルが設けられれば掲載されうる論文群といえよう．ここには，論文5, 6, 9, 11, 13, 16の6論文がはいる．論文5は学習者の思考過程の分析，論文6は教師教育の技法の開発，論文9,13, 16は新しい教育方法の提案・実施・評価，論文11はカウンセリング事例をもとにした考察で，場面や領域はさまざまである．しかし共通することは，研究者が面接・指導なり授業開発なりに直接関わっており，アクションリサーチに属するものである．ただし，これらの研究も一部の評定者からは，「単なる実践報告にすぎない」として低く評価されることがあり，ばらつきは大きい．ここで選ばれた研究は，何らかの心理的データをとって考察している点や，心理学的な研究との関連づけをはかっている点は見られるものの，評定者によってはより高い水準のものを期待するのであろう．

左下のグループは，今回の調査では，「実践研究」としても，一般の原著論

文としてもあまり適当でないと判断されたものである．評定者の記載した理由は個々の論文で異なるが，たとえば，「領域としてそぐわない」，「具体的な実践についての研究というよりモデルの提案としての色彩が強い」，「開発報告が主体で実践場面での評価データが十分でない」，「実践をとりあげてはいるが，心理学的なデータや理論にもとづく分析があらい」などの指摘がみられる．この調査の論文評価は，あくまでも『教育心理学研究』という学術誌の論文としての評定だが，どのような研究が認められにくいか，また，どのような点に留意すれば認められやすくなるかという点では参考になる結果である．少なくとも，教育実践をただ記述しただけでは不十分で，「データにもとづいて，実践の肯定的な側面と問題点とを公平に評価すること」，「その実践に関して，何らかの心理学的理論の裏づけや，得られた結果の心理学的な意味について考察すること」というのは，心理学としての実践研究に求められる重要な要件とされていることがうかがわれる．

6.4.2 実践研究に対する評価の個人差

上述したように，実践研究に対する評価は，評価のばらつきが非常に大きく，評価基準が評価者により異なることがしばしばある．評価の個人差というのは，ひとつはレベルの問題であり，どれくらい高い水準のものなら学術的な研究として認めうるかということである．もうひとつは，評価の観点，すなわち，どのような側面を重視して評価するかという，価値の置き方の個人差である．これらの個人差の結果，同じ論文に対して，ある評定者は1点をつけ，別の評定者は5点をつけるといったことが，この調査でも頻繁に起こっている．

ここでは，とくに評価の観点の個人差についての分析を紹介しておく．それを見るために，まず評定者間の相関係数を求めてみることが考えられる．もっとも高い評定者ペアの間では 0.777 だが，もっとも低い評定者ペアの間では -0.555 となんと負の相関になる．評定者20人の全組合わせ対 190 のうち，負の相関は 24 対（約 13％）を占めていた．ちなみに，原著評定値のほうは，-0.063 の1対を除きすべての相関係数が正の値であった．これと比較すると，実践研究としての評価は評定者によってかなりまちまちであることがわかるであろう．

6.4 実践研究はどう評価されるか

それぞれの評定者が実践研究に求める基準の潜在的構造を検討するために，それぞれの評定者を変数，各論文を個体とみなして因子分析を行った．その結果，実践の過程や学習者の変化を詳細に分析していることを評価する「分析志向」と，新たな教育方法を提案・実施・評価していることを重く見る「開発志向」の2因子が全体としての評定の基礎になっていることが見出された．この2因子のどちらにウェイトを置くかで，個人差が大きく現れるというわけである．

たとえば，分析志向因子の負荷量が高かった評定者Fは，自分の判断のしかたについて，次のように記述している．

> ［実践研究は］ある教材やシステムを開発したとか，ある教授法や介入法を行ったということの記述ではなく，それを行った実践者やその実践に参加した研究対象者の心理過程に関する知見が提示されているということである．（中略）なんらかの心理過程のモデルやデータが示されているかどうかということが一つの基準である．（中略）一般化，定式化を志向する印象が強いものがどちらかといえば原著向きであるのに対し，一般化よりはその実践が行われた文脈や固有性，その実践に参加したものの固有性を微細に記したものが実践研究向きと判断した．

すなわち，ひとつの実践に踏み込んで「心理過程のモデルやデータ」を示すことを強調している．これは，開発志向因子への負荷量が高い評定者とは対照的である．彼らは実践者が行った研究であることを重要な基準と考えている．たとえば，評定者Lは次のように，著者自身がいかに実践の改善に対して新たな工夫をしているかが研究として重要であると述べている．

> 日頃，教師は種々の工夫を凝らしながら実践活動を行っています．その工夫の中にはごくありふれた工夫もありますが，他の教師にとって有益な工夫もあるはずです．そうした日頃の工夫が教育上望ましい効果をもたらすことが示されるなら，その実践活動を「実践研究」論文として掲載すべきではないかと考えます．もちろん，評定した論文の中にもありますように，

著者自身が活動の場を設けて行った実践活動も，論文の対象になります．あくまでも著者自身の実践活動であることが基本です．教育現場に焦点を当てても，著者が実践活動を行っていない場合（観察研究）は，「実践研究」論文の対象外であると思います．

同様に，次の評定者 T も，著者自らが実践に関わっていることを要件としつつ，心理学研究としての要件や，一般の原著論文との違いを述べている．

> 実践研究とは――授業者・実践者・開発者の報告であること／実証性，客観性など実践の評価を含めていること／事例報告の場合は実践の重要性や事例から得られた知見の普遍性があること／教材開発の場合はその有効性評価を含むこと／臨床事例については教育面とのつながりがあること．一般の原著論文とは――授業者・実践者からやや距離を取り，客観的にまた厳密に教授・学習を評価測定していること／理論的背景の中で研究が位置づけられ，理論的貢献が見られること／サンプルのある程度の普遍性・一般性に配慮がなされていること．

以上見てきたように，実践研究に対する評価基準は，現在のところかなり多様性がある．論文の書き手のほうも，どのような点をアピールしたいかが当然異なっているだろう．教育実践を自ら行った場合の著者は，その実践の背後にある教育理念や，自らの実践の特色をまず強調するであろう．次に，他の実践者にも内容がわかるように計画や方法を記述することに紙数を費やす．このあと，実践のようすや評価を書くとしても，詳細なデータをとって心理学的分析や理論づけをすることは，関心からいっても，論文の紙数の制約からいっても手薄にならざるを得ない．もちろん，その両方を満たせる論文が理想的であろうが現実には難しい．そこで，あくまでも実践者としての開発的立場に立った研究を評価する評定者と，緻密な分析を重視する評定者とで評価が分かれてくる．こうした不一致は，過渡期には避けられない学界全体の問題といえるだろう．今後，多くの論文が発表されて蓄積されるにつれて，しだいに議論が深まり，相互理解がはかられていくものと期待される．

❖キーワード

アクションリサーチ,場,生活空間,ダイナミック・システムズアプローチ,因果モデル,二重刺激法,個人―社会・生態的環境枠組み,コンサルテーション,授業研究,教室談話,メタ観察記録,エスノメソドロジー,再生刺激法,カード構造化法,発達の遅れ,発達検査,知能検査,DSM―IV,認知カウンセリング,実践研究に求められる要件,実践研究に対する評価の個人差

❖参考図書

　学校教育や保育の現場における子どもや教師のあり方の研究は,最近とみに盛んになっている.フィールドワークとしての研究法は,無藤・山田(1995),やまだ(1997)等を参照してほしい.浅田・生田・藤岡(1998),近藤・岡村・保坂(2000),秋田(2000)を読むと,教師と心理学者が関わりながら実践的な研究をすすめていくようすが具体的によくわかる.

　学校における心理的問題の解決の支援を行う「学校心理学」について,石隈(1999)は包括的に解説している.この領域の動向から,実際の支援活動のようすまでよく理解できるはずである.とくに,学習についての相談・援助については,松原(1992),三浦(1996)のほか,本章でも紹介した「認知カウンセリング」の立場から,市川(1993,1998)が参考となるだろう.

❖引用文献

秋田喜代美　1998　談話　日本児童研究所(編)　児童心理学の進歩1998年版　金子書房　Pp. 53-77.

秋田喜代美　2000　子どもをはぐくむ授業づくり　岩波書店

秋田喜代美　2001　教室におけるアクションリサーチ　やまだようこ・南　博文・佐藤達哉(編)　カタログ現場心理学――表現の冒険　金子書房　Pp. 96-103.

秋田喜代美・市川洋子・鈴木宏明　2001　アクションリサーチによる学級内関係性の形成過程　東京大学教育学研究科紀要,第40巻,153-171

APA　1994　高橋三郎・大野裕・深谷俊幸(訳)　1995　DSM-IV 精神疾患の分類と診断の手引　医学書院

Argyris, C., Putnam, R., & Smith, D. M.　1985　*Action science : Concepts, methods, and skills for research and intervention.* Jossey-Bass.

浅田　匡・生田孝至・藤岡完治(編)　1998　成長する教師　金子書房

Bronfenbrenner, U.　1979　*The ecology of human development : Experiments by nature and design.* Harvard University Press. 磯貝芳郎・福富 護（訳） 1996 人間発達の生態学――発達心理学への挑戦　川島書店

Chavajay, P., & Rogoff, B. 1999 Cultural variation in management of attention by children and their caregivers. *Developmental Psychology*, **35**, 1079-1090.

Fernandez, C., Yoshida, M., & Stigler, Y. 1992 Learning mathematics from classroom instruction: On relating lessons to pupils' interventions. *Journal of the Learning Science*, **2**(**4**), 333-365.

藤岡完治　1998　自分の言葉で授業を語る　浅田　匡・生田孝至・藤岡完治（編）　成長する教師　金子書房　Pp. 118-133.

藤岡完治　2000　関わることへの意思――教育の根源　国土社

Gauvain, M. 1995 Thinking in niches: Sociocultural influences on cognitive development. *Human Development*, **38**, 25-45.

Gore, J. M., & Zeichner, K. M. 1991 Action research and reflective teaching in pre-service teacher education: A case study from the United States. *Teaching and Teacher Education*, **7**(**2**), 119-136.

Greenwood, D. J., & Levin, M. 1998 *Introduction to action research: Social research for social change.* Sage Publications.

市川伸一　1989　認知カウンセリングの構想と展開　心理学評論，**32**, 421-437.

市川伸一　1991　実践的認知研究としての認知カウンセリング　箱田裕司（編）　認知科学のフロンティア　第1巻　Pp. 134-163.

市川伸一（編）　1993　学習を支える認知カウンセリング――心理学と教育の新たな接点　ブレーン出版

市川伸一（編）　1998　認知カウンセリングから見た学習方法の相談と指導　ブレーン出版

市川伸一　1999　「実践研究」とはどのような研究をさすのか――論文例に対する教心研編集委員の評価の分析　教育心理学年報，**38**, 180-187.

市川伸一　2000　概念，図式，手続きの言語的記述を促す学習指導――認知カウンセリングの事例を通しての提案と考察　教育心理学研究，**48**, 361-371.

石隈利紀　1999　学校心理学――教師・スクールカウンセラー・保護者のチームによる心理教育的援助サービス　誠信書房

伊藤亜矢子・松井　仁　1996　学級風土研究の経緯と方法　北海道大学教育学部紀要，**72**, 47-71.

鹿島達哉・澤田英三・南　博文　1991　発達検査一覧　山本多喜司（監修）　発達心理学用語辞典　北大路書房　Pp. 334-357.

木下康之 1999 グラウンデッド・セオリー・アプローチ 弘文堂
小嶋秀夫 2000 人間発達と発達研究が位置している状況 小嶋秀夫・速水敏彦・本城秀次(編) 人間発達と心理学 金子書房 Pp. 3-34.
近藤邦夫 1994 教師と子どもの関係づくり——学校の臨床心理学 東京大学出版会
近藤邦夫・岡村達也・保坂 亨 2000 子どもの成長 教師の成長 東京大学出版会
鯨岡 峻 1999 関係発達論の構築——間主観的アプローチによる ミネルヴァ書房
Lerner, R., & von Eye, A. 1998 Integrating youth- and context-focused research and outreach: A developmental contextual model. In D. Görlitz, H. J. Harloff, G. Mey, & J. Valsiner (Eds.) *Children, cities, and psychological theories: Developing relationships.* Walter de Gruyter. Pp. 573-597.
Lewin, K. 1946 Action research and minority problems. *Journal of Social Issues*, **2**, 34-46.
Lewin, K. 1951 *Field theory in social science: Selected theoretical papers.* 猪股佐登留(訳) 1956 社会科学における場の理論 誠信書房
Macniff, J., Lomax, P., & Whitehead, J. 1996 *You and your action research project.* Routledge.
松原達哉 1992 学習についての相談 ぎょうせい
箕浦康子(編) 1999 フィールドワークの技法と実際——マイクロ・エスノグラフィー入門 ミネルヴァ書房
三浦香苗 1996 勉強ができない子——学習不振児の調査と実践 岩波書店
無藤 隆 1995 制度の下における成長とその専門的支援システムの構築——学校における子どもと教師の成長をめぐって 無藤隆・やまだようこ(編) 講座生涯発達心理学1 生涯発達心理学とは何か——理論と方法 金子書房 Pp. 93-120.
無藤 隆 1997 協同するからだとことば——幼児の相互交渉の質的分析 金子書房
無藤 隆・やまだようこ(編) 1995 講座生涯発達心理学1 生涯発達心理学とは何か——理論と方法 金子書房
Noffke, S. E. 1997 Professional, personal and political dimensions of action research. *Review of Research in Education*, **22**, 305-343.
奥山竜一 2000 「聞く・話す」活動を通して書く力を伸ばすアクション・リサーチ 佐野正之(編) アクションリサーチのすすめ——新しい英語授業研究 大修館書店 Pp. 93-127.
瀬戸淳子 1998 能力を評価する——発達検査によってみえてくるもの 長崎 勤・本郷一夫(編) 能力という謎 ミネルヴァ書房 Pp. 27-50.
柴山真琴 2001 行為と発話形成のエスノグラフィー 東京大学出版会

Strauss, A. L., & Corbin, J. 1990 *Basis of qualitative research : Grounded theory procedures and techniques.* Sage Publications. 南　裕子（監訳）　質的研究の基礎——グラウンデッド・セオリーの技法と手順　医学書院

Thelen, E., & Smith, B. 1994 *A dynamic systems approach to the development of cognition and action.* MIT Press.

続　有恒・高瀬常男（編）　1975　心理学研究法13　実践研究　東京大学出版会

上田礼子　1998　発達のダイナミックスと地域性　ミネルヴァ書房

植木理恵　2000　学習障害児に対する動機づけ介入と計算スキルの教授——相互モデリングによる個別学習指導を通して　教育心理学研究, **48**, 491-500.

Valsiner, J. 2000 *Culture and human development.* Sage Publications.

Vygotsky, L. S, & Luria, R. 1993 *Studies in the history of behavior.* Lawrence Erlbaum Associates.

やまだようこ（編）　1997　現場心理学の発想　ミネルヴァ書房

山本和郎　1986　コミュニティ心理学——地域臨床の理論と実践　東京大学出版会

山本多喜二・ワップナー, S. 　1991　人生移行の心理学　北大路書房

山崎敬一・西阪　仰（編）　1997　語る身体・見る身体　ハーヴェスト社

好井裕明・山田富秋・西阪　仰（編）　1999　会話分析への招待　世界思想社

吉崎静夫　1995　授業における子どもの内面過程の把握と授業改善　水越敏行（監修）　梶田叡一（編）　授業研究の新しい展望　明治図書　Pp. 68-80.

第7章

臨床における実践研究

本章では，心理臨床活動に関する心理学研究の方法について解説する．心理臨床活動は，対象となる事例が抱える心理的問題を解決するための援助を目的とする実践活動である．したがって，本章で扱う研究では，心理的問題を解決するのに有効な視点や技法を見出すことが目的となっており，その点で研究と実践が表裏一体の関係となる．そのため，臨床における実践研究では，単に心理学研究の方法を学ぶだけでなく，実習を通して臨床実践の基本的態度や技能を習得しておくことが研究の前提となる．具体的には，研究者は，対象との間で相互的な信頼関係を形成し，その関係の中で自己モニタリングをしながら，適切なデータを収集する臨床面接法，臨床観察法，臨床検査法の技能，および得られたデータを記述し，解釈・分析する技法を身につけなければならない．

7.1 臨床における実践研究とは何か

7.1.1 臨床心理学と臨床実践研究

1879 年の W. Wundt による心理実験室創設が心理学の始まりとされる．このことに示されるように，伝統的な心理学においては，実験法といった**自然科学の方法論**を採用することが重要な意味をもっていた．自然科学の考え方においては，**普遍的法則**を見出すことが研究の目的となる．そのために，まず特定の研究者の主観に左右されない客観的データが重視される．そして，客観的データを数量化し，仮定された推論（仮説）が正しいことを数式によって示すことが普遍的法則の定立の前提となるとされる．

心理学の歴史においては，このような自然科学に準じる心理学が主流を形成

してきた．したがって，伝統的な心理学においては，客観的なデータを収集するために条件を統制する実験計画が重視され（第4章参照），データの処理においては数量化データの統計的分析にもとづく検定や推論が重視されることになる（第3〜5章参照）．

しかし，心理学には，これとは異なるもうひとつの流れとして，**臨床法**とよばれていた臨床心理学の系譜がある．たとえば，臨床心理学の中でも大きな影響力をもつ精神分析は，催眠術を起源とする S. Freud の理論にもとづいて展開したものであり，伝統的な心理学とは関連なく発展したものである．このような臨床心理学は，心理的援助を行う**心理臨床実践**が主要な活動となる．したがって，臨床心理学においては，研究それ自体が目的ではなく，実践的に有効な心理的援助の方法を開発することが目的であり，研究活動はそのような実践的に有効な心理的援助の方法を開発し，その有効性を確認する手段となる．その点で，臨床心理学における研究は，心理臨床を中心に実践と研究の統合がテーマとなる．本書では，このような臨床心理学研究を「臨床における実践研究」とよぶことにする．

臨床における実践研究は，つねに心理臨床実践との関連で行われる．心理臨床実践は対象者との間での相互的関係を通して行われる．そのため臨床における実践研究では，自然科学の原理である客観性を厳密に保つことは不可能となる．その結果，臨床における実践研究では，伝統的心理学研究のように自然科学が重視する普遍的法則を定立することが必ずしも目的とはならない．

7.1.2 臨床における実践研究の心理学的位置づけ

このように実践と研究の統合をテーマとする臨床における実践研究は，心理学研究のなかでは独自な位置づけとなる．そこで，以下において臨床における実践研究が，心理学研究全体のなかで占める位置づけを確認し，それを通してその特徴を明らかにする．

第1章で指摘したように，ただ単なる自己流の憶測を披露するとか，自身の活動の記録を報告するだけでは，心理学研究とは言えない．心理学研究として成立するためには，データという**証拠にもとづいた**（**evidence-based**）推論がなされることが条件となる．したがって，心理学研究においては，自然科学に

準ずるにしろ，準じないにしろ，「データの収集と処理にもとづく推論」が行われることが基本的な方法論となるわけである．

このようにデータの収集と処理を基本とする心理学研究法では，どのようなセッティングでデータを収集するかによって研究のタイプが異なってくる．データ収集のセッティングとは，現実生活のなかに研究をどのように位置づけるかということである．そこで，現実とどのような関連をもつかによって，図7.1に示すように心理学研究の基本的なあり方は，「実験」，「調査」，「実践」の3種類に分類される．この点は，すでに第1章で簡単に触れられているが，ここでは，実践研究の独自性を明確にするために，改めて詳しく検討することにする．

現実生活の複雑な要因の影響を受けないようデータ収集の場の条件を統制するのが**実験**である．実験では，条件を統制することによって要因間の厳密な因果関係を把握することを目指す（第4章参照）．現実生活の側面について調べるため，条件を統制するのではなく，その特徴を適切に抽出するようデータ収集の場を設定するのが**調査**である（第2章，3章参照）．調査では，適切なデータを抽出することによって現実を正確に把握することがめざされる．実験，調査いずれも研究対象に影響を与える現実生活への介入を極力避けるように場が設定される．

それに対して研究対象の現実に介入し，適切な影響を与えるために，現実生活に積極的に関与するようデータ収集の場を設定するのが**実践**である．実践では，現実生活に関与することによって介入の実践的な有効性を高めることがめざされる．

このように現実生活との関連のあり方を基準とすることで，心理学の研究方法におけるデータの収集の場の型を「実験」，「調査」，「実践」の3つの型に分類できる．そして，臨床における実践研究は，**実践型研究**の代表的な心理学研究として位置づけられる．

7.1.3 臨床における実践研究の特徴

自然科学に準ずる実験型研究や調査型研究では，データの客観性を保つために，研究（者）が対象（者）に影響を与えることを極力避けるようにデータ収集の場を設定する．たとえば，研究者が観察していることが対象者の行動に影

第1段階：データ収集の場の型

- 現実の統制 **実験**
- 現実の抽出 **調査**
- 現実への関与 **実践**

↓

第2段階：データ収集の方法

- 行動を見ることでデータを得る **観察**
- 課題の遂行結果をデータとする **検査**
- 会話を通してデータを得る **面接**

↓

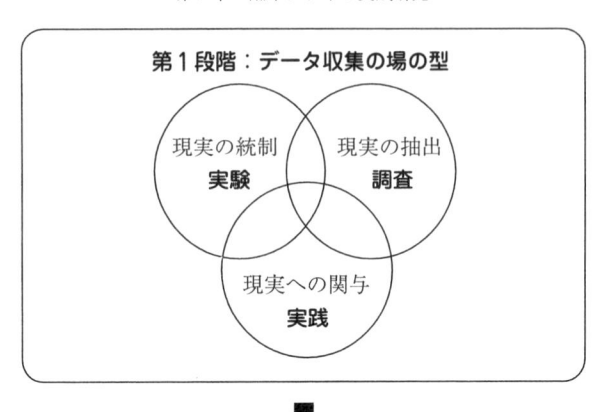

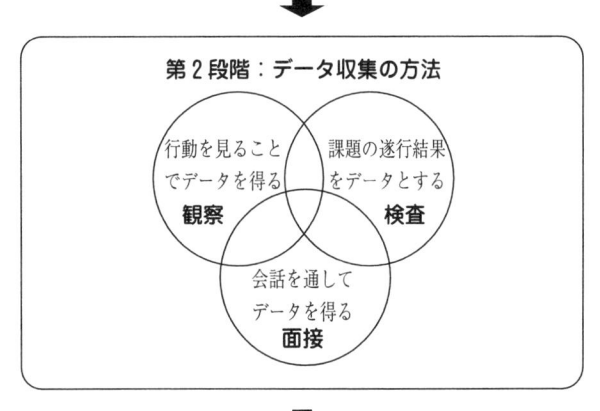

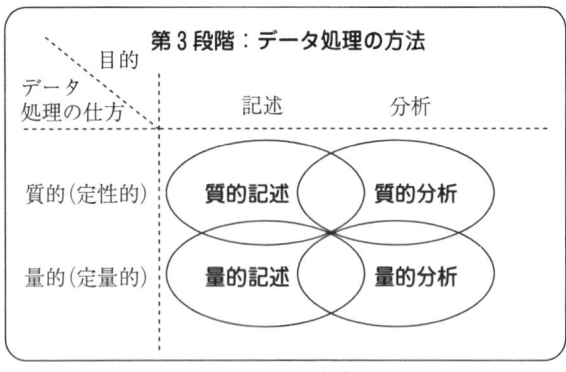

第3段階：データ処理の方法

データ処理の仕方 \ 目的	記述	分析
質的（定性的）	質的記述	質的分析
量的（定量的）	量的記述	量的分析

図 7.1　心理学研究法の分類

響を与える観察者効果が生じないようなセッティングが望ましいとされ，そのための方法として，研究企画者と研究担当者を分け，研究の対象者だけでなく，研究担当者にも研究の意図を知らせずに研究を遂行する2重盲験法が開発されている．したがって，研究者が対象者との間で人間関係を形成すること（**関係性**）や，研究が対象（者）の生活状況に関与すること（**状況性**）は，まず第1に排除される事柄となる．

ところが，実践型研究である臨床における実践研究では，それとはまさに逆で，研究（者）が対象（者）の現実に介入し，影響を与えることが研究の目的となる．つまり，研究活動は，同時に対象（者）の現実に介入する実践活動となっている．したがって，自然科学に準ずる研究では第1に排除される関係性と状況性をデータ収集のセッティングのなかに積極的に組み込むことが臨床における実践研究の特徴である．関係性は実践活動における研究者と対象者との間の多様な相互作用のことであり，研究者の意図する影響はこの関係性を通して対象（者）に与えられる．状況性は，研究（者）が研究対象の状況に関与し，状況そのものを変えていくことである．このような関係性や状況性が関わるデータを収集するためには心理臨床の実践技能が必要となる．その点で，臨床における実践研究を行うためには，**実践技能**の訓練を受けていることが前提となる．

また，複雑な現実に介入していく臨床における実践研究では，研究のセッティングを固定するのではなく，対象となっている現実の状況に合わせて適宜セッティングを構成し，必要なデータを収集する心理臨床の実践技能が必要となる．通常は，データ収集を循環的に複数回くりかえして行い，観察法，面接法，検査法などを用いてさまざまな角度から多様な**臨床データ**を収集することが目指される．

さらに，収集したデータを記述し，分析するデータ処理の段階において，自然科学に準ずる研究では，客観的データを数量化し，統計的に分析する定量的な方法論が重視される（第3章参照）．それに対して臨床における実践研究では，実践型研究として対象（者）の現実に関与する多様な臨床データが収集されるため，数量化が困難となる．しかも，現実は常に時間の経過のなかで形成されるので，時間軸にそった形成のストーリーを備えている．そのため現実に

介入して収集した臨床データは，**ストーリー性**を帯びたものとなり，数量化にはなじまない．そこで，データは，状況形成のストーリーを文章として記述する**定性的データ**となり，分析は**質的研究法**が採用されることが多くなる（第2章参照）．

7.1.4 臨床における実践研究の多様性

このように臨床における実践研究は，心理臨床実践を基本として研究を構成する実践型研究である．しかし，実践型，調査型，実験型は，図7.1に示したようにそれぞれがまったく独立して存在するのではなく，互いに重なり合う側面がある．したがって，心理臨床実践を実験型や調査型研究で研究することも可能である．その点で，臨床における実践研究は，自然科学に準ずる心理学研究と対立するものではない．実践型研究として独自な在り方を示しつつも，ほかの実験型研究や調査型研究にも開かれ，多様な研究法の展開が可能となる．そのような場合，**実践性**を重視する臨床実践と**科学性**を重視する実験型や調査型の研究の方法論をどのように組み合わせるのかということがテーマとなる．

実践性を重視する臨床実践では，研究者が対象との間に特定の関係を構成し，現実に具体的に関わっていくことが前提となる．そこでは，科学性がいくら高くても，個別の具体的事例に対して実際に有効な対応ができなければ意味がないことになる．つまり，いくら客観性や普遍性があっても，有効な介入をするのに役立つという実践性がなければ意味がないわけである．むしろ，客観性や普遍性に関わることは，複雑な現実に適切に対応する妨げになる場合も多い．したがって，臨床における実践研究では，まず研究の基本として実践性が重視され，それとの関連で科学性が考慮される構造となる（下山，2000a）．

それを図示したのが，図7.2である．研究の枠組みとして，基本研究となる**実践を通しての研究**と，関連研究となる**実践についての研究**の2種があり，その両者が循環的に組み合うことで臨床における実践研究の全体が構成される．「実践を通しての研究」とは，研究者が実践を行いつつ研究するあり方であり，実践型研究に相当する．具体的な研究法としては，本章で解説する会話分析，事例研究，実践的フィールドワークなどがある．それに対して「実践についての研究」は，研究者は，実践活動から離れ，実践活動を客観的対象として研究

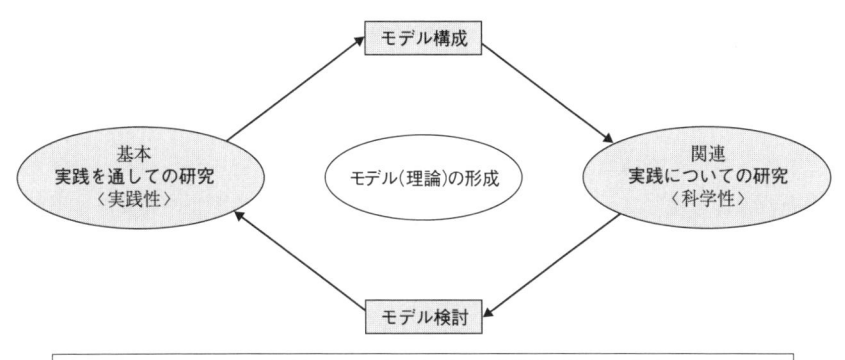

```
         モデル構成
    ↗              ↘
基本                  関連
実践を通しての研究  モデル(理論)の形成   実践についての研究
〈実践性〉                〈科学性〉
    ↘              ↗
         モデル検討
```

このモデルの特徴：循環性（実践 ⇄ 研究，実践性 ⇄ 科学性，構成 ⇄ 検討，記述 ⇄ 評価）

図7.2　基本—関連の循環図式

するあり方である．これは，実践型と調査型および実験型が重なる部分に相当する．

　このような枠組みで考えるならば，「実践を通しての研究」で何らかのモデルを構成し，「実践についての研究」でそのモデルを評価し，それらを循環的に組み合わせることで新たなモデルを生成し，検証する臨床心理学研究が可能となる．したがって，臨床における実践研究は，全体として実践性と科学性を循環的に統合する構造となる．なお，実践型研究に調査型研究や実験型研究を組み合わせる「実践についての研究」の具体的な研究法としては，単一事例実験（第5章参照），メタ分析，アクションリサーチ（第6章参照），アナログ研究などがある（下山，2000a）．

7.2　臨床における実践研究に必要な基本技能とその実習

7.2.1　臨床における実践研究の前提となる基本技能

　これまで述べてきたように臨床における実践研究は，他の心理学研究とは異なり，対象との間に人間的な関係を形成し，そこに積極的に関わることを通して研究を行う．したがって，臨床における実践研究のあり方は，対象と距離をとり，対象に影響を与えないセッティングで客観的データを収集し，それを論理的に分析する自然科学の方法論に準ずる心理学研究とは基本的に異なったものとなる．

このような実践研究にあっては，客観的な研究の成果を実践に適用するというのではなく，実践が研究であり，研究が実践であるというあり方が基本的態度となる．そのため，実験や調査の知識や方法を学んだからといっても，それで臨床における実践研究ができるようになるものではない．もちろん，実験や調査の学習を通して，データにもとづく推論を行うという**実証的態度**を心理学研究の基礎技能として学ぶことは必須である．しかし，それを基礎として実践研究を発展させるためには，実践研究に特有な基本的態度と，そのための技能を実習や訓練を通して身につけなければならない．

まず，研究対象者と距離をとるのではなく，その対象者に近づき，関係を構成し，そして関わっていくための技能を身につけなければならない．その場合，対象者に適切な影響を与えることが目的になるが，そこでは単に研究者の側から一方的に対象者に影響を与えるだけでなく，対象から研究者に影響が与えられるということが生じる．つまり，対象者と研究者との間での相互関係の中での研究となる．したがって，研究者は，対象者との間の相互的な関係の中に参加し，関わりつつ，データを収集し，そして分析する技能を身につけなければならない．

そこで，臨床における実践研究の基本技能としては，第1に対象者との関係を形成し，その関係に参加していく**人間関係能力**が必要となる．対象者と関係を構成し，その関係の中で研究を行う場合には，当然のことながら対象者からの影響を受けることで研究者の側にさまざまな**主観的体験**が生じてくることになる．その点で臨床における実践研究では，研究者は，自然科学をモデルとする心理学研究とは異なり，研究者の主観から離れた客観的データのみを収集，分析することは不可能である．むしろ，対象者との間に**相互主観的関係**を形成し，参加し，そこで生じてくる研究者自身の主観的体験を意識し，それを理解し，コントロールしていく技能が必要となる．したがって，臨床における実践研究の基本技能として，第2に**自己モニタリング技能**が必要となる．

さらに，自己の主観的体験も含めて，対象者との関わりにおいて生じてきた出来事を質的データとして記述する**叙述化の技能**も必要となる．これが，臨床における実践研究で必要とされる第3の基本技能となる．この叙述化の技能は，質的な研究法で重視されるフィールドワークの技法と重なるものである（第2

章参照).

　このような基本技能は,単に知識を学ぶだけでは習得できない.また,人工的に構成された実験室での研究や現実の一部を抽出する質問紙調査による研究で身につくものではない.現実の人間関係に参加することを通して体験的に学習されるものである（平木・裴岩,1998）.したがって,臨床における実践研究を行うための基礎訓練として,まず何らかの実践活動やグループワークに参加し,その場での体験を内省し,それを記述してレポートに作成する実習が必要となる.そのような**体験実習**を通して,人間関係能力,および自己モニタリングと体験の叙述化の技能を学習する.

　なお,自己モニタリングのための技能を習得するための訓練として,**フォーカシング**の技法を学ぶことが役立つ.私たちは,さまざまな出来事に対して,まだ言葉にならないが,からだでは漠然とした何かを感じながら生きている.このような出来事に接して感じている自らの体験過程に焦点を当て,それを徐々に言葉にし,意識化していくのがフォーカシングである.このようなフォーカシングの技法を身につけることによって,現場の実践活動に参加して感じられる自己の体験をモニタリングするきっかけを得ることができる（近田・日笠,1998；村瀬,1995）.

　臨床における実践研究は,このような基本技能を基礎として,その上に臨床的な面接法,検査法,観察法といったデータ収集技能を学ぶことで可能となる.

7.2.2　臨床的データ収集技能と倫理

　自然科学の方法論に準ずる心理学においては,**信頼性**（reliability）という,いつどこでもだれが行っても同様のデータが収集できるというデータの安定性を示す概念が重視される.これは,客観的なデータに価値が置かれているからである（第3章参照）.それに対して臨床における実践研究では,まず対象との間で**信頼関係**（rapport）を形成し,対象者が自己の内面に関わるデータを表出できる環境を構成することが第一に重要となる.そこでは,いつどこでもだれが行っても同様のデータを収集できるというのではなく,特定の対象との間で具体的な信頼関係を構成することが重要となる.その点で臨床における実践研究は,データの信頼性や安定性よりも,まず個別性や具体性が重視される.

コラム 7-1　フォーカシングのステップ

　フォーカシングとは，許容的な態度で自分自身のからだに注意を向け，フェルト・センス（felt senses）とよばれる微妙な水準の認識に気づくようになるプロセスである．そして，そのような気づきを通して，自分が本当に感じていること，本当に望んでいることを知るのに役立つ．このような自己理解は，他者と関わりつつ研究を行う実践研究において，研究者が自己の体験をモニターする際にとても参考になる．

　Cornell（1994）は，フォーカシングにおける中心的な概念である「フェルト・センス」について次のように定義したうえで，フォーカシングを進めるステップを以下のように示している．

フェルト・センスの定義
　フェルト・センスは意味を含んだ身体感覚です．
　フェルト・センスはふつうからだの中心部：お腹・胃・胸・喉のあたりで感じます．フェルト・センスはからだのほかの部分でも感じられます．
　フェルト・センスは，あなたがからだの内側に注意を向けたとき，すでにある場合もありますし，時にはそれが形をなすための条件づくりが必要となることもあります．
　あなたの生活や人生において，肯定的なことでも否定的なことでも，起こっているどんなことでも，あなたにフェルト・センスをもたらす可能性があります．
　からだの中でフェルト・センスを感じて，それが生活や人生のどんなことについての感じかを尋ねることから始めたり，生活や人生上の問題を一つ選んで，それについてのフェルト・センスをもたらすために，あなたのからだに問いかけることから始めたりできます．
　フェルト・センスはしばしば感情を含んでいますが，感情とは違います．
　フェルト・センスはしばしば：
　・漠然とした，微妙で，説明しにくいものです．
　・とらえどころがない，束の間のものです．
　・「まだあなたが言葉にしていないもっと多くの何か」を含んでいます．
　・ただ身体的というだけにとどまるようなものではありません．

フォーカシングのステップ

ステップは，プロセスにおいて順序どおりに行われることが必要な部分です．フォーカシングの練習のために，ここでは第1のステップから始めます．フォーカシングがわかってきたら，特定のステップのことは考えないで，ただあなたのプロセスに従うこともできます．

(1) からだの内側に注意を向ける

初めに，よかったら目をつむりましょう．そして，両手に注意を向けましょう．それから両足，それからあなたが座っていて触れている部分．では，からだの内側の中心部，とくに喉・胸・胃・お腹のあたりに注意を向けましょう．

(2) フェルト・センスを見つける，あるいは招く

フェルト・センスはすでにそこにある場合もありますし，時にはフェルト・センスが出てくるようにと柔らかく働きかけていくことも必要です．フェルト・センスを見つけるために，からだの内側で気づいていることにただ注意を向けましょう．フェルト・センスを招くためには，「ここで私が気づく必要があるのはどんなことかしら？」とか「私の生活はどんな具合かと自分に尋ねたとき，からだのこの内側はよい気分がしているかな？」と，からだの内側で言ってみてください．

(3) 取っ手を手に入れる

取っ手とは，今あなたのからだの内側で感じている感じにぴったりの言葉（または文章）やイメージ，あるいは音やジェスチャーのことです．「この感じをどう描写したらいいか？」とあなた自身に尋ねてください．

(4) その感じ(センス)と一緒に居る

取っ手を手に入れたら，気持ちを楽にして，敬意のこもった興味や好奇心を伴った態度でその感じと一緒にしばらく静かに居てみましょう．「この感じと一緒に居て大丈夫かしら？ このことにただ単純に興味をもっていられるかな？」と尋ねてみてください．このステップは，また，フェルト・センスに対して穏やかで，答え方に制限のない開かれた質問をすることも含まれます．

(5) 終わりにする

あなたが終わりたくなったとき，あるいは終了の時間が来たときは，「その場所の特徴を示すような印をつけたり」，覚えておきたいことを確認したり，出てきたものに対してからだに感謝して，あなたのセッションをゆっくり終わりにもっていくことができます．

また，対象者が研究者を信頼して自己の内面を表現しようと思える信頼感は，主観的な感情でもある．その点で臨床における実践研究では，客観性を重視する自然科学的な心理学研究とは異なり，研究の要素として主観性を取り入れていくことも必要となる．

このように対象との間で個別的な信頼関係を構成する点で，臨床における実践研究は，対象者の生きている現実に関与する研究となる．そして，対象者の現実に関与しながらデータを収集する研究技能として，臨床的な面接，観察，検査の技法が必要となる．つまり，臨床における実践研究では，単に研究の方法論を学ぶだけでなく，上述した臨床的な基本技能を基礎とする特有な技法を習得することが必要となる．このような技法を学ぶにあたっては，学習者は，自らも研究対象者になり，研究される側になる体験をすることで相互主観的な研究のあり方を身をもって学ぶことも求められる．本節では，このような臨床における実践研究に特有な研究技法について解説する．

また，臨床における実践研究では，対象者との間の信頼関係を基にして対象者の内面的なこと，多くの場合は対象者のプライバシーに関わる具体的な事柄をデータとして収集する．したがって，研究を行う者は，研究を遂行し，その成果を公表するのに際しては，付録2に記したような**プライバシーの尊重**，**秘密保持**といった研究の**倫理**を遵守しなければならない（下山，2000a）．

7.2.3 臨床的面接法

面接の形態には，あらかじめ質問票を用意し，それに従って同じ言葉使いと順序で質問していく**構造化面接**，とくに質問する内容を決めずに対象者の自由な語りを促すよう臨機応変に対応する**非構造化面接**がある（第2章参照）．また，両者の中間として，質問する内容をある程度決めておき，対象者の発言に合わせて柔軟に内容や順序を変更して質問を組み立てて情報を収集する**半構造化面接**がある．

ある特定のテーマに関する客観的情報を収集することを目的とする調査面接では，構造化面接を行う．臨床における実践研究で用いられる調査面接としては，対象者の心理障害を確定するための**診断面接**がある．たとえば，診断面接としては，**SCID**（Structured Clinical Interview for DSM）といった構造化面

接を用いた方法が開発されたりしている（Davison & Neal, 1994）．それに対して，対象者の自発的な自己表現を通して心理的な援助を行うことを目的とする**臨床面接**では，主として非構造化面接を行う．**心理療法**や**カウンセリング**は，この臨床面接に相当する．ただし，臨床面接の前段階として行われる受付面接や初回面接では，事例の特性や状況を査定する**心理学的アセスメント**が必要となる．そこでは，対象者の自発性を尊重しつつ，査定のために必要なデータを収集することが目的となるので，半構造化面接を行う．

臨床における実践研究で用いられることがもっとも多いのは，臨床面接である．臨床面接の進め方に関しては，クライエント中心療法，精神分析，家族療法などさまざまな理論モデルによって異なっているが，その基本としていずれの理論モデルでも，対象者の語りを共感的に聴き，信頼関係を形成することを前提としている．したがって，臨床における実践研究を行う者は，対象者との間で信頼関係を形成する臨床面接の技能をまず習得しなければならない．このような技能を習得するための方法として**ロールプレイ**がある（下山，2000b）．学習者は，ロールプレイにおいては面接者だけでなく，被面接者の役割もとることで，相互主観的な研究のあり方を学ぶことになる．このようにロールプレイは，臨床における実践研究で重視される対象者との相互的関係の中で適切な情報を収集する技能を習得するのに有効な方法である（コラム 7-2 参照）．

7.2.4 臨床的検査法

臨床における実践研究で用いられる検査は，知能検査，人格検査（質問紙法，**投映法**など），神経心理学検査，生物学的検査などがある（詳しくは下山，2000a 参照）．心理学的アセスメントとして，対象者の特性や状況を客観的に査定する目的では，知能検査，質問紙法，神経心理学的・生物学的検査が用いられる．それに対して，心理的援助の一環として，対象者との関わりのなかで行われる検査法は，投映法である．投映法では，「インクのシミが何に見えるか（ロールシャッハ・テスト）」，「絵を見て物語を創る（TAT）」，「木の絵を描く（バウムテスト）」，「玩具で好きな風景を創る（箱庭）」といったように自由度の高い課題を与え，その遂行結果を解釈する．この場合，単に課題を提示すればよいというのではなく，対象者が安心して自由に自己表現できるような

コラム 7-2 ロールプレイ

　ロールプレイとは，面接場面を設定し，実習生がそれぞれカウンセラー役と来談者役をとって臨床面接の役割演技を行うことである．相手の話を聴くということは，日常で誰でも行っている単純な行為であるようでいて，実際の日常会話では聴き手が話し手である相手の話を聴かずに，聴き手自身の都合に合わせた聴き方をしていることがほとんどである．そこで，実習生は，ロールプレイを通して，日常会話とは異なる心理臨床の専門的なコミュニケーションとはどのようなものかを身をもって学ぶことになる．

ロールプレイの方法

　手続き：実習生がそれぞれカウンセラー役と来談者役をとり，1対1の心理臨床面接を行う．いずれの実習生も最低1回は，両方の役を経験する．役割交替に際しては，別の人を相手として選ぶようにする．面接はテープレコーダーに記録する．テープレコーダーの操作は，カウンセラー役が行う．

　場所：個室となる面接室を使用し，2人だけで行う．

　時間：約20分とする．面接の始めと終わりの時間の管理は，カウンセラー役が行う．

　設定：［来談者役］役割をとる人自身にとって実際に気になっている日常的な事柄をテーマとする．ただし，テーマとして選ぶ事柄は，ずっと抱えて苦しんでいた悩み等の深刻な話題ではなく，日常生活において多少気になっている程度の軽い事柄とする．語ることにとくに不安や抵抗のある話題は避けるように注意する．設定としては，その事柄についての自分の気持を専門家に聴いてもらうことを目的に来談したとして面接に臨む．

　［カウンセラー役］来談者の語りを共感的に聴き，来談者が自己の気持を語るのを援助するような応答を心がける．まず，「どのようなことでしょうか．20分間ありますので，何でも結構ですからお話し下さい」といった漠然とした表現で面接を開始する．語りやすい雰囲気を整え，来談者の語りを聴き，来談者の気持の動きについて理解した内容を伝え返し，互いの理解を確認しながらコミュニケーションを進める．来談者が暗々裏に感じつつも，明確に意識できず，言葉になりにくい気持の流れを汲み取り，その気持の動きに沿うように受けとめたことを伝え返していく．

　技法：カウンセラー役は，以下の技法を利用して語りを聴く作業を行う．

雰囲気作り：来談者の語りを尊重することを態度で示す．
　　　例：適度な相づち，適切な間をとり，語りを待つこと．
反射：来談者の語った発言を来談者の気持の流れに沿うように語り返す．
　　　例：「…ですね」
明確化：来談者の語った内容を要約し，語りの要点を明確化する．明確には語られてはいないが，語ろうと意図されていると理解できる内容を明確化する．
　　　例：「お話しされようとしたことは…ということなんですね」
純粋性：来談者の語りを聴いていて臨床心理士役の側に生じてきた気持を聴き手の純粋な感想として伝える．
　　　例：「お聴きしていて…私としては…という感じがしました」
解釈：来談者の語った物語の意味についての解釈を伝える．
　　　例：「…には，…という意味があるように思われます」
　　　　　「…したのは…だからなんですね」

──────────────

グループ討議：カウンセラー役がテープから逐語録を作成し，それにもとづいて面接の経過についての見直しをする（コラム 7-4 を参照）．ここでの目的は，カウンセラー役の聴き方についての検討を行うことである．ただし，単にカウンセラー役の応答だけを検討するのではなく，カウンセラー役と来談者役のコミュニケーションがカウンセラー役の聴き方によってどのように変化したのかという両者の関係性に注目することが重要である．両者の具体的な応答に関してカウンセラー役が何を意図し，来談者役が何を感じていたのかを明らかにすることで，コミュニケーションのダイナミックスが見えてくる．また，ロールの担当者以外の参加者がコミュニケーションについての意見や感想を自由に話し合うなかで，コミュニケーションのさまざまな側面が明らかとなる．

信頼関係を構成することが重要となる．また，検査状況において，被検査者の反応に即して適切な質問を返すことができなければならない．このように検査の自由度に即応できる臨機応変な対応ができるためには，研究者が，検査の解釈仮説を熟知しておく必要がある．投映法の場合，結果の解釈は，質問紙法のように自動的に算出されるのではなく，研究者の経験的判断がかなり関与することになるので，この点でも研究者の事前の訓練が必要となる．

このように投映法では，研究にあたって，事前に数多くの検査経験を積むことで研究対象者との間に信頼関係を構成する技能を身につけておくとともに，被検者との相互関係のなかで検査を遂行できるように検査の実施および解釈の技法に習熟しておくことが必要となる．このような投映法の技法を学ぶための訓練として，絵物語法や箱庭の実習がある．学習者は，自らも検査を受ける側となって絵物語や箱庭を作成し，関係の中で自らのイメージを表出する体験をすることが重要となる（コラム 7-3 参照）．

7.2.5 臨床的観察法

観察法は，第 2 章でも解説されているように，自然的観察と実験的観察に大別され，さらにサンプリングを意図的にするか否かで組織的観察と日常的観察に分かれる．対象者の行動として示される問題を査定する**行動分析**においては，組織的観察の一種である事象見本法を採用する．事象見本法とは，自然的観察のように行動のすべてを観察するのではなく，組織的観察として，対象とする行動を特定化し，それに注目して観察する方法である．特定した行動に関して，事前にカテゴリー化してチェックリストを作成し，それにもとづいて行動観察をして記録を作成する．たとえば，チックという問題の査定を行う場合には，チックが生じやすい場面や条件を設定する．そして，観察の対象とするチックに特有の行動をカテゴリー化して，チェックリストを作成し，それにもとづいて行動を評価する．このような行動分析における観察は，研究者が対象者に関わらずに観察する非参加観察となる．

それに対して心理的援助の一環として行われる観察は，研究者が対象者との間で相互的なコミュニケーションを構成しつつ観察を行う**参加観察**となる．したがって，臨床における実践研究を行う者は，まず対象者との関係に参加しつつ観察するというセッティングに慣れる必要がある．そのための第一歩として，何らかの活動に参加し，そこにおいて参加メンバー間の相互作用がいかに強力なものであるのかを体験的に知ることが重要となる．単に活動の外側から観察的に観察するのとはまったく異なる関係のダイナミックスが生じることを体験的に知ることが，臨床における実践研究を始める基礎となる．そのような参加メンバー間の関係のダイナミックスの体験学習としては，エンカウンターグル

コラム 7-3　絵物語法

　投映法の技能の初歩的訓練としては，絵物語法（下山，1990）を学ぶことが役立つ．絵物語法では，まず検査者は，検査対象者（以下対象者）に TAT（山本，1992）などの図版を複数枚提示し，その中から1枚を選択してもらう．そして，対象者に，選択した図版の絵から得られたイメージを題材として，過去，現在，未来にわたるストーリーを含んだ物語を創作してもらう．

　その作業において，対象者が物語としてどのようなイメージを表出できるかは，検査者の態度に左右されることになる．とくにこの段階では，実習生がどれだけ検査者との間に安心できる関係を構成できるのかという，投映法の検査者としての態度が試される．

　次の段階では，対象者と検査者が協同して語られた物語の意味を分析していく．検査者は，対象者に物語の要素についての連想を訊くことで物語のイメージを拡充する．また，物語に関連する日常生活の出来事を質問することで物語の背景となっている語り手の日常生活のあり方を探る．ここでは，物語の意味を，対象者の内的なイメージとの関連だけでなく，対象者が生きている日常世界との関連も含めて探っていく．この段階では，検査者のイメージの分析・解釈技能が試されることになる．

図 7-C1　TAT 類似の図版（小嶋他，1978 より）

ープや心理劇といったグループワークにメンバーとして参加する方法がある(平木・裴岩, 1998).

次に,参加しつつ,そこでの出来事を観察し,記述する技能を身につけることが必要となる.その際には,フィールドワークの方法(第2章2.3節参照)の学習が役立つことになる.なお,臨床における実践研究の場合には,フィールドワークのように単に現場の活動に参加するというだけでなく,その活動に積極的に関与し,対象に働きかける実践活動もあわせて行うことが特徴となる.このような実践的な参加観察は,相互的なやりとりを行いつつの観察であるので,研究者が対象者に直接さまざまな刺激を与えつつ,その反応を観察できる点が参加観察の利点となる.子どもと遊ぶことを通して心理的援助を行う**遊戯療法**や家族間のコミュニケーション行動に介入して心理的援助を行う**家族療法**では,とくにこのような参加観察が重視される.

しかし,対象者に対して実践的な関わりをしつつの観察は,調査研究としてのフィールドワークに比較して,実践という複雑な要因が介在することでもある.研究者自身が対象者とのやりとりに介在しているため,対象者の行動を客観的に観察することは,ほとんど不可能となる.その点で相互的な関係における観察は,初学者にとってだけでなく,専門的な臨床心理士にとっても,非常に難しい課題でもある.そこで,実践活動に関与しつつの観察を厳密に行うためには,臨床活動を面接室やプレイルームといった場面に限定して行うことが多くなる.そのような場合には,条件が統制された場における実験的観察に近くなる.また,研究者と対象者とのやりとりをビデオ撮影し,それを再生して記録として分析する方法が併用されることも多くなる.初心者は,そのようなビデオを参照することによって,参加観察の技能を身につけていくことになる.

7.3 臨床実践の研究法

7.3.1 データ処理と研究法

上述したように臨床における実践研究の基本には,「実践を通しての研究」がある.実践を通しての研究では,研究と実践は切り離して考えることができない.単に実践の対象を研究するだけでなく,実践過程そのものが研究となる.

そこで，対象となる事例の状態を記述するだけでなく，実践過程そのものの記述がなされることが重要となる．

したがって，実践を通しての研究では，対象との実践的な関わりについての記述データを分析することが研究法となる．その際，対象との実践的やりとりは，対象者と研究者との間の相互主観的な関係性が重要な意味をもつので，実践的やりとりの記述を第三者が分析するだけでは不十分である．そのため，実際に実践に関わった研究者自身が自己の主観的体験も含んで実践過程を振り返りつつデータを分析することが必要となる．その点で，実践を通しての研究では，実践者＝研究者であることが前提となる．

実践過程に関する記述データの分析については，もっともミクロな領域として研究者と対象者のやりとりがある．心理臨床実践の基本単位は臨床心理士とクライエントとの間のコミュニケーションであり，その代表が面接法における会話（言語的コミュニケーション）である．7.3.2項では，心理臨床実践の基本単位である会話に焦点をあて，ミクロな視点から実践活動の成り立ちを記述し，分析する研究法として**会話分析**を解説する．

臨床心理士とクライエントとのコミュニケーションが時間経過とともにくりかえされることで，新たな出来事が生成し，心理臨床過程が進行する．事例研究とは，このような心理臨床過程を記述し，そこから何らかの仮説，モデルといった理論を構成するための方法である．7.3.3項では，単なる経過記述である事例報告ではなく，理論を構成し，提示する研究法としての**事例研究**を解説する．

心理臨床実践では，心理的側面ではなく，事例が生起している生活環境に介入することがある．その場合，介入対象となる場面に関する生態学的研究が重要となる．7.3.4項では，介入対象となる場面に関する生態学的研究法として**実践的フィールドワーク**を解説する．

なお，会話分析，事例研究法，実践的フィールドワークについてさらに詳しい解説は，下山（2000a）を参照してほしい．

7.3.2 会話分析

心理療法やカウンセリングをはじめとする心理臨床活動を構成する基本要素

は，臨床心理士（カウンセラー）とクライエントの会話である．したがって，有効な心理的援助を可能にする要因を明らかにするためには，心理臨床活動においてどのような会話が行われているのかを研究することが重要な手がかりを与えてくれる．たとえば，クライエント中心療法を提唱した C. R. Rogers も，単に有効な心理的援助の要因として無条件の肯定的配慮，共感，純粋性といった「治療的人格変化の必要十分条件」を示唆したのではなく，自らのカウンセリングにおける会話の逐語録を提示し，その分析を通して方法の有効性を論じている（たとえば，Rogers, 1942）．

このように会話に注目し，そのコミュニケーション過程を分析する研究は，エスノメソドロジーの技法である会話分析や，認知心理学の技法である談話分析やプロトコル分析とも重なるものである．エスノメソドロジーとは，私たちが生活している日常世界の活動を分析し，それを通して私たちが気づかぬうち従っている日常のルールや規範といった秩序を明らかにする研究法である．会話分析は，会話過程を記述し，その分析を通して日常生活で前提とされている秩序を明らかにするエスノメソドロジーの技法である．また，談話分析やプロトコル分析は，言語として発話されたプロトコルデータの詳細な分析を通して発話者の認知過程を明らかにする認知心理学の技法である．いずれも，発話データの収集，書き起こし，分析の3段階からなり，各段階を遂行するための方法が開発されている（海保・原田，1993；茂呂，1997；好井・山田・西阪，1999）．とくに会話分析では，会話する者の間の相互行為のなかに連鎖をみつけることが重視される（Psathas, 1995）．

最近では，臨床における実践研究においても，このような会話分析，談話分析，プロトコル分析の方法を取り入れて心理臨床活動において有効な会話過程を分析する方法が開発されつつある（西阪，1990）．臨床における実践研究における会話分析においては，まず最初に心理臨床場面の会話をデータとして収集することが必要となる．厳密なデータを収集するためにテープレコーダーやビデオレコーダーによって録音，録画することが必須である．そして，それを基にして会話の詳細をできるだけ完全に書き起こす．その際，言語データだけでなく，視線の動きや身振りなどの非言語データも同時に記載する．書き起こされたものが会話の**トランスクリプト**であり，プロトコル分析のプロトコルに

コラム 7-4　カウンセリングのプロトコル

　以下の逐語録（……部分省略）において，Co は「カウンセラー (Counsellor)」役，Cl は「来談者 (Client)」役を意味する．いずれも大学院で臨床心理学を学び始めた修士課程 1 年生であり，本格的なロールプレイは初めての経験である．Co は女性，Cl は男性である（下山，2000b より引用）．

＊　＊　＊

Co 1：20 分くらいで最近感じてらっしゃることをお話ししていただければと思うんですけれども．

Cl 1：そうですね，僕はけっこう通学距離が長いんですよ，1 時間半ぐらいかかるんですよ，家から学校まで，けっこうその始発の駅に近いところで，奥地なんで，＊＊県なんです［笑］だからその，始発の駅に近いから，座れたり座れなかったりするんですよ（はい），……その長い通学時間の間にどうして過ごそうかっていうのを，悩んでるわけじゃないですけど，どうしようかなっていう感じで考えてるんですよ．たいていは，通学が 1 時間半以上で，まあ本読んだりとかしてきたんですけど，……その，電車の中って集中できないんですよ（ああ）．だから全然読み進めないんですよ（はい）．うーん，でどうしようかとか最近よく思うんですけど（はあ），うーん，そうですね，でまあ，……その間にやったことが全部無駄になってるような気がして，どうしようかっていう感じなんですけど，……友達に聞いてみたら，俺も電車の中は読み進むの遅くなるよとか言ってる人もいましたけど．……でも，俺なんか電車の中でしか勉強しないとかいう人がいて［笑］，えーすごいなとか思うんですけど．

Co 2：電車の中でしか勉強しないというお友達もいるんですね．

Cl 2：そうなんですよ．でも，僕の場合，電車の中で読んでも全然集中できなくて，頭に入ってこないですよ……僕としては本とか読みたいんだけど．

Co 3：本を読みたい気持はあるんですね．

Cl 3：うん，そうね，でも読めないんですよ……別に難しい本だからっていうわけじゃなくて，たとえば小説読んでも……

Co 4：じゃあ小説なんかは一応読まれているわけですね．

Cl 4：別にジャンルっていうわけではないんだろうと思うんですけど．

Co 5：ジャンルとは関係ないですね．

> Cl 5：うん，……うん，そうですね，だから，……まあどうしようかっていう感じですかね（ああ）．……やっぱり，こういうこと考えても意味がないんでしょうかね．要するに自分がやる気にならないことがいけないということなんでしょうかね．〈沈黙1分20秒〉 —以下省略—
>
> **解　説**
>
> 　Cl 1で来談者役の話が長くなったため，カウンセラー役は，反射や明確化（コラム 7-2 参照）をしようとしても，話された内容の全体を把握できず，Cl 1の最後に言われた末梢部分のみに反応している（Co 2）．それに対して来談者役は，Cl 2，3，4 で何とか自分の言いたいことを理解してもらおうと，くりかえし「電車の中で本を読もうとしても集中して読めない」ことを伝えようとする．しかし，セラピスト役は，Co 3，4，5 でその訴えの一面しか応えられない．その結果，Cl 5 にみられるように来談者役は，自己の気持を語るのを諦め始め，長い沈黙が生じることになった．
>
> 　このようにコミュニケーション過程における連鎖を分析できる．

相当するものとなる．最終的にトランスクリプト（プロトコル）を分析し，心理臨床場面の会話の特徴や心理的援助に有効な会話の進行を規定している要因などを探り出すことが分析の目的となる．

　このような会話分析は，研究法としてだけでなく，心理臨床技能，とくに臨床面接の技能の訓練としても利用できる．コラム 7-4 に示したものはロールプレイ（コラム 7-2 参照）における会話のトランスクリプトである．このような会話の記録が臨床面接のコミュニケーションの見直し，さらには臨床的に有効なコミュニケーション技法を開発する資料となる．

7.3.3　事例研究

　臨床における実践研究の対象となるのは，何らかの心理的問題を抱えた具体的事例である．事例を構成するのは，個人に限られるものではなく，家族やクラスといった集団であったり，学校や会社といった社会組織であったりする場合も少なくない．しかし，事例研究といった場合，個人を対象とした研究である場合が比較的多い．個人を離れて，学校や会社といった社会組織を対象とした研究の場合は，むしろ後述する実践的フィールドワークで扱われることが多

くなる.

　このように個人,集団,社会組織という違いはあるものの,いずれの臨床実践も,生活場面において心理的な問題を解決できなくなり,心理臨床の専門機関に問題の解決の援助を求めて来談することによって活動が始まる.したがって,臨床における実践研究の事例の特徴としては,まず何らかの心理的問題をもっているということがある.それは,具体的な問題であり,しかも個々の事例で異なっている.その点で臨床実践の事例研究は,それぞれの事例の具体性,個別性を尊重することが前提となる.

　各人の個性の中に人間の真実が示されることを重視するならば,個別な事例から人間の心理を探っていく方法として事例研究が重要となる(吉村,1989).しかし,その際,ただ単に個別な事例の経過を記述するだけでは,単なる個別の事例の記録を提示する事例報告であって,研究とはいえない.もちろん,心理臨床の介入技能の訓練として事例検討を行う場合には,事例報告でよい.しかし,事例研究が心理学研究として成立するためには,その仮説が単にたまたまひとつの事例で有効であったというのでなく,ほかの事例を理解する上でも有効な視点を提供することを示さなければならない.つまり,事例研究が心理学研究法として成立するためには,個別事例についての具体的な研究から仮説を生成し,さらにその仮説の一般的有効性を明らかにしていく作業が必要となる.

　河合(1986)は,事例研究が研究法として意味をもつ条件として,①新しい技法の提示,②新しい理論や見解の提示,③治療困難とされるものの治療記録,④現行学説への挑戦,⑤特異例の紹介,といったものをあげている.たしかに,このような場合には,一事例であってもそこで示された内容は,多くの読者にとって意味のある情報を提供することができる.しかし,そのような場合でも,単に新奇な内容や特殊な内容を記述し,提示するだけであるならば,研究と言うにはあまりに未熟である.それが,心理学研究法として成立するためには,事例の記述と分析を通して何らかの抽象的な仮説やモデルを構成し,しかもそれを読者に納得させる方法論にもとづいて提示しなければならない.

　このように事例研究が心理学研究法として成立するためには,まず研究として選択した事例の位置づけを明確にしておくことが必要となる.たとえば,何

らかの新奇な，あるいは特殊な状態を示す事例を，研究対象として選択したとする．そのような場合には，まず先行研究を丹念にレビューし，その事例がたしかに新奇な，あるいは特殊な事例として研究するに値するものであることを明示しなければならない．また，何らかの心理状態や心理臨床技法についての理論やモデルを提案するために事例研究を行う場合には，選択する事例が研究テーマとする心理状態や技法に関する典型例であることを明示しなければならない．なぜならば，選択された事例がテーマに関わる類型事例を質的に代表するならば，その事例研究で示されたモデルや理論は，その他の類型事例にも適合し，その点で一般的傾向を備えていることを示すことが可能となるからである．

さらに，事例においては，必ず問題が形成された経過，その問題への対処の経緯がある．心理臨床の専門機関への来談は，このような問題形成とそれへの対処の過程を経てなされる．したがって，事例の記述にあたっては，生活史，問題歴，症歴，家族歴，相談歴といった事例の歴史をデータとして記述する必要がある．この点に関しては，個人の伝記などの記録を分析する**ライフヒストリー研究**（Langness & Frank, 1981）の手法が参考となる．また，心理臨床的介入の有効性を分析する事例研究においては，とくに，事例と研究者（実践者）との間の相互作用の経過を明示し，どのような介入がどのような効果をもたらしたのかがわかるように事例経過の記述が必要となる．

なお，一般性をもつ仮説やモデルを構成し，その有効性を示すためには，ひとつの事例研究だけでは不十分なことが多い．ひとつの事例研究からは，ある種の仮説を提案することはできても，それをさらにモデルや理論として洗練させていくためには複数の事例研究を組織的に組み合わせた統合的な事例研究法が必要となる．このような点を明示した研究例としては，スチューデント・アパシーの心理障害の研究である下山（1997）などがある．

7.3.4 実践的フィールドワーク

第2章で解説されるフィールドワークは，参加観察による調査法である．その場合，研究者は，フィールドに参加するが，フィールドで生起している社会的現実に介入し，それを変えていくことまではしない．それに対して実践型研

究では，研究者は，社会的現実に介入する実践活動のメンバーとして参加し，その実践活動の過程との関連で現実の変化を記述し，研究する．たとえば，ボランティア活動のメンバーとして参加し，その活動の経過を記述，分析するといった研究がある．また，最近は，心理学を学ぶ者が，スクールカウンセラーをはじめとするさまざまな立場で学校現場の活動に参加することが多くなっている．その点で，このような実践的フィールドワークを活用する場面が多くなっていると考えられる．

なお，実践的フィールドワークと，第6章で解説されたアクションリサーチの違いについてここで簡単に触れておくことにする．実践的フィールドワークは，あくまでも実践活動を重視し，その実践活動のメンバーの一員としてフィールドワークを行うことが条件となる．その点で，「実践を通しての研究」に留まるものである．それに対してアクションリサーチは，「研究としての要件を備える必要がある」ということからもわかる通り，研究者として実践に関わるという側面が強い．その点で，「実践についての研究」としての要素を多分にもつものとなる．

実践的フィールドワークにおける記述および分析の方法は，基本的には第2章で論じられている質的研究法の技法に準じたものとなる．具体的にはリサーチクエスチョンに従ってデータを収集し，それをフィールドノーツに記述していく（Emerson, Fretz & Shaw, 1995）．ただし，実践的フィールドワークでは，通常のフィールドワークとは異なり，研究者のペースでテーマを絞っていくことは望ましくない．実践活動の展開を尊重し，それとの関連を重視してテーマを絞っていくことが求められる．

また，実践活動の記述にあたっては，その活動が行われる社会的環境を記述し，その意味を明確にしておくことが重要となる．たとえば，学校場面であれば，その学校がどのような地域にあり，どの程度の生徒数であり，どのような教員組織となっており，どのような学校風土であるかといったことが重要な情報となる．このような社会的環境を把握し，活動の経過を記述するためには，観察法だけでなく，検査法や面接法などの**マルチメソッド**を活用し，さまざまな観点からデータを収集することが重要となる．

さらに，実践的フィールドワークの場合，活動のメンバーであることから，

通常は知り得ないような活動の方針や現場の事情を知るチャンスもある．その点では，より深く現場の活動を把握する情報を得ることができる．しかし，それは，同時に参加している活動の方針に組み込まれ，その観点からのみ現実を分析するといった制約を受ける危険性を伴うことである．したがって，データの記述に際しては，活動の方針にとらわれない自由な視点を維持する努力も必要となる．

また，通常は知り得ない現場の情報を知るという点では，倫理の問題にとくに注意を払わなくてはならない．たとえば，学校場面の実践活動であれば，生徒の成績や家族構成なども，情報として知りうるものである．しかし，実践活動は，あくまでも心理的援助のために行われているのであり，研究は，その心理的援助をより効果的に行うためのものである．したがって，活動によって知り得たプライバシーの保護には最大限の注意を払うとともに実践活動の枠内での研究に留めることはいうまでもない．

得られたデータの分析にあたっては，グラウンデッド・セオリーとよばれる質的研究法が参考となる（Strauss & Corbin, 1990）．フィールドノーツを何度も読み直すことを通して，さまざまな角度からデータを比較し，データの内容を縮約して複数の単位としてまとめ，その単位間の関係を見出していくコード化の作業を行う．抽出された複数コードを分類整理し，抽象度の高いカテゴリを構成していく．さらに，カテゴリ間の関係を検討し，全体として統合されたモデルや理論を提示することが研究の目標となる．なお，このような実践的フィールドワークの研究は，看護領域で数多く行われており，心理臨床領域で取り入れていく参考となる（Chenitzetal, 1986）．

❖キーワード
臨床法，証拠にもとづいた推論，実践型研究，関係性，状況性，実践技能，臨床データ，ストーリー性，定性的データ，質的研究法，実践性，科学性，実践を通しての研究，実践についての研究，人間関係能力，主観的体験，相互主観的関係，自己モニタリング技能，体験実習，フォーカシング，信頼関係，プライバシーの尊重，秘密保持，臨床的面接法，非構造化面接，心理療法，カウンセリング，ロールプレイ，臨床的検査法，投映法，臨床的観察法，参加観察，会話分析，事例研究，実践的フィールドワーク

❖参考図書

　臨床における実践研究の方法についての総合的な教科書として下山（2000a）がある．基本的考え方，基本技法，研究法，研究の実際を段階的にまとめてあるので，初心者は，一読することで心理臨床研究の全体像を把握できる．また，研究紹介や文献紹介もされているので，辞書的にも利用できる．心理学研究の基礎となる実証的態度と技法を学ぶためには，大村（2000）が入門書として読みやすい．臨床データを扱う基礎ともなるフィールドワークの発想と技法については，やまだ（1997）が参考となる．臨床面接も含めて面接法一般については保坂・中澤・大野木（2000）が解説している．体験実習や実践技能の訓練法については，佐治・岡村・保坂（1996），平木・裵岩（1998），下山（2000b）が具体的な方法を示している．臨床データの記述・解釈の基礎となる質的研究法については，Emerson, Fretz & Shaw（1995），Strauss & Corbin（1990），Chenitzetal.（1986）が参考となる．会話分析は Psathas（1995）が参考となる．臨床データを解釈し，分析するための視点を提供するものとして，Dryden & Rentoul（1991）がある．事例研究を含んだ実際の研究例としては，下山（1997）や角田（1998）が参考となる．

❖引用文献

Chenitzetal, W. C., & Swanson, J. M. 1986 *From practice to gounded theory: Qualitative research in nursing.* Addison-Wesley Publishing Company. 樋口康子・稲岡文昭（監訳）1992 グラウンデッド・セオリィ――看護の質的研究のために 医学書院

近田輝行・日笠摩子 1998 フォーカシング実習の手引き 日本・精神技術研究所

Cornell, A. N. 1994 *The focusing: Student's manual* (3rd ed.). 村瀬孝雄（監訳）フォーカシング入門マニュアル 第3版 金剛出版

Davison, G. C., & Neal, J. M. 1994 *Abnormal psychology* (6th ed.). John Wiley & Sons. 村瀬孝雄（監訳）1998 異常心理学 誠信書房

Dryden, W., & Rentoul, R. 1991 *A cognitive-behavioural approach.* Routledge. 丹野義彦（監訳）1996 認知臨床心理学入門 東京大学出版会

Emerson, R. M., Fretz, R. I., & Shaw, L. L. 1995 *Writing ethnographic fieldnotes.* The University of Chicago Press. 佐藤郁哉・好井裕明・山田富秋（訳）1998 方法としてのフィールドノート――現地取材から物語作成まで 新曜社

平木典子・裵岩秀章（編）1998 カウンセリングの実習 北樹出版

保坂 亨・中澤 潤・大野木裕明 2000 心理学マニュアル 面接法 北大路書房

海保博之・原田悦子（編）1993 プロトコル分析入門 新曜社

角田　豊　1998　共感体験とカウンセリング　福村出版
河合隼雄　1986　心理療法論考　新曜社
小嶋謙四郎他　1978　絵画空想法図版――PRT試案　金子書房
Langness, L. L., & Frank, G.　1981　*Lives : An anthropological approach to biography.* Chandler & Sharp Publishers.　米山俊直・小林多寿子（訳）　1993　ライフストーリー研究入門――伝記への人類学的アプローチ　ミネルヴァ書房
茂呂雄二（編）　1997　対話と知――談話の認知科学入門　新曜社
村瀬孝雄　1995　フォーカシング事始め　金子書房
西阪　仰　1990　心理療法の社会秩序――セラピーはいかにしてセラピーに作りあげられていくか　明治学院大学社会学部附属施設研究所年報，**20**，1-24．
大村彰道（編）　2000　教育心理学研究の技法　福村出版
Psathas, G.　1995　*Conversation analysis : The study of talk-in-interaction.* Sage Publications.　北澤　裕・小松栄一（訳）　1998　会話分析の手法　マルジュ社
Rogers, C. R.　1942　*Counselling and psychotherapy.* Houghton Mifflin Company.　佐治守夫（編）友田不二男（訳）　1980　カウンセリング　改訂版　岩崎学術出版
佐治守夫・岡村達也・保坂　亨　1996　カウンセリングを学ぶ　東京大学出版会
下山晴彦　1990　「絵物語法」の研究――対象関係仮説の観点から　心理臨床学研究，**7**(3)，5-20．
下山晴彦　1997　臨床心理学研究の理論と実際　東京大学出版会
下山晴彦（編）　2000a　臨床心理学研究の技法　福村出版
下山晴彦　2000b　心理臨床の基礎1　心理臨床の発想と実践　岩波書店
Strauss, A., & Corbin, J.　1990　*Basics of qualitative research : Grounded theory procedures and techniques.* Sage Publications.　南　裕子（監訳）　1999　質的研究の基礎――グラウンデッド・セオリィの技法と手順　医学書院
やまだようこ（編）　1997　現場心理学の発想　新曜社
山本和郎　1992　心理検査TAT かかわり分析　東京大学出版会
好井裕明・山田富秋・西阪　仰（編）　1999　会話分析への招待　世界思想社
吉村浩一　1989　心理学における事例研究法の役割　心理学評論，**32**(2)，177-196．

第8章

研究の展開
研究計画から発表・論文執筆まで

　本書ではこれまで，心理学の研究の中核となる研究遂行の部分について，入門的な解説をしてきた．最後となる本章では，研究の入口にあたるテーマの設定や研究計画の部分，および研究の出口にあたる研究発表の部分について簡単に解説していく．また，通常はベテランの研究者が行うような論文査読，講演，パネルディスカッションといった活動を模擬的に行う学習形態として，RLA（Researcher-Like Activity）を紹介する．

8.1　テーマ設定と研究計画

8.1.1　テーマとの出会い

　大学で卒業論文を作成するにあたって，「いったいどうやってテーマをみつければいいんでしょうか？」という声をよく聞く．少なくとも，心理学の卒業論文を書くには，「心理学的な問題を，心理学的な方法で研究する」のが基本である．「心理学的な問題」とはどういうものか，「心理学的な方法」とはどういうものかは，大学3年生までに講義やゼミを受けたり，自分でいくつかの本を読んだりしていれば，すでにイメージがつかめているはずである．もちろん，それらにあまり縛られると新しいアプローチを開拓していくことができない．しかし，卒業研究は，通常の場合，自ら計画をたてて研究をすすめていく初めての経験であろうから，方法論的には従来のオーソドックスなやり方を確実に身につけることを目標におきたい．その中で，テーマの斬新さ，実施や分析の創意工夫などを考えてほしい．

テーマをどのように選んでくるかは，次のようにさまざまである．

① 日常の生活経験から——心理学，とくに，発達，学習，教育，適応などの問題は，日常生活に密着した事柄が多い．ふだんから，人間の心理的行動について，興味・関心をもちつづけ，自分でも「これはおもしろい」「大切だ」と思えるような現象に敏感でありたい．また，「こうしてみたら，人はどう行動するだろうか」，「なぜ，人はそのような行動をとるのか」ということを，心理学的な視点から考えてみよう．

② 授業や書物の内容から——講師の話の内容に触発されてテーマを選んだという学生は少なくない．また，関心があって読んだ本の中から，自分で確かめてみたくなったり，本当にそうなるのか疑問が生じて，テーマが湧いてくる場合もある．コラム 8-1 に書いたように，そうした研究の追試から入るというのも，ひとつの手である．

③ 研究会等に参加していて——大学院生，他大学の研究者，教員やカウンセラーなどを交えた研究会に参加していると，現在進行中の研究を聞くことができるし，その分野での研究動向もわかってくる．個人的に話をする機会ももてるだろう．こうしたコミュニケーションの中から，自分の興味をもった問題を選ぶことができる．

この段階では，必ずしも 1 つのテーマに絞り込まなくてもよい．ただし，「ぜひ，その問題について 1 年かけてじっくり追究してみたい」と思えるような，「自分にとってやりがいのあるテーマ」であることはもっとも大切な要件である．その中には，すでになされている研究だったり，そのままでは難しすぎてとても卒業研究では扱いきれないものもあるかもしれない．それらを考慮しながら，テーマを絞り込んで，より具体的な問題として設定していくのが次の段階となる．

8.1.2 先行研究の検索

興味をもったテーマについて，すでにどのような研究がなされているのかを調べることは研究の重要なステップである．しかし，大学 3 年生までの心理学の実習では，このことがあまり重視されていない．これは，それらの目的があくまでも研究遂行の技術を身につけるための「トレーニング」であったからで

> **コラム 8-1　追試からはじめることも大切**
>
> 　ゼミや卒業研究では，すでに公表され論文になっている研究の追試からはじめるということもあってよいと思われる．自分で計画して研究を遂行するよい経験になるし，ひとたび調査や実験をしてみると，そこからまた新しい問題が生まれてくるものである．それを発展させて全体をひとつの論文とすればよいのである．また，追試の結果はそれ自体有用な学術的情報でもある．心理学の研究は再現性の高いものばかりとは限らず，かなり有名になった研究でも，追試では同じ結果が得られないことがある．
>
> 　たとえば，ピグマリオン効果（ある生徒について「潜在的能力が高い」という情報を教師に与えておくと，教師の期待が成就して本当にその生徒の成績が良くなるという現象）に関する研究は，社会的にも非常にインパクトがあったが，その後の追試での再現性は低いと言われている．これは，他の条件によって大きく左右されやすい微妙な現象だからと考えられる．いったいどのような条件のもとでは，こうした現象が生じやすいのかを追究すれば，より本質的な要因に迫ることもできるかもしれないのである．追試研究の学術的な意義については，3.5 節を参照してほしい．

ある．それに対して，卒業研究では，先行研究を踏まえて，その上に自分の研究を積み重ねるという姿勢が要求される．さらに，修士論文となると，実際に学会発表や学術論文の形で，その分野の発展に貢献する「業績」になりうる内容が期待される．自分が興味をもったテーマについて，ただ調査や実験を行い，その結果を出して考察するというだけでは不十分である．それでは第 1 章で述べた，「ひとりよがりな研究」ということになってしまう．

　あるテーマについての先行研究を調べるには，次のような資料にあたってみるのが一般的である．

① 　学会発表論文集——本書の内容に関係するところでは，日本心理学会，日本教育心理学会，日本発達心理学会，日本心理臨床学会といったような学会がある．ほとんどの学会は年に 1 度の大会を開き，多くの会員が研究を発表する．その要旨を集録した発表論文集が大学の図書館や研究室に置かれているであろうから，過去 10 年分くらいを調べればどのような研究

がなされているかわかる．1件の発表内容がふつうは1ページに簡潔にまとめてあるので，読むのにあまり手間がかからないという長所があるし，研究のまとめ方のスタイルを学ぶこともできるだろう．ただし，十分詳しい情報が得られないことや，信憑性の高い研究ばかりではないことに注意する必要がある．あくまでも，「どのような研究があるのか」を知る手がかりと思ったほうがいいだろう．

② 学術雑誌論文——学会や専門機関が定期的に発行している学術雑誌には，審査を経た質の高い論文が掲載される．論文の長さは，通常10ページくらいであり，これを読みこなすのは，はじめのうちかなりたいへんであるが，卒業研究の場合には必ず通らなくてはいけない関門である．海外の学術雑誌文献にも目を通してほしい．現在では，欧米の学術雑誌はほとんどが英語で書かれている．英語での専門用語を卒業研究の際に知って英語論文を読むのになじんでおくことは，とくに大学院に進学しようとする学生には必要なことである．和文にしても，英文にしても，テーマを決めようという段階では，必ずしも論文の内容すべてをわかろうとする必要はない．まずは，最新の研究の動向をつかみ，自分の問題意識を鮮明にすることである．

③ レビュー論文と解説書——ある分野の研究の動向や重要な文献を知るのに，もっとも便利な方法は，いわゆる**レビュー論文**を読むことである．わが国では，『心理学評論』（心理学評論刊行会発行）が代表的なレビュー論文誌であり，さまざまな分野から投稿された論文が掲載されている．年に4号の発行だが，2号にひとつは，特定分野の「特集」が企画され，数人の著者が多方面から論文を寄せ合っている．その他の学術雑誌では，「展望論文」等の呼称でレビュー論文がときおり載せられる．アメリカ心理学連合（APA）発行の "*Psychological Review*" や "*Psychological Bulletin*" には，諸研究の網羅的紹介に終わらず，著者の理論的枠組みを提出するという趣旨にかなった，きわめて高水準の論文が掲載されているので，ぜひ目を通しておきたい．

④ 文献データベースの検索——最近は，コンピュータの**文献データベース**によって先行研究を検索することがかなり一般的になってきた．英文・和

文，書籍・雑誌・新聞記事など，さまざまな資料がデータベース化され，著者名やキーワードを入力すれば検索してくれる．ホストコンピュータに接続してオンラインで検索するもの，WWW（world wide web）で検索するもの，CD-ROM を購入して検索するものなどいろいろあるので，図書館で種類と使い方について学ぶ必要がある．中でも，Citation Index のデータベース版である SCI（Science Citation Index）と，SSCI（Social Science Citation Index）は，ある論文を引用したその後の論文をリストアップするという便利な機能がある．つまり，ひとつの論文がその後どのように影響を与え，展開されていったかを追うことができるわけである．

以上のように，いくつかの方法を述べてきたが，ひとつの重要な原則は，「信憑性のある新しい文献を（できれば，いくつか）捜しあてる」ということである．より新しい文献に出ている引用文献を手がかりに，逆に古いものへとさぐっていけば，その分野での重要な知見や理論がわかってくる．いくら有名なものでも，古い文献を見ただけでは，その後の流れがわからない．その意味では，Citation Index は古いものから新しいものへと検索する画期的なシステムといえるが，それだけに頼らず，新しい文献に目を通すことはこころがけておきたい．

8.1.3 研究計画の作成と事前準備

テーマがある程度絞られてきたら，具体的な**研究計画**を立てることになる．はじめの段階で考えておく必要があるのは，次のようなことである．

 題目：自分の行う研究の内容や方法が通じるような，簡潔にしてわかりやすい論文タイトルを考える．

 目的と意義：何をどこまで調べるのか．それがわかることによって，学術的，もしくは実用的にどのような意義があるのか．

 方法：だれを対象にどのようなデータをとるのか．量的なデータか，記述的なデータか．独立変数と従属変数は何か．

 分析の見通し：得られたデータをどのように分析するのか．どのような分析手法により，どのような結果が得られることを期待しているのか．

論文題目は，最終的には変わってしまうことが多いので，仮のものでもかま

わない．しかし，題目を決めようとすることで，自分が何をやりたいのかを明確に考えさせられることになるので，つねにつけておくほうがよい．以下のいくつかの例は，東京大学教育学部教育心理学コース 1999 年度の卒業論文と修士論文題目からランダムに選んだものである．

〈卒業論文から〉
　　職業的観点から見た「生きがい感」について
　　現代青年の交友関係と自己開示
　　医療スタッフの患者に対する精神的支援に関する研究
　　コンピュータ画面提示と印刷物提示の違いによる文章理解への影響
　　統計既習者における条件付き確率としての有意水準の理解
　　　　——現状と改善のための方策
　　青年のペットに対する態度と対人態度の比較
　　　　——愛着理論と対象関係論の観点から
　　偏差値評価が学習者の内発的動機づけに与える影響
　　幼児における集団保育の社会的ルールの理解
　　糖尿病食事療法に関する患者の意識および行動の変化
〈修士論文から〉
　　Group Identity の成熟性に関する研究——青年期を対象にして
　　高校生の学習観の構造と学習方略への介入の効果
　　高校生の親子関係——関係の回避という側面から
　　問題解決における外的資源としての他者の役割
　　　　——地図構成課題の協同解決場面の分析から
　　反復測定の準実験データにおける処遇の効果の検出力
　　　　——構造方程式モデルによるアプローチ

　これらを見ると，題目にはいくつかの要素があり，どれに焦点をあてるかでタイプがあることがわかる．大雑把に言えば，
　　・研究対象（対象者と現象）をあげたもの
　　・研究方法をあげたもの

8.1 テーマ設定と研究計画

・変数間関係や理論（モデル）をあげたもの

ということになる．望ましい題目とは，これらの要素が適度に組み合わされ，「何をどのように研究したのか」が具体的に伝わりやすいものといえよう．「似たようなテーマを扱っている他者の論文との区別が明確になるように」というのも重要なポイントである．少なくとも，論文の題目は，本の書名と異なり，大きなテーマを掲げただけのものや，奇をてらったようなものは避けたほうがよい．

計画を立てた段階で，指導教官や上級生（学部学生ならば，大学院生やティーチング・アシスタント）と相談をすることになる．あるいは，初期段階での研究計画発表会を設けているところもあるかもしれない．「何をやりたいか」がはっきりしているほど，具体的なアドバイスがもらえる．また，すでに先行研究としてどういうものがあるかを自分なりに調べてあり，自分の研究の意義づけができていれば申し分ない．この段階でアドバイスを受ける必要があるのは，次のような点である．

・研究の意義や計画の現実性についての全般的な注意
・そのテーマに関連する文献や研究者の情報
・手続きや分析手法に関する問題点や，知っておくべき情報

さらに次の段階では，**事前準備**（予備調査や予備実験）を早目に行ってみることである．とくに，仮説検証的な研究や，質問紙尺度構成の研究では，いきなり本調査や本実験をして結果を得ようとすることは無理がある．小さなサンプルについて実施してみて，質問項目の選定や表現のチェック，問題の困難度などに十分注意を払っておきたい．**天井効果**（問題がやさしすぎて満点近くに得点が集まってしまうこと）や**床効果**（問題が難しすぎて0点もしくは，チャンスレベル付近に得点が集まってしまうこと）のために，データとしての意味がなくなり期待していた差が検出できないことはしばしばある．これは，最後の考察時に「群間の差が見られなかったのは，問題がやさしすぎて天井効果が生じたためかもしれない」という弁解をすれば済むことではなく，事前準備の不足に帰せられることなのである．

8.2 発表と論文執筆

8.2.1 研究発表における内容の構成

　自分の研究したことを発表する機会はできるだけ多くもったほうがよい．それは，ひとつには，発表の準備段階で，あらためて自分の研究を整理し，まとめる機会になるからである．もうひとつの理由は，発表してみることで，さまざまな意見を聞くことができ，結果の解釈や意義を再考し，次へのステップとすることができるからである．調査，実験，実践などを行ったにもかかわらず，それを「やりっぱなし」にして，その結果を自分だけで納得していたのでは，こうした発展の可能性は閉ざされてしまう．

　発表には，ゼミや研究会などの比較的インフォーマルなものもあれば，決められたプログラムに沿って時間を決めて行うフォーマルなものもある．後者の代表的なものは，学会における口頭発表であるが，卒業論文や修士論文の発表会も，10分から20分程度の発表時間で学会の口頭発表のような形式で行う大学は多いと思われる．ここでは，これらに共通する発表内容の構成のしかたについて考えておきたい．なお，フォーマルな発表での表現スキルについては，8.2.2項で触れる．

　心理学の研究の発表におけるオーソドックスな形式は次のようなものである．
　　概要：本研究では何をやり，どのような結果を得たのかをごく簡単に要約して述べる．
　　問題と目的：何を問題にしたかったのか．そのテーマについてどのような先行研究があり，何が未解決の問題だったのか．検証したい仮説は何か．
　　方法：被験者（もしくは回答者，参加者）はどのような人たちか．どのような手続きでどのようなデータをとったのか．
　　結果と考察：どのような結果が得られたのかを，表やグラフで具体的に示す．そこから何が言えるのか，解釈と考察を述べる．
　　まとめと今後の課題：あらためて，研究の結果わかったことを要約し，その結果がもつ意味と，今後さらに追究すべき課題を述べる．

　このような一定の形式ですすめる中にも，自分の研究の特徴がどこにあるの

かを明確に述べることが大切である．それは，研究の「セールスポイント」は何かということにほかならない．たとえば，

・テーマの目のつけどころ
・方法や分析の創意工夫
・結果のおもしろさ
・結果の解釈，理論的考察の深さ

などがそれにあたる．ただし，これらすべてにおいて優れた研究はそうあるものではないし，あまりにも詰め込みすぎると自画自賛的な印象を与えてしまう．これらの中で，とくにアピールしたい点を強調すればよい．「本研究の特色は，……という点にあります」，「本研究では，……という点に工夫をいたしました」，「この結果は，従来の理論では説明しにくいものです」というような表現がしばしば使われる．ここでは，第4章であげたデシの研究を例にして，こうしたアピールを込めた「概要」の述べ方を示そう．研究のタイトルは，原論文に沿って「外的にもたらされた報酬が内発的動機づけに及ぼす効果」とする．

> これまでの動機づけに関する研究では，ある課題の遂行に報酬を与えることは，その課題を行う内発的動機づけを高めると考えられてきました．しかし，もともと内発的に動機づけられている活動に報酬を伴わせることは，かえって内発的動機づけを損なうことになるのではないかというのが本研究での問題意識です．そこで，大学生がおもしろく取り組めるパズルを課題として，解けると金銭的報酬を与える群と無報酬の群とを設けました．するとやはり，金銭的報酬を与えられた群の被験者のほうが，その後自発的にこのパズルを解く行動が減少するという結果が得られましたので報告いたします．

概要は，聴衆の興味を喚起すると同時に，研究の全体構造を知らせる「先行オーガナイザー」としての役割を果たすものなので大切にしたい．その後の発表のメインの部分は概要という骨組に肉付けしていくものと考えることができる．聞き手にとっては，はじめにしっかりとした枠組みを与えられるほうが，はるかに理解の助けになる．学術的発表は，いったいどのような展開になっていくのかを楽しみながら味わう物語やドラマとは異なる．また，最後に気のきいたオチのある落語やエッセイとも異なる．「その研究で要するに何がわかっ

たのか」を明確に伝えるという姿勢で初めから終わりまで貫かれていることが望ましい．

8.2.2 効果的なプレゼンテーション

プレゼンテーション（「プレゼン」と略されることもある）とは，企業でよく使われた言葉だが，最近は学術的な発表でも，学校教育での生徒の発表にも使われるようになってきた．要するに，日本語でいえば「発表」のことなのであるが，話し方や資料の提示のしかたなど，わかりやすく説得的な表現のしかたに重点がある．ビジネスの世界で，企画会議や商品説明などの際に大きな意味をもつことは明らかだが，学術の世界ではややもすると「内容さえよければ」という風潮があり，表現スキルは軽視される傾向があった．しかし，短い時間を有効に使って，自らの研究を他者に理解してもらおうとすれば，おろそかにすべきことではない．ここでは，ごく基本的な注意点をまとめておきたい．

(1) 視覚的メディアを利用する

心理学系の発表で現在もっとも一般的なプレゼン機器は OHP（オーバーヘッド・プロジェクター）であろう．TP（transparency）とよばれる OHP 用の透明なシートには，手書き（油性ペン）用，コピー機用，インクジェットプリンター用，カラーレーザープリンター用など，いくつかの種類があり価格もかなり異なるので注意する必要がある．作成するときの要点は，

- 後ろの席からでも見やすいように，十分大きく太い字にすること
- 長い文章にせず，キーワードや短文のみにすること
- 色や図を適度に（使いすぎないように）使って，見やすくわかりやすい表現を工夫すること

などである．

最近は，コンピュータをプロジェクターに接続して，PowerPoint（マイクロソフト社）等のプレゼン用ソフトウェアを使うことも増えてきた．上の注意はまったく同じようにあてはまるが，とりわけ，豊富な機能を使いすぎてかえってわかりにくい発表になってしまわないように留意したい．アニメーション機能（テキストや図形が動いて画面に出てくる機能）などは，とくに注意を喚起したいところで使うからこそ効果があるものであり，多用しすぎるのは禁物で

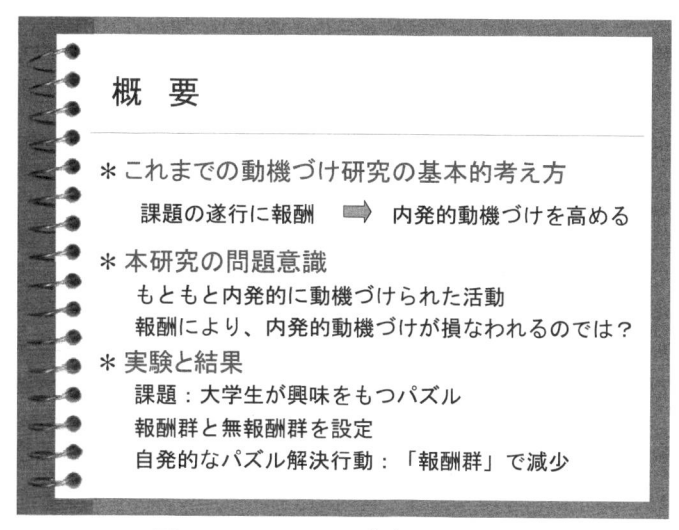

```
┌─────────────────────────────────────┐
│ 概　要                               │
│ ─────────────────────────────────── │
│ * これまでの動機づけ研究の基本的考え方  │
│     課題の遂行に報酬 ⇒ 内発的動機づけを高める │
│ * 本研究の問題意識                    │
│     もともと内発的に動機づけられた活動   │
│     報酬により、内発的動機づけが損なわれるのでは？ │
│ * 実験と結果                         │
│     課題：大学生が興味をもつパズル      │
│     報酬群と無報酬群を設定            │
│     自発的なパズル解決行動：「報酬群」で減少 │
└─────────────────────────────────────┘
```

図 8.1　PowerPoint で作成した画面の例

文字のサイズや配置のしかたについて，的確な用例が出るのが便利である．映写画面では，暗い背景色（紺や黒など）に明るい図（文字や図形等）にしたほうが見やすい．ただし，インクジェットプリンターから TP に印刷出力するときには，印刷時間とインク使用量がかなりかかることになるので逆の配色にしたほうが無難である．

ある．

　画面のデザインのしかたや，どれくらいの情報を入れるかは，テレビのニュース番組がもっとも参考になる．ニュースと同じように，あくまでも口頭での説明と併用して使うものであることを念頭においておこう．情報が多すぎて，聴衆が画面を理解することに気をとられてしまうと，説明が耳に入らなくなってしまう．図 8.1 は，先ほどのデシの研究の「概要」を述べるときを想定して PowerPoint で作ったものである．概要として述べている説明を聞きながらであれば，要点を押さえるものとしてはこれくらいで十分である．提示画面の枚数は，平均して 1 分あたり 1 枚程度にしたほうがよい．目まぐるしく画面を次々に出すのではなく，重要な点に絞って，印象に残るような画面にまとめあげてていねいに説明することを心がけたい．

　(2)　話し方に気をつける

　自分の話し方の癖には，なかなか気づかないものである．とくに，発表時はだれでも緊張しているので，「えー」「あのー」などの口癖を連発したり，早口

になりすぎたりしがちである．かといって，原稿を用意してそれを読み上げるという発表は通常きわめて聞きづらいのであまり勧められない．原稿の書き言葉は，しばしば長い文になりがちで，さらに，緊張していると単調な棒読みになってしまうからである．そこで，仮に原稿をつくるとしても，

- ひとつひとつの文を短かめにすること
- 間のとり方を考えて，単調にならないようにすること
- 提示画面や資料の該当箇所を指示したり，聴衆のほうを見たりして，話しかけているという印象を与えるようにすること

などに留意したい．

　できることなら，完全な原稿を用意するのでなく，自分も提示画面を見ながら，口頭で説明を補っていく発表のほうが望ましい．毎回完全な発表原稿をつくるのは，手間を要するばかりではなく，上述したようにかえって不自然な聞きにくい発表になる可能性が高いからである．もちろんはじめからうまくできるわけではないが，自分の発表を録音テープやビデオテープにとって後から聞いてみることで特徴がわかり，相当の改善がなされるものである．これは，練習のみならず，本番でも励行することによって，次に生かせることになる．

　フォーマルな発表の前には1, 2回の練習をしておきたい．練習のときには，必ず他人に聞いてもらうようにする．そして，内容面だけなく，話し方についても問題点がないかどうか，アドバイスをもらうのがよい．また，時間配分についても練習時にチェックしておこう．予定より早く終わってしまうことはほとんどなく，通常は，発表時間をオーバーしてしまうものである．とくに，補足的なことをつい長く話してしまったり，TPを使うのに思いのほか時間を要したりする．早めに終えて，時間が余ったときのために補足的な説明を用意しておくくらいでちょうどよくなる．

　(3)　ハンドアウトを使う

　ハンドアウトとは，発表の場で聞き手に配布される資料のことである．ゼミで長い発表をするときには必ず配られるだろうが，フォーマルな発表でもよく使われる．ハンドアウトの情報と役割には，次のようなタイプがある．

① 　発表の内容のまとめや筋書きなど．提示画面をそのままコピーして渡すこともある．聴衆は聞きながらメモを書き込んだり，討論のときに内容を

思い出したり，言及したりするのに役に立つ．
② 発表の中で聴衆に参照してほしい資料．すべてを提示画面に出すことが難しい長めの文章や，細かい図表など．
③ 興味をもった人に，発表後に読んでもらいたい資料等．発表時間内にはとても言及できない関連資料や，発表内容を詳しく論文化したものなど．

学術的な発表は，その時間内にできるだけ充実した内容をわかりやすく伝え，発表後も聴衆の記憶に留めてもらうことをねらいとしている．発表者の声と提示画面だけでは，なかなかその目的が達せられないので，ハンドアウトの役割は大きい．とりわけ，①のタイプのハンドアウトは，聴衆がノートやメモをと

コラム 8-2 学会でのポスター発表

多数の聴衆の前でプレゼンテーションをする口頭発表にかわって，学会で非常に増えてきたのが，**ポスター発表**である．これは，幅 1 メートル，高さ 2 メートルほどのパネルに各自がポスター形式の資料を貼り出し，聞きにきた参加者に個別に説明するという発表方法である．大きな会場で一斉に行うために，プログラム編成が楽になるという主催者側のメリット，興味のある発表だけを聞きに行けるという聴衆側のメリット，時間を気にせずに発表や討議ができるという発表者側のメリットがある．最近の学会によっては，シンポジウムや講演以外の個人発表をすべてポスター発表で行うところもある．国際学会でも，大きな大会ほどポスター発表の比重は高い．

ポスター発表でもプレゼンテーションの原則は口頭発表と同じである．ただ，ポスターを眺めて，詳しく聞くかどうかをその場で決める参加者も多いので，魅力的な掲示にする必要はある．端正な中にも，写真，イラスト，グラフなどを使ったビジュアルな構成をしたい．字がびっしりとつまっただけのポスターでは，わかりやすい発表をしてくれそうだという期待がされにくい．また，せっかく個人的に対話ができる状況なので，一方的に説明するのではなく，相手からの質問を適宜受け付けたり，意見をかわしたりしながらすすめていくのが，ポスター発表のメリットを生かすことにもなる．研究者としてのコミュニケーション・ネットワークを広げる場でもあるのだから，関心を同じくする相手とはその後も情報交換を続けるようにしよう．

る負担や，内容を頭に入れる負担を軽減し，話の理解と討論に集中することができるので効果的である．

②，③のタイプは，やや注意を要する．これらを発表時に渡すと，つい聴衆はそちらを読んでしまい，発表者の話の流れについてこなくなるからである．とくに，②のタイプは，発表者が自分で見て言及しているところと，聴衆のそれぞれが見ているところがまったく異なって混乱することがある．いったいどこを見てほしいのかを明確に指示することと，書かれていることを読みあげているのか，口頭で話しているのかを区別するような話し方が必要である．③のタイプは，後から参照してほしいことをはっきり伝えるか，場合によっては発表後に配布することを考えたほうがよいだろう．

8.2.3 論文執筆

論文は，研究の成果をもっとも形式的に整った形であらわした文書である．しかも，あとあとまで保存されて，いろいろな人々が読んで参考にするためのものであるから，読みやすいものでなくてはならない．そのためには，ある程度基本的な型や文体にのっとる必要がある．

全体的な構成としては，口頭発表のときと変わりがない．つまり，8.2.1項で述べたように，概要，問題と目的，方法，結果と考察，まとめと今後の課題というのが，大まかな順序になる．これは，結局のところ，研究を報告するときのもっとも基本的なパターンとして共有されているものであり，この形式に従うことで相互のコミュニケーションを円滑にしているのである．学術雑誌を見てみれば，心理学のみでなく，自然科学や社会科学の実証的な研究論文のほとんどがこのパターンを踏襲していることがわかるだろう．実践研究や理論研究では必ずしもこのような項目だてにならないこともあるが，内容的には，「何のために，どのような研究をし，どのような結果を得て，そこから何を考えたか」ということを述べるのが科学論文のあり方といえる．

ただし，卒業論文や修士論文の場合，その目的からして，学術雑誌論文とはやや異なる点もあることに注意してほしい．学術雑誌論文は，書き手も読み手もその分野の専門家であり，論文の目的は，いったいどのような研究成果を得て，その分野にどのような貢献をもたらした（と著者自身が考えている）のか

を簡潔に伝えることである．一方，卒業論文や修士論文の場合は，その作成の過程でどのような学習と研究をしたのかをそれぞれが属する大学の教員に評価してもらうという側面も少なくない．したがって，多少冗長になっても，先行研究のまとめ，得られたデータ，分析の手順などをある程度詳しく書くほうが望ましい．これは，指導する教員の考え方にもよるので一概にはいえないが，「学生がいったいどのようなことを学び，考え，身につけたのか」を論文を通して知りたいと思っているはずである．

　そこで，具体的には，次のようなことを勧めたい．

- そのテーマについての先行研究について1章を設け，レポートのように整理してまとめる．修士論文であれば，自分なりの枠組みや批判的考察を含め，レビュー論文としても通用するくらいのものになるのが理想的である．
- 実験や調査の材料，得られたデータ，分析の途中結果をていねいに示す．細かいものは付録に回してもよいが，どのような手順ですすめたのかが，教員やあとから読む後輩にもわかるように心がける．

文体や書式については，学術雑誌論文やそれまでの卒業論文，修士論文などをよく読んで参考にすることを勧める．基本的には，やや堅めの論文調とでもいうべき文体を，ひとまず心がけるのがよい．また，文体以上に注意してほしいのは，文章全体の構造や論理展開がよくわかるようになっていることである．そのため，

- 文の接続関係を明らかにするため，接続語（したがって，このことより，しかし，それにもかかわらず，すなわち等）を多めに使う習慣をつける．
- 文ごとに行がえしたり，逆に，数十行も文が続いたりすることは避け，適度な長さ（数行から十数行）の段落から構成し，数個の段落ごとに小見出しをつけて，そこで何を話題にしているのかを明確にする．

最近は，レポートや論文の文章の書き方に関する書物も多く出版されているので，それらを読んでみるのも参考になるかもしれない．しかし，一般的な原則を知ることよりも直接役に立つのは，自分の書いた文章を何度も読み，筋が通るように書き直す習慣をつけることと，他者に読んでもらってわかりにくい点の指摘を受けることである．アメリカの大学では，ふだんのレポートでも，

2, 3名の友人と見せ合って他者の目を通してから提出することを強く勧めているところがあるというが, 学ぶべき習慣である. 現在は, ワープロを使えば, 加筆修正を頻繁に行うこともたいして手間を要しないので, ぜひ推敲に多くの時間をかけてほしい.

8.3 RLAのすすめ

8.3.1 RLA——研究者の縮図的活動を通じて学ぶ

　研究発表や論文執筆というのは, 一般の研究者にとってはけっして最終ゴールではない. たしかに, テーマを決めて研究を遂行することから見れば, ひとつのまとめでもあり区切りでもあるわけだが, そこから研究者どうしのコミュニケーションが始まり, お互いに触発されながら次の研究へとすすんでいく通過点なのである. そして, この研究者間のコミュニケーションということは, 研究者の動機づけの上でも, 大きな役割を果たしている. 研究者は, けっして自らの知的好奇心を満たすためだけに研究をすすめているわけではない. 自分の得た結果や考えた理論を他者に伝えることによって, 認められたり, 批判されたりすることは, 研究の遂行過程以上の知的興奮をもたらすものであり, それが研究をすすめる原動力の大きな側面でもある.

　研究の遂行と研究者間のやりとりを含んだ活動, つまり「科学の共同体における研究者の全体的な営みを縮図的に模擬してみる」という学習を市川 (1995, 1998) は "Researcher-Like Activity (略して **RLA**)" とよんでいる. RLA は, 社会的に存在する真正の共同体に末端的に参加するのではなく, そのもっとも中核的な部分 (通常はベテランと言われるメンバーが行う活動) をアレンジして, 学習者が行ってみるものである. 以下ではその中から,「論文を審査する査読者になる」,「ある分野の動向を解説する講演者になる」,「特定の主張に対して賛否両論を戦わせる討論者になる」という例をあげる.

　もちろん, 初心者のうちはそのレベルも内容も, ホンモノらしさが低いことはやむをえない. たとえば, 大学の1年生であれば, 10%くらいの真正度かもしれないが, 大学院の博士課程であれば80%くらいにしたい. RLAによる学習とは, 研究者の活動を垣間見て, 模擬体験し, 徐々に真正度を高めていく

ことである．これは，伝統的な教育が基礎から積み上げていくものとされていたのと対比をなしている．もっとも，知識や技能の系統的な積み上げが不要だというのではない．RLAのような学習と積み上げ型学習を組み合わせることにより，学習者にとって動機づけが高まり，基礎の大切さもまた認識されるようにというのが真のねらいである．以下では，とくに研究の力量を高めることにつながりそうで，学部3年生くらいから博士課程の学生まで幅広く行えそうな実例を紹介する．

8.3.2 査読者になるゼミ

学術雑誌に論文を投稿すると，その論文は**査読者**にまわされる．審査に偏りがないように，査読者は2, 3人割り当てられることが普通である．査読者は，その論文に問題がないかをチェックして，掲載可能かどうかを判断し，編集委員会あて（あるいは，著者あて）にコメントを書く．実際には，いきなり採択か不採択かが決まることは少なく，不明瞭な点や，問題点が指摘され改稿が求められることが多い．改稿した原稿はふたたび査読者にまわされ，再度判定を受ける．こうしたやりとりをくりかえして，採択になる論文もあれば，不採択になる論文もある．

査読者になるのは，その領域で専門的な知識をもち経験も豊富な研究者であるが，その役を学生にやってもらうというのが，「査読者になるゼミ」である．通常の論文講読の演習では，ややもすると，内容を要約的に報告するだけに終わってしまうのではないだろうか．これでは，他者の論文を批判的に検討するという姿勢が育たない．論文を評価する立場にあえて立つことによって，論文の良い点や問題点を見出す視点を豊かにし，自分が論文を書くときにも生かすというのがこのゼミの目的である．

素材にする論文として，実際に投稿されたばかりのものが入手できるわけではないので，とりあえず，『心理学研究』（日本心理学会発行），『教育心理学研究』（日本教育心理学会発行），『発達心理学研究』（日本発達心理学会発行），『心理臨床学研究』（日本心理臨床学会発行）など，心理学関係の学術雑誌に掲載されたものを用いることになる．対象となる論文そのものは全員が読んでくることを前提とし，担当者は簡単な要約や解説をしてから，コメントと判定結

果を述べる．他の受講者やゼミの教員はそのコメントをめぐって議論していくことになる．

「すでに査読を通って掲載された論文だから，問題のないものばかりではないのか」と心配する必要はまずない．実際にゼミを行ってみると，論理展開，研究方法，分析方法などについて，さまざまな批判的なコメントが受講者の学生から出てくるものである．しかし，そのコメントが妥当かどうかをまた吟味する必要がある．「些末なあげあし取りになっていないか」，「建設的なコメントといえるか」，「ほかにも重要な問題点を見落していないか」，「良い点として評価すべきところはないか」などを議論するうちに，論文を評価するときの視点が豊かになっていく．6.4 節でも見たように，論文の評価というのはベテランでも個人差がけっこうある．他者が論文を評価するときの視点を知ることができるのが，このゼミの大きな長所である．

8.3.3　講演者になるゼミ

学会では，あるテーマについて長年研究している研究者が，自分の研究も含め，その分野の研究動向を講演することがある．論文でいえば，レビュー論文にあたるような内容を，1 時間から 1 時間半くらいの時間で口頭でプレゼンテーションするわけである．その分野にあまり詳しくない聴衆に対して入門的な解説をする場合には，「チュートリアル講演」とよび，本人の業績を中心に専門的な内容を発表する講演と区別することもある．この「**講演者になるゼミ**」では，チュートリアル講演に近いものを想定しているが，博士課程くらいになれば，自分の研究を中心に組み立てることもできるだろう．

講演者となるためには，詳細な文献レビュー，先行研究の関連づけと整理，わかりやすいプレゼンテーションなどが要求される．これを学生にやってもらおうというわけである．ゼミの期間としては通常半年間なので，かなりたいへんな作業ではある．しかし，「2, 3 人が共同で行ってもよいこと」，「卒業論文や修士論文を書き上げたばかりの学生は，そのときのテーマで行ってもよいこと」という条件にすれば，少なくとも修士 1 年の大学院生以上なら十分できるはずである．学部 3 年生くらいのうちに，独創性や学術的専門性にはあまりこだわらずに，一度このような発表を経験しておけば，それが下地となって，そ

表 8.1 「講演者になるゼミ」でお互いに発表を評価するときのシートの例

【1】発表の内容について

　　　　　　　　　　　　　　　　　　　　　Poor ← 　→ Good
　1-1. テーマはおもしろいか ・・・・・・・・・・・・・・ 1 − 2 − 3 − 4 − 5
　1-2. 十分に調べられているか ・・・・・・・・・・ 1 − 2 − 3 − 4 − 5
　1-3. 内容はわかりやすいか ・・・・・・・・・・・・ 1 − 2 − 3 − 4 − 5
　1-4. 主張はユニークか ・・・・・・・・・・・・・・・・ 1 − 2 − 3 − 4 − 5
　1-5. 説得力があるか ・・・・・・・・・・・・・・・・・・ 1 − 2 − 3 − 4 − 5

【2】発表のしかたについて

　　　　　　　　　　　　　　　　　　　　　Poor ← 　→ Good
　2-1. 声の大きさ[大きすぎ・小さすぎ] ・・・・・・・・・ 1 − 2 − 3 − 4 − 5
　2-2. 話のテンポ[速すぎ・遅すぎ] ・・・・・・・・・・・・ 1 − 2 − 3 − 4 − 5
　2-3. 話し方 ・・・・・・・・・・・・・・・・・・・・・・・・・・・・・・・ 1 − 2 − 3 − 4 − 5
　2-4. 字や図の大きさ [大きすぎ・小さすぎ] ・・・ 1 − 2 − 3 − 4 − 5
　2-5. 画面表示のレイアウトやデザイン ・・・・・・・ 1 − 2 − 3 − 4 − 5
　2-6. ハンドアウトの分量 [多すぎ・少なすぎ] ・・・ 1 − 2 − 3 − 4 − 5
　2-7. ハンドアウトのレイアウトやデザイン ・・・・・・ 1 − 2 − 3 − 4 − 5

【3】その他，気づいた点，改善を要する点，良かった点など自由に．

の後本格的な発表をするのは楽になる．

　発表の内容に関して言えば，先行研究の単なる羅列的紹介にならないように注意することである．諸研究を整理する枠組み（流れの把握，分類，方向づけなど）を提案することや，自分なりに新しい研究のあり方を考えることなど，何らかの工夫をして特色を出してほしい．参照する文献は，内外の論文 30 から 50 くらいになるだろうが，それらをどのように構造化してわかりやすいストーリーにするかということが最大のポイントである．中間報告会を設けて，テーマとタイトル，大まかなストーリー，読むべき文献のリストなどを検討しあうことを勧める．

　プレゼンテーション・スキルという点では，8.2.2 項で述べたように，話し方（質問に対する受け答えも含む），プレゼン機器の利用，ハンドアウトなど，広く気を配ってほしい．1 件の発表時間は 30 分か 40 分程度であろうから，一度は練習をしておきたい．練習でも本番でも，ビデオをとって自分で見ることはためになる．さらに，本番では**評価シート**を用意して聞き手が講演者に対して評価をし，本人に渡すとよいだろう．評価の項目としては，わかりやすさやおもしろさを中心にした内容面の評価と，プレゼンテーション・スキルの評価

に分けられる．表8.1は，評価シートの項目の例である．

最終的には，ビデオと評価シートを材料にしながら，自分の発表についての自己評価レポートを書くことを勧めたい．くれぐれも，発表が終わったら「打ちあげ」ではなく，改善点を見出して次に生かすという姿勢をもってほしい．

8.3.4 パネリストになるゼミ

学会で，個人発表とならんで大きな柱となるのが，「シンポジウム」とよばれるパネルディスカッション形式の討論会である．そのテーマについて見識をもった数人の発表者（パネリスト）がまず20分程度発表し，相互に討論したあと，聴衆（「フロアー」とよぶことがある）からの質問やコメントを受け付けて全体討論に入る．学会や研究会であれば，小さなもので20人程度，大きなものは数百人にもなる．「パネリストになるゼミ」では，学生がパネリストとなって，受講者全体でパネルディスカッションを行う．もちろん，少人数ゼミである必要はなく，数百人のマンモス授業でも可能である．

パネルディスカッションは，いわゆる「ディベート」とは違って，はじめから賛成派と反対派に分けて攻防をくりかえす討論ではない．しかし，相異なる立場や考え方をもった人たちをパネリストにするほうが討論としては盛り上がるし，お互いに考え方を広げるのに役立つ．そのためには，事前にそのテーマについて簡単なレポートを提出させ，それをもとにゼミの教官（あるいは，学生の企画者）が適当なパネリストを選ぶとよい．こうした**事前レポート**を書くことは，そのテーマについて調べたり，考えたりすることを促し，より深い討論ができることにもなる．教育にまつわる問題として，意見が分かれそうなテーマの例を表8.2にあげておいた．

パネリストに選ばれた学生は，基本的には事前レポートに沿って自分の意見を発表すればよい．90分の授業で行うならば，はじめの意見を述べる時間はせいぜい1人5分くらいになる．ここで，簡潔に自分の主張をまとめて伝えるには，やはりプレゼンテーション・スキルが必要である．OHPやコンピュータ用プロジェクターを使って，3枚程度の提示画面にキーワードやキーセンテンスを示すのがよいだろう．

このゼミの主眼は，生産的な討論をすることにある．発達や教育に関する問

8.3 RLA のすすめ

表 8.2 パネルディスカッションのための事前レポートのテーマ例

> 次のような意見に対して，それぞれ 300〜400 字程度で，あなた自身の考えを書きなさい．
> (1) これからの情報教育の中では，コンピュータ・プログラミングをとりあげる必要はない．
> (2) 統計用ソフトは，統計学の学習の初期から使っていくことが，ユーザーとしては望まれる．
> (3) これからは，ワープロが使えることがあたりまえになるので，子どものころから，技能に習熟させておくことが大切だ．
> (4) 幼児期の教育には，コンピュータのはいる可能性はほとんどないし，その必要も感じられない．

題は，身近な内容が多く，自分の経験にもとづいてだれでも何らかの意見が言いやすい．それだけに，固定的な考え方にとらわれやすいので，意見を出し合うことによって多面的にものごとを見ることができるようにしたい．学術的なテーマの場合には，専門的知識がないと議論に参加しにくくなる．しかし，どちらにしても，自分の主張の裏付けとなるような実証的データや実例を出すことは説得的な議論をするために大切である．また，討論時には，意図的に自分の意見を強く主張して相手を批判することもあってよいだろう．すぐに妥協してしまうと，かえって討論として深まらないからである．（これは，あらかじめそのように振る舞うことを双方承知しておかないと，感情的になってしまうことがあるので注意が必要である．）

ただし，最終的には，それぞれの考え方の長所と短所を公平に評価した上で自分自身の考えをもつようにしたい．そのためにも，**事後レポート**は有効である．つまり，事前レポートを書いたときに比べて，討論を経てどれだけ自分の考えが高まったかという，このゼミの成果を自己評価するわけである．受講者の中には，「たいした意見が出なくてつまらなかった」とか，「ひどい意見があって唖然とした」というような感想を書いてくるだけの学生もまれにいる．しかし，それなら，「自分は議論にどれだけの貢献をしたのか」，「異なる（ひどい）意見を論破することが自分にはできたのか」，「他者の意見や情報提供から吸収すべきことはなかったのか」を自問してみてほしい．

討論で重要なことは，勝ち負けや自分の主張が正しかったかどうかの確認ではなく，どれだけ相手から多くのものを得て自分の知識や見識を豊かにできた

かである．実は，研究対象に関する実証的データを得ることも，他者と討論することも，この点では変わりがない．研究をするということは，対象と関わり，他者と関わることによって，認識を豊かにし，深めていくという活動にほかならないのである．

❖キーワード

テーマ設定，先行研究の検索，レビュー論文，文献データベース，研究計画，論文題目，事前準備，天井効果，床効果，研究発表，プレゼンテーション，視覚的メディア，ハンドアウト，ポスター発表，論文執筆，RLA，査読者，講演者，評価シート，パネリスト，事前レポート，事後レポート

❖参考図書

　他者に説明や発表をする際に，どのようにわかりやすい表現を工夫したらよいかについて，海保（1988）は認知心理学的な知見を踏まえて具体的に提案しているので，ぜひ一読を勧めたい．レポートや論文の文章作成法や作法については，さまざまな書物が刊行されている．古典的なものに，清水（1959），木下（1981）があるが，やや新しいものとしては，ワープロやパソコンの利用を含んだ樺島（1992）がある．

　討論や，他者の主張を批判的に検討するときに参考にしたいのは，苅谷（1996）である．ディベートに関する本も多く出ているが，北野（1995），北岡（1996）が手軽に読めて基本的な考え方がわかる．

❖引用文献

市川伸一　1995　Researcher-Like Activity をとり入れた大学・大学院教育——「正統的周辺参加」論への疑問を込めて　日本認知科学会「教育環境のデザイン」研究分科会資料，No. 88-2, Pp. 1-12.
市川伸一　1998　開かれた学びへの出発——21世紀の学校の役割　金子書房
樺島忠夫　1992　文章作成の技術——知的ワープロ・パソコン利用法　三省堂
海保博之　1988　こうすればわかりやすい表現になる　福村出版
苅谷剛彦　1996　知的複眼思考法　講談社
木下是雄　1981　理科系の作文技術　中公新書
北野宏明　1995　ディベート術入門　ごま書房
北岡俊明　1996　ディベートの技術　PHP研究所
清水幾太郎　1959　論文の書き方　岩波新書

付録1

心理学関係の国内主要学会

　研究者に研究発表および交流の場を提供してくれるのが「学会」とよばれる組織である．日本心理学諸学会連合に加盟している心理学関係の学会は40以上ある．それぞれの学会は年次大会を開催して会員に研究成果の発表の機会を提供するとともに，研究論文を掲載した学会誌を発行している．以下，本書の内容と特に関係が深いと思われる4つの学会について，その概要を紹介する．各学会の事務局の連絡先や会員数等に関する情報については，各学会のホームページを参照されたい．

日本心理学会

　心理学関係の全国規模の学会としては最初のもので1927年に創立された．心理学の全領域にわたる研究者および実践家が会員となっている．会員の専門領域はI（知覚・生理・思考・学習），II（発達・教育），III（臨床・人格・犯罪・矯正），IV（社会・産業・文化），V（方法・原理・歴史・一般）の5領域に大きく分類されている．毎年秋に年次大会を開催するほか，学会誌として和文誌『心理学研究』（年6号発行）と欧文誌『*Japanese Psychological Research*』（年4号発行）を刊行している．また，心理学に関係するさまざまなテーマについて読みやすい記事を載せた『心理学ワールド』も年4回刊行している．日本心理学会では，「心理学の専門家として仕事をするために必要な最小限の標準的基礎学力と技能を修得していること」を要件として，心理学を学んだ学部卒業者に対して「認定心理士」の資格認定を行っている．

　　事務局：〒113-0033　東京都文京区本郷5-23-13　田村ビル内
　　　　　　電話：03-3814-3953　FAX：03-3814-3954
　　　　　　HP：http://www.psych.or.jp/

日本教育心理学会

　1959年に創立された学会で，会員の専門領域は，発達，パーソナリティ，社会，測定・評価，学習，教授過程，臨床，障害と多岐にわたる．もともとは，学術的な基礎研究が中心であったが，最近は，学校における実践的な問題をとりあげた研究も増えつつある．学会誌は『教育心理学研究』（年4号発行）と，年度末に発行される『教育心理学年報』である．この年報の中では，各領域別に，その年の我が国での研究動向を概観した論文が掲載されるので参考になるだろう．また，『教育心理学研究』では，「実践研

究」というジャンルが設けられ，教育実践を直接対象にした論文が掲載されるようになっている（第6章参照）．この学会を中心にして2001年に組織された学校心理士認定運営機構が学校における心理的問題の解決を支援する「学校心理士」の資格を認定している．

  事務局：〒113-0033 東京都文京区本郷5-24-6 本郷大原ビル7階
    電話：03-3818-1534　FAX：03-3818-1575
    HP：http://wwwsoc.nacsis.ac.jp/jaep/

日本発達心理学会

乳幼児から高齢者までの生涯にわたる人間の心と行動の発達過程に関心をもつ者によって組織されている学会．1990年発足の新しい学会である若い研究者の参加も多い．心理学だけでなく，医学，教育学，文化人類学，社会学等の研究者や保育・教育・福祉・医療などさまざまな分野の実践者，臨床家も参加している学際色豊かな学会．学会誌は『発達心理学研究』（年3号発行）であり，いわゆる学術研究だけではなく，掲載論文や特定テーマについての意見論文欄も設定されている．また年数回会員向けに発刊されるニューズレターと，研究会や講演会案内や就職公募情報，新刊情報から海外の主な発達心理学関連ジャーナルの目次まで研究に関わる情報が研究情報ニュースとしてメールで配信されている．また，テーマ別，地区別の研究部会も実施されている．この学会を中心として2001年に組織された臨床発達心理士認定運営機構が，発達をめぐる問題を査定して支援を行う「臨床発達心理士」の資格を認定している．

  事務局：〒113-0033 東京都文京区本郷2-27-2 東眞ビル7F
    電話：03-5840-9336　FAX：03-5840-9338
    HP：http://www.jsdp.jp/

日本心理臨床学会

1982年に創立された学会で，広く心理援助に関する実践および研究をテーマとしている．カウンセリング，心理療法，心理的アセスメント，コミュニティ的介入など，あらゆる臨床心理学の方法をカバーしている．また，対象領域としては，乳児期から幼児童期，青年期，成人期，中年期，老年期に至るさまざまな発達の障害，パーソナリティに関するさまざまな心理障害，医療，教育，福祉・保健，司法・警察，産業などの社会領域における心理的問題，心理援助の効果測定および評価など，多岐にわたる．最近では多くの臨床心理士がスクールカウンセラーとして勤務していることもあり，学校教育場面における心理的問題と，その心理援助が重要なテーマとなっている．学会誌は，『心理臨床学研究』（年6号発行）があり，実践研究，事例研究を中心としてさまざまな

領域の研究が掲載されている．1988年には関連団体である（財）日本臨床心理士資格認定協会が設立され，心理援助の専門家として「臨床心理士」の認定を行っている．
　事務局：〒113-0033 東京都文京区本郷2-40-14 山崎ビル501
　　　　電話：03-3817-5851　FAX：03-3817-7800
　　　　HP：http://www.ajcp.info/

付録2

心理学研究における倫理の問題

1 研究のための倫理

1) 人権の保証と配慮

　心理学は，人々（および動物）の心を探究する学問であり，人間の幸福や社会の発展を願う学問である．そのための方法や研究分野は多岐にわたるが，どのような研究であっても，協力してくれる人（生物）がいることによって初めて研究ができる．協力者には，協力する義務があるわけではない．にもかかわらず，心理学研究の発展のために研究する人を信頼し研究の求めに応じ，自分のことを語ったり振る舞いをみせたり課題を行ったりして，自分の時間と情報を提供し協力してくれるのである．その信頼に応える形で研究を行うことは当然のことであり，研究のいかなる時にも協力者の善意に感謝し，研究者が協力者を統制するのではなく両者の対等な関係性についての配慮を忘れてはならない．最近では，心理学の研究対象となる人を被験者とよばず「研究協力者」とよぶことが増えてきている．協力してくれる人の意思と尊厳をあらわすよび方といえるだろう．研究の倫理は良識にもとづくものだが，単に心構えに留めるのではなく，協力者の尊厳，権利，意思をつねに尊重し保証するよう，研究や研究実践の計画，研究・実践の実施，結果の分析や公表の各過程で，実際に具体的な研究手続きとしての行動を各研究方法に応じた形でとっていく必要がある．

　手続きを正統に踏むことは，研究協力者の人権を保証すると同時に，社会に対して研究の意味や価値を知ってもらい，研究者自身の研究の権利を互いに保証し合っていくことにもつながるのである．

2) 倫理綱領とは

　研究をする人・協力する人両者の人権を守るため，心理学者が属する学会の多くは，研究を行う上での人権保証の基本的原則と保証のための研究手続きを明文化した倫理綱領や倫理規定を作成している．日本では，APA（アメリカ心理学会），SRCD（北米発達心理学会），AERA（アメリカ教育学会）等関連学会の倫理綱領を参考にしながらも，日本の文化的慣習に合う形で倫理綱領が作成されている．たとえば，表 A.1 は，日本教育心理学会の倫理綱領である．日本心理学会，日本発達心理学会，日本心理臨床学会，日本行動分析学会等各々の学会が，その学会の研究の特色に応じた形で倫理綱領やガイドブックを作成している（アメリカ心理学会，1996；日本発達心理学会，2000）．また

臨床心理士会や学校心理士会等，臨床実践に直接携わる資格をもった心理学関連団体も実践を行うための倫理綱領をもっている．

　社会では，法律を知らなかったから悪いことをしても罰せられないのではなく，そこで生きるには法を知って守る必要がある．また法律に明文化されていないことだからやってもよいのだろうという他律的な結果・形式主義ではなく，道徳や慣習にもとづいて互いに他者を思いやる関係が円滑な社会生活を形成する．正義としての法の倫理だけではなく，自律的なケアの倫理が互いを生かしあう（Howe & Moses, 1999）．同様に，研究における倫理においても重要なことは，倫理綱領等を知り守ると同時に，自律的に研究協力者への配慮にもとづいて研究を行うことである．倫理綱領には法律のような拘束力や規制力があるわけではない．また学会会員のみが守ればよいのでもない．心理学の研究を行おうとする人は皆，学部学生や大学院生も，教育実践者も研究の倫理を自分自身のことに照らし合わせながら学んだり考え，研究における倫理，まっとうに（just）相手を気遣い（care）研究することの倫理を自覚することが必要である．最近では心理学の概説書や研究方法の書物でも倫理の問題が取り上げられてきている．「倫理」は，心理学のどのような内容においても，学ぶ人も心理学に関わる教育を担当する教員も関心を払うべき内容といえるだろう．

2　研究をすすめる上での具体的配慮と行動

　では，実際に研究の各過程で倫理に関して，とくに考慮すべき点はどのような点だろうか．

1）　研究の計画：妥当な研究デザイン

　最初から研究計画に誤りや不明な点がある研究は，誰の役にもたたず，時間と経費のむだになる．こうした協力者の善意に報いず資源のむだをさけるためには，研究の目的を明らかにできるよう妥当な研究計画を組まなければならない．学部生や大学院生は指導教官や先輩に十分指導や助言を受け，計画の妥当性を吟味する必要がある．そのときに，取り上げる研究課題内容が，次の4つの原理（Cicchetti & Toth, 1997）を守っているかどうかを評価し計画をたてることが必要である．①研究協力者の自律性を犯すものになっていないかどうか（協力者への敬意），②協力者への損害の危険を最低限にし（非コスト），③協力によって協力者自身も何らかの恩恵を得られるかどうか（被恩恵），そして④類似の環境でも同様なことを人が行う，起こりうると考えられるまっとうな内容かどうか（正当性）である．とくに子どもや老人，障害がある方など社会的に弱い立場にあり自分で研究への参加に関して自覚的な判断や参加拒絶が困難な場合には慎重な配慮がされる必要がある．研究に協力参加してよかったと思える内容であるかどうか，

少なくとも否定的な感情や影響を及ぼさないか，及ぼす危険性があればそれをどのようにして防ぐことが可能かを考え説明できる必要がある．米国ではそのために，倫理審査委員会（IRB）が設置されることが義務づけられ，研究計画が第三者の眼によってチェックされている．

研究には「研究者の倫理」があるが，教育等の実践を行う場ではその場の「実践者の倫理」がある．たとえば，よりよいと思われる経験があればその経験を受ける子どもと受けない子どもの比較によって経験の効果を論じるよりも，皆によりよい経験の機会を与えるのを望ましいと考え，発達や学習に問題が生じる可能性が少しでもあれば，問題が生じるメカニズムや過程，要因の同定を観察分析するよりも，まずそれを止めようとする行動をするのが実践者の倫理である．研究の倫理にかなうだけではなく，協力者が生きる場の倫理を理解し，実践者との十分な話し合いと了解の上で研究を計画する必要がある（Jacob-Timm & Hartshorne, 1998；荒木他，1999）．

2) 研究実施：インフォームド・コンセント

研究に協力してもらうときには，協力者に対しあらかじめ研究について説明を行い，同意を得て行う必要がある．研究者は自分の立場を利用して相手に研究を強要することがあってはならず，参加しない権利も保証されることを明らかにしなければならない．そのための方法は，調査法，面接法，観察法，実験法など，方法によって異なる．またあらかじめ目的の説明をしないときには終わってから伝えることが求められる．

同意して始めた研究でも，途中で思いがけない出来事や予想とは異なる結果を及ぼす可能性もある．協力者から協力とりやめの申し出がなされたときはいつでもそれを受け入れなければならない．また研究の過程を人任せにするのではなく，研究者自らが立ち会ってどのような状況で研究データが得られたのかを詳細に見ておく必要がある．

3) 研究結果の公表

研究協力への同意を受けて得た情報でも，協力者は自分の情報がいかなる形で記述されどのように使用されるのかまでは，理解していないことも多い．結果のフィードバックと公表への了解を得る必要がある．公表時には個人のプライバシーを最大限保護できるよう匿名にすることが必要であり，また研究上知りえた個人情報の秘密保持，とくにそのデータのファイルや書類等も慎重に管理する必要がある．

また学会誌の査読や編集において倫理的に問題になることの多くは，研究協力者の同意は得ているとして投稿されてくる論文における倫理の問題，たとえば負の影響を与える場面での研究状況に関するものである．論文執筆者は研究への協力や結果のフィードバックにおいては，当該協力者との間での「対面倫理」を問題にしている．しかしその

研究をひとたび研究論文として公開するときには，読者に与える影響，同様の方法でほかの場面でその論文を参考にして研究をしても倫理的問題をもたないか，なんらかの不利益を被ることはないかという「遠隔倫理」も問題になる．最初に述べたように，研究は人類の幸福と社会の発展のための公的活動として位置づけられるものであり，私的なものではない．したがって，研究で大切なことは，結果を他者に公開しその知見を他者も共有吟味する活動である．自分の書いた論文が与える影響にも配慮することが研究倫理として必要である．

研究の倫理として配慮すべき点は，研究の課題や状況において多種多様である．したがって個々が相手の尊厳へ最大の配慮をするという精神にもとづきながら，その場その場でとるべき具体的な方法を各自が主体的に判断していく必要がある．そのためにも，研究に対する真摯な姿勢と協力者への感謝，そして質の高い研究を生み出そうとする研鑽が求められるといえるだろう．

❖引用文献

アメリカ心理学会　富田正利・深澤道子（訳）〈社〉日本心理学会（校閲）1996　サイコロジストのための倫理綱領および行動規範　〈社〉日本心理学会

荒木紀幸・横川和章・二宮克美・瀧野揚三・下山晴彦・秋田喜代美・豊嶌啓司　1999　教育心理学研究における倫理上の諸問題　日本教育心理学会第41回総会発表論文集　Pp. 6-7.

Cicchetti, D., & Toth, S. L.　1997　Perspectives on research and practice in developmental psychopathology. In W. Damon (Ed.) *Handbook of child psychology* (5th ed.). John Wiley. Vol. 4, Pp. 545-550.

Howe, K. R., & Moses, A. M.　1999　Ethics in educational research. In A. Iran-Nejad & P. D. Pearson (Eds.) *Review of research in education*, Vol. 24. AERA. Pp. 21-59.

Jacob-Timm, S., & Hartshorne, T.　1998　*Ethics and law for school psychologists* (3rd ed.). John Wiley.

日本発達心理学会（監修）　古澤頼雄・斎藤こずえ・都築学（編）　2000　心理学・倫理ガイドブック——リサーチと臨床　有斐閣

表 A.1 日本教育心理学会の倫理綱領

日本教育心理学会倫理綱領
(JAEP Ethical Principles)

一般綱領

綱領1 人権および人間の尊厳に対する敬意

　日本教育心理学会会員は，すべての人の基本的人権と尊厳に対して適切な敬意を払い，これを侵さず，人間の自由と幸福の追求の営みを尊重し，教育心理学における研究および実践活動，またそれらに関連する教育諸活動に携わる。そのため，研究・実践活動の協力者となる者に対して，個人のプライバシー，秘密の保持，自己決定および自律性という個人の権利を尊重し，特に子どもの健全な発達を損なわぬよう配慮する。このため学会会員は個人の権利や社会規範を侵すことのないよう努力し，個人に心理的苦痛や身体的危害を加える可能性をもつ行動に参加したり，それを認めてはならない。

綱領2 学問上および専門職上の自覚と責任

　日本教育心理学会会員は，教育心理学の専門家としての自覚をもち，自らの行為に対する責任を負う義務をもつ。自らの研究・実践活動が発達や教育に対して影響のあることを自覚し，自らの活動は個人の心身の安全と健康を保証し幸福および社会への貢献をめざしたものでなければならない。自らのもつ特定の専門的能力の範囲と専門性を明確にし，その限界も認識しなければならない。そのために自分の仕事において高度の水準を維持できるよう研鑽に努め，資質と技能の向上を図らねばならない。また，会員は自分の同僚の研究者として実践者としての行動が倫理にかなったものであるか否かに関心を払い，必要とあれば，非倫理的な行動を予防し回避するよう働きかけなければならない。

　上記，一般綱領の精神に基づき，以下の条項を定める。

倫理規定

1. 人権の尊重

　本学会の会員は，研究・実践活動の協力者となる者に対して，常にその尊厳を尊重しなければならない。

　(1) 個人に心理的苦痛や身体的危害を加える可能性が予想される行為をしてはならない。

　(2) 個人のプライバシーや社会的規範を犯す行為をしてはならない。

　(3) 特に子どもの健全な発達を損なうことがあってはならない。

2. 研究実施のための配慮と制限

　調査，実験，観察，検査，心理臨床活動，教育実践活動等を行う時，研究協力者に対し十分な説明をする義務を負う。その際，研究協力への自由をもっていることを保証し，文書または口頭で同意を得なければならない。

(1) 研究参加への勧誘は過度のものであってはならない。
(2) 研究協力者が，自らの意志で研究への参加を拒否，途中で中断あるいは放棄できることを事前に説明しなければならない。研究におけるこの情報は，協力者の発達水準に相応した形で伝えられる配慮をしなければならない。
(3) 研究への同意は研究協力者本人から得ることを基本的原則とする。ただし，対象者が同意の判断ができない場合には，研究協力者を保護する立場にある者の判断と同意を得る必要がある。
(4) 同意を得る際には研究実施に関わる情報を開示することを原則とするが，非公開や虚偽が研究にとって不可欠な際には，それが個人になんらかの負の影響を与えないことを確認した後，研究を実施し，事後にその理由を説明しなければならない。
(5) 研究・活動の進行中に研究協力者の心身を脅かしていることに研究者が気付いた際には，研究を直ちに停止し，事態の改善を図る処理を実行しなければならない。
(6) 動物研究に関しては，人間の共存者として動物を認識し，その福祉と保護に留意し，適切な生育環境を確保しなければならない。

3．情報の秘密保持の厳守

　研究・活動によって得られた情報については厳重に管理し，実施時に同意を得た本来の目的以外に使用してはならないし，同意を得た情報以外は利用すべきではない。

4．公開に伴う責任

　公開に際しては，研究のもたらす社会的，人道的，政治的意義に十分配慮し，専門家としての責任を自覚して行わねばならない。

(1) 個人のプライバシーを侵害してはならない。
(2) 研究のために用いた資料等については出典を明記する。
(3) 共同研究においては，公表に際し共同研究者の権利と責任に配慮する。
(4) 研究結果を社会に向けて公表する際には，教育心理学的根拠に基づき，虚偽や誇張，歪曲のないようにする。

5．研鑽の義務

　会員は本倫理規定を十分理解し，実行できるために研鑽する機会をもつようにする。

6．倫理の遵守

　会員は教育心理学の研究活動や実践活動において，本倫理規定を十分理解し，違反することのないよう，努めなければならない。

　付則　日本教育心理学会倫理綱領は2000年6月18日より施行する。

付 表

付表1 5%水準の両側検定で有意となる相関係数の値

被験者数	有意となる相関係数の値	被験者数	有意となる相関係数の値
4	.950	42	.304
6	.811	44	.297
8	.707	46	.291
10	.632	48	.285
12	.576	50	.279
14	.532	52	.273
16	.497	60	.254
18	.468	70	.235
20	.444	80	.220
22	.423	90	.207
24	.404	100	.197
26	.388	200	.139
28	.374	300	.113
30	.361	400	.098
32	.349	500	.088
34	.339	600	.080
36	.329	700	.074
38	.320	800	.069
40	.312	900	.065
		1000	.062

付表 2 群間の平均値差が 5% 水準で有意となる相関比の値

各群の被験者数	群の数				
	2	3	4	5	6
2	.950	.930	.912	.898	.886
3	.811	.795	.777	.763	.751
4	.707	.697	.683	.670	.660
5	.632	.627	.615	.604	.594
6	.576	.574	.563	.553	.545
7	.532	.532	.523	.514	.506
8	.497	.498	.490	.482	.474
9	.468	.470	.462	.455	.448
10	.444	.446	.439	.432	.425
11	.423	.425	.419	.412	.406
12	.404	.407	.401	.395	.389
13	.388	.392	.386	.380	.374
14	.374	.377	.372	.366	.361
15	.361	.365	.359	.354	.349
16	.349	.353	.348	.343	.338
17	.339	.343	.338	.332	.328
18	.329	.333	.328	.323	.319
19	.320	.324	.320	.315	.310
20	.312	.316	.312	.307	.302
25	.279	.283	.279	.275	.271
30	.254	.258	.255	.251	.247
35	.235	.239	.236	.232	.229
40	.220	.223	.221	.217	.214
45	.207	.211	.208	.205	.202
50	.197	.200	.197	.195	.192
60	.179	.182	.180	.178	.175
70	.166	.169	.167	.164	.162
80	.155	.158	.156	.154	.152
90	.146	.149	.147	.145	.143
100	.139	.141	.140	.138	.136

付表3 t 分布の上側2.5%点と F 分布の上側5%点

自由度(注)	t 分布	F 分布の分子の自由度				
		1	2	3	4	5
5	2.57	6.61	5.79	5.41	5.19	5.05
6	2.45	5.99	5.14	4.76	4.53	4.39
7	2.36	5.59	4.74	4.35	4.12	3.97
8	2.31	5.32	4.46	4.07	3.84	3.69
9	2.26	5.12	4.26	3.86	3.63	3.48
10	2.23	4.96	4.10	3.71	3.48	3.33
11	2.20	4.84	3.98	3.59	3.36	3.20
12	2.18	4.75	3.89	3.49	3.26	3.11
13	2.16	4.67	3.81	3.41	3.18	3.03
14	2.14	4.60	3.74	3.34	3.11	2.96
15	2.13	4.54	3.68	3.29	3.06	2.90
16	2.12	4.49	3.63	3.24	3.01	2.85
17	2.11	4.45	3.59	3.20	2.96	2.81
18	2.10	4.41	3.55	3.16	2.93	2.77
19	2.09	4.38	3.52	3.13	2.90	2.74
20	2.09	4.35	3.49	3.10	2.87	2.71
22	2.07	4.30	3.44	3.05	2.82	2.66
24	2.06	4.26	3.40	3.01	2.78	2.62
26	2.06	4.23	3.37	2.98	2.74	2.59
28	2.05	4.20	3.34	2.95	2.71	2.56
30	2.04	4.17	3.32	2.92	2.69	2.53
32	2.04	4.15	3.29	2.90	2.67	2.51
34	2.03	4.13	3.28	2.88	2.65	2.49
36	2.03	4.11	3.26	2.87	2.63	2.48
38	2.02	4.10	3.24	2.85	2.62	2.46
40	2.02	4.08	3.23	2.84	2.61	2.45
50	2.01	4.03	3.18	2.79	2.56	2.40
60	2.00	4.00	3.15	2.76	2.53	2.37
70	1.99	3.98	3.13	2.74	2.50	2.35
80	1.99	3.96	3.11	2.72	2.49	2.33
90	1.99	3.95	3.10	2.71	2.47	2.32
100	1.98	3.94	3.09	2.70	2.46	2.31
200	1.97	3.89	3.04	2.65	2.42	2.26
300	1.97	3.87	3.03	2.63	2.40	2.24
400	1.97	3.86	3.02	2.63	2.39	2.24

(注) 左欄の自由度は F 分布については分母の自由度をあらわす.

索引

あ 行

RLA　234
アクションリサーチ　40, 163, 166, 197, 215
厚い記述　50, 53
アナログ研究　197
α係数　76, 77
暗黙の理論　53

意識　1, 93
1群事後テストデザイン　126
1群事前事後テストデザイン　127
一般化　84
　——可能性　125, 148, 169
逸話記録法　28
異文化への理解　37
イメージ論争　8
因果関係　80, 124, 158
因子負荷　74
因子分析　73, 74, 89
インフォーマント　44, 45
インフォームド・コンセント　246

ATI　116
ABAデザイン　145
ABABデザイン　145
ABデザイン　144
エクソシステム　156
SSCI（Social Science Citation Index）　223
SCI（Science Citation Index）　223
SCID（Structured Clinical Interview for DSM）　202
エスノグラフィー　95
エスノメソドロジー　172, 210
$N=1$実験　143
エピソード　165
　——記述　54
　——記録法　28
F分布　107, 131

絵物語法　206, 207
演繹的観察　21

OHP　228
横断的研究　67
応用的行動分析　143

か 行

回帰効果　136, 138
回帰直線　133, 138, 141
回帰分析　82
外的妥当性　125, 148
介入　10
　——訓練者　163
概念化　48
概念カテゴリー　55
会話　51
　——分析　209, 210
カウンセリング　203
科学性　196
学術雑誌論文　222, 232
仮説　64
　——の検証　64, 65, 87, 170
　——の生成　55
　——の反証　87
家族療法　208
価値志向的研究　167
学会発表論文集　221
学級風土認知　175
学校心理士　164
カテゴリー　51, 54
環境　94
　——移行　158
関係性　195
観察：
　——の記録　25
　——の信頼性　29
　——の妥当性　29
　——の分析方法　25

観察者：
　――の訓練　30
　――の存在が与える影響　30
　――のバイアス　29
　――役割　43
観察法　19-30
間主観的　165
干渉変数　97
間接的観察　25
完全な参与者　43
完全無作為1要因デザイン　103, 123
完全無作為2要因デザイン　113
観測変数　65

記述　48, 53
基準変数　82, 97
帰納的観察　21
逆転項目　69, 75
教育（養育）実践者　163
教室談話研究　172
共通因子　74
共分散　79
　――構造分析　75, 89
　――分析　133
共変関係　66, 67

偶然的観察　24
区間推定　85
クライエント中心療法　210
グラウンデッド・セオリー　55, 166, 216
グループワーク　206
群間平方和　106
群内平方和　106

KJ法　56
系列相関　141, 150
ケース（事例）　52
研究　3
　――協力者　244
　――計画　223
　――結果の公表　246
　――指定校効果　127
　――者の倫理　163, 246
　――の実用的価値　5
　――の情報的価値　5

――の発表　13, 226
検出力　112
検証型研究　7
検定　12, 86, 89, 105, 131, 137, 150
　――力　104, 112
現場　38, 50
　――研究　159

コア・カテゴリー　166
講演者　236
効果の大きさ　130, 141
交互作用　113, 116, 118, 132
　1次の――　119
　2次の――　119
構成概念　65, 93, 102
構造化面接　31, 202
行動　94, 206
　――主義　95
　――描写法　28, 29
　――分析　206
　――目録法　27-29
　――療法　143
口頭発表　226
項目-全体相関　77
項目分析　71, 77
交絡　97, 110
　――変数　97
交流的観察　40
コーディング　51, 55
こころ　1, 93
個人間参照枠組み　160
個人-社会的生態参照枠組み　160
個人-生態参照枠組み　160
個人内参照枠組み　160
個人内の共変関係　66
個体　94
個と平均　148
個別性　165
コミュニケーション　209
コミュニティ心理学　164
コラボレーション　58, 59
コンサルティー　164
コンサルテーション　163, 175
コンピュータ・シミュレーション　95

索引　255

さ　行

再検査信頼性　76
Citation Index　223
査読者　235
参加観察（法）　20, 30, 39, 206, 208, 214
3水準の記述　166
散布図　78, 133
サンプリング　52, 83-85
サンプル　76, 84
　——サイズ　85-87

視覚的メディア　228
自我同一性ステイタス面接　32
時間見本法　25
時系列的変化　167
時系列分析　142, 150
刺激　95
自己モニタリング（技能）　191, 198, 199
事象見本法　25, 26
システム的見方　155, 157
事前調査　42
自然的観察（法）　20-23, 29, 30
実験　10, 193
　——計画　192
　——的観察法　20, 21, 23
　——的行動分析　143
実証的態度　198
実践　10, 193
　——型研究　193, 195, 196, 214
　——技能　195
　——研究　153, 154, 180
　——者の倫理　246
　——性　196
　——的フィールドワーク　209, 214, 215
　——と研究の統合　192
　——についての研究　196
　——を通しての研究　196, 208, 215
質的研究（法）　169, 196, 215
質的データ　10, 19, 46, 48, 198
質的分析　48
質問紙　31, 68
　——尺度の作成　70
　——法　203
社会的関係構造　172

尺度　68
　——得点　69
　——の信頼性　76
　——の妥当性　72
収束的妥当性　72, 77
従属変数　96, 103
縦断的研究　67
集団面接　33
自由度　107
主観性　202
主観的体験　198, 209
授業づくり　172
主効果　114, 116
準実験デザイン　123, 125, 150
状況性　195
状況的証拠の収集　38
状況論　95
消極的な参加者　43
条件-生成（発達）分析モデル　159
証拠にもとづいた推論　192
焦点観察　27
情報提供者　44
情報理論　5
叙述化の技能　198
処理-効果仮説　64
事例　52, 212
　——研究　34, 167, 209, 212, 213
人格検査　203
シングルケース実験　143
新行動主義　96
診断面接　202
シンポジウム　238
信頼関係　199, 202
信頼区間　85
信頼性　29, 76, 137, 169, 199
　観察の——　29
　再検査——　76
　測定の——　76
心理学的アセスメント　203
心理療法　203
心理臨床活動　191, 210
心理臨床実践　192, 196, 209

水準　96
水路付け　160

スクールカウンセラー 214
スクリプト 160
ストーリー性 196

生活空間 155
生活世界 53
成熟の脅威 128, 129, 140, 144
精神的行動 94
精神年齢（MA） 177
精神分析 192
生態学的妥当性 98, 125
積極的な参与者 43
説明変数 82, 97
前意識 2, 93
先行オーガナイザー 227
先行研究 220, 233, 236
全体観察 44, 45
選択の脅威 125, 126, 128

相関仮説 64
相関関係 78, 80
相関係数 66, 79, 85
　——の検定 86
　——の標準誤差 85
相関比 106
相互主観 53, 202, 203, 209
操作確認 102
操作的定義 103
測定 65, 68
　——の脅威 128, 129, 140
　——の信頼性 75
　——の妥当性 72, 76, 87
測度 65, 103
ソシオメトリー 6
組織的観察 24, 25, 206

た　行

第一次資料 53
第一種の誤り 139
対応のあるデザイン 110
対応のないデザイン 110
体験実習 199
第三の変数 80, 97
絶えざる比較法 56
多重ベースラインデザイン 146

妥当性 29, 72, 167
　——の検証 72
　外的—— 125, 148
　外部—— 125
　観察の—— 29
　収束的—— 72
　測定の—— 72
　内的—— 124
　内部—— 124
　表面的—— 75
　弁別的—— 72
WWW（world wide web） 223
多変量解析 12
単一事例実験 143, 148, 197
探索型研究 7
談話分析 210

チェックリスト法 28
逐語録 36
知能検査 19, 177, 203
知能指数（IQ） 177
中断時系列デザイン 140
チュートリアル講演 236
調査 10, 193
　——的面接 31
直接的観察 25

追試（研究） 88, 221

TAT 203, 207
t 検定 108, 112, 131
定性的データ 196
TP（transparency） 228
t 分布 131
データ：
　——対話型理論 55, 166
　——の独立（性） 139, 142
テーマ設定 219
適性処遇交互作用 116
天井効果 225
電話インタビュー 33

投映法 203, 205
統計的検定　→検定
統計的有意性 86, 105

索引

統制　97, 143
独自因子　74
独立変数　20, 96, 102
トップダウン　9
トランスクリプト　210

な 行

内観　93
内省　1
内的整合性　77
内的妥当性　124, 144, 150, 169
　――への脅威　125, 135, 140
内発的動機づけ　99
内部一貫性　77

二次的な記録　165
二重刺激法　160
二重盲験法　195
日常的観察　24, 25
日誌法　25, 27
人間関係能力　198, 199
認知カウンセリング　178
認知心理学　95
認知療法　178

ネットワークづくり　177

は 行

バウムテスト　203
箱庭　203, 206
発達：
　――曲線　148
　――研究　158
　――検査　175
　――指数 (DQ)　177
　――相談　175
　――年齢 (DA)　177
　――のゆらぎ　160
　――臨床　177
パネルディスカッション　238
場面見本法　25, 26
バランス化　98, 108, 110
PowerPoint　228
半構造化面接　31, 32, 34, 202
ハンドアウト　230

反応　95
　――時間　102
反復測定デザイン　109

ピアソンの積率相関係数　79
p 値　86
ピグマリオン効果　221
被験者間要因　109, 132
被験者内要因　109, 132
非構造化面接　31, 33, 34, 202
非交流的観察　40
非参加観察　40, 206
微視的観察　41
微視的分析　26
非焦点観察　27
ビデオ　24, 29, 45
皮膚電気反射　102
秘密保持　202
標準誤差　85
標準偏差　80
評定尺度法　27-29
評定法　69
標本　84
表面的妥当性　75

フィールド　38, 39
　――エントリー　43, 44
　――ノーツ　45, 215
　――ワーク　38, 40, 42, 198, 208, 214
フェルト・センス　200
フォーカシング　199, 200
不等価 2 群事後テストデザイン　126
不等価 2 群事前事後テストデザイン　129
普遍的法則　191
プライバシー　202, 216
プレゼンテーション　228, 236
ブロック　109
プロトコル　51
　――分析　32, 210
プロフィール　177
文化的な行動様式　178
文献データベース　222
分散　80, 107
　――分析　107, 120, 132
分析　12

──概念　166
──的帰納法　56
分類　48

平均値差の検定　107
平均発達曲線　149
ベースライン　143
偏差値　81
偏相関係数　82, 83
弁別的妥当性　72

ボイスキー　102
法則　4
ホーソン効果　127
母集団　84
ポスター発表　231
ボトムアップ　9

ま　行

マイクロシステム　155
マクロシステム　156
マッチング　109
マルチメソッド　40, 215

無意識　2, 93
無作為化　99, 110
無作為抽出　84
無作為割り当て　99

命題　8
メゾシステム　156
メタ観察（記録）　53, 166
メタ分析　89, 197
面接法　30-38

目的変数　82
モデル　64, 96
問題の設定　11

や　行

役割演技　204

有意確率　86
有意水準　86
遊戯療法　208

有効性　169
床効果　225

良い研究　4
要因　96
予測変数　82
予備実験　12, 225
予備調査　12, 70, 225

ら　行

ライフヒストリー研究　33, 214
ラポール形成　35, 44
乱数表　103
ランダマイゼーション検定　150
ランダムブロックデザイン　109

リサーチ・クエスチョン　11, 50, 215
領域密着理論　56
両側検定　86
量的データ　9, 19
履歴の脅威　127-129, 142, 144
理論　4
──的サンプリング　52, 57
──的飽和　52
臨床：
──心理学　192
──データ　195
──的面接　31, 202
──における実践研究　191, 192
──法　192
──面接　203
倫理　202, 216
──規定　244
──審査委員会（IRB）　246

類型化　48

レビュー論文　3, 222

ローカルな理論　50
ロールシャッハ・テスト　203
ロールプレイ　203, 204
論文執筆　232
論文題目　223

執筆者一覧（執筆順；＊印は編者）

＊市川　伸一（いちかわ　しんいち）　東京大学名誉教授
　澤田　英三（さわだ　ひでみ）　　　安田女子大学心理学部
　南　　博文（みなみ　ひろふみ）　　九州大学大学院人間環境学研究院
＊南風原朝和（はえばら　ともかず）　東京大学名誉教授
　秋田喜代美（あきた　きよみ）　　　東京大学名誉教授
＊下山　晴彦（しもやま　はるひこ）　東京大学大学院教育学研究科

心理学研究法入門――調査・実験から実践まで

2001 年 3 月 23 日　初　　版
2021 年 10 月 15 日　第 18 刷

［検印廃止］

編　者　南風原朝和・市川伸一・下山晴彦
発行所　一般財団法人　東京大学出版会
代表者　吉見俊哉
　　　　153-0041　東京都目黒区駒場 4-5-29
　　　　電話 03-6407-1069　Fax 03-6407-1991
　　　　振替 00160-6-59964
印刷所　株式会社三陽社
製本所　誠製本株式会社

© 2001 Haebara, Ichikawa and Shimoyama
ISBN 978-4-13-012035-7　Printed in Japan

JCOPY〈出版者著作権管理機構　委託出版物〉
本書の無断複写は著作権法上での例外を除き禁じられています。複写される場合は、そのつど事前に、出版者著作権管理機構（電話 03-5244-5088、FAX 03-5244-5089、e-mail: info@jcopy.or.jp）の許諾を得てください。

南風原朝和 著	量的研究法 臨床心理学をまなぶ⑦	A5判・2600円
芝 祐順 南風原朝和 著	行動科学における 統計解析法	A5判・3000円
村井潤一郎 柏木惠子 著	ウォームアップ心理統計［補訂版］	A5判・2000円
下山晴彦 著	これからの臨床心理学 臨床心理学をまなぶ①	A5判・2800円
レウェリン他 著 下山晴彦 編訳	臨床心理学入門	46判・2200円
下山晴彦 丹野義彦 編	臨床心理学研究 講座臨床心理学②	A5判・3500円
大村彰道 編	教育心理学Ⅰ 発達と学習指導の心理学	A5判・2500円
下山晴彦 編	教育心理学Ⅱ 発達と臨床援助の心理学	A5判・2900円
サトウタツヤ 南 博文 編	社会と場所の経験 質的心理学講座③	A5判・3500円
鯨岡 峻 著	エピソード記述入門 実践と質的研究のために	A5判・2800円
山田剛史 井上俊哉 編	メタ分析入門 心理・教育研究の系統的レビューのために	A5判・3200円
市川伸一 編	教育心理学の実践ベース・アプローチ 実践しつつ研究を創出する	A5判・3400円

ここに表示された価格は本体価格です．御購入の際には消費税が加算されますので御了承下さい．